ullstein

Das Buch

Der Weg durch Berlin ist der Weg durch die Hölle. Jedenfalls dann, wenn man sich auf zwei Rädern mit einem Tross ahnungsloser Provinzler durch tausend Baustellen aalen, mit wildgewordenen Autofahrern in den Clinch gehen muss und einem der Gestank und der Dreck der Stadt unablässig in die Nase und die Augen dringt.
Der Weg durch Berlin ist eine Wonne – wenn man das Glück hat, an einem lauen Spätsommerabend mit gutgelaunten klugen Menschen von einem Café zum nächsten zu mäandern, während der Fernsehturm in der Abendsonne glänzt und Musik durch die baumbestandenen Straßen strömt.
Christian Seltmann hat beides erlebt und noch viel mehr. Denn er hat jahrelang als Touri-Guide (altmodisch: Fremdenführer) in Deutschlands Hauptstadt gearbeitet. Eine Zeit, die gepflastert ist von Provinzdeppen und Großstadtaffen, netten Normalos und witzigen Irren, kleinen Begebenheiten mit großer Wirkung und großen Ärgernissen mit kleingeistigen Leuten. Dies alles umweht vom Berliner Lebensgefühl, von der deutschen Geschichte und dem Phantom des Führers. Denn der Adolf, der hier einst sein Unwesen trieb, verfolgt »unseren« Führer auf seinen Touren auf Schritt und Tritt …

Der Autor

Christian Seltmann, geboren 1968, floh in den Neunzigern aus Westdeutschland nach Ostberlin und schlug sich als Übersetzer, Fernsehredakteur, Rocksänger, Producer, Matratzenauslieferer, Rettungssanitäter und Drehbuchautor durch. Er war jahrelang Touristen-Guide und hat zudem Geschichte studiert (als es die DDR noch gab). Heute ist er erfolgreicher Kinderbuchautor.

Christian Seltmann

»Where the fuck is the Führer?«

Als Touri-Guide in Berlin

Ullstein

Besuchen Sie uns im Internet:
www.ullstein-taschenbuch.de

MIX
Papier aus verantwortungsvollen Quellen
FSC www.fsc.org FSC® C083411

Originalausgabe im Ullstein Taschenbuch
1. Auflage August 2015

Umschlaggestaltung: semper smile Werbeagentur, München
Titelabbildung: Shutterstock/Odua Images (Personen);
Shutterstock/nikkytok (Anhänger);
Shutterstock/Jktu_21 (Stadt);
Shutterstock/Frank Fiedler (Hintergrund)
Satz: KompetenzCenter, Mönchengladbach
Gesetzt aus der Adobe Caslon Pro
Druck und Bindearbeiten: CPI books GmbH, Leck
Printed in Germany
ISBN 978-3-548-37581-6

Inhalt

Wie ich zum Führer wurde

Ich habe einen Sonnenbrand, vielleicht sogar einen Sonnenstich. Ich liege auf einem alten Perserteppich. Auf dem bin ich eingeschlafen. Am helllichten Tag. Vor Erschöpfung. Ich bin völlig erschlagen.

Wie konnte ich bloß in diese Lage geraten?

Nun ja, das ist normal. Denn ich bin ein Guide.

Angefangen hat alles damit, dass ich immer wieder diese bunten Fahrräder gesehen habe. Oder hat alles damit angefangen, dass ich einen Roman schreiben wollte? Oder hat es schon früher angefangen? Damit, dass ich bei ProSieben rausgeflogen bin? Oder noch früher? Als ich nach Berlin gegangen bin?

Irgendwo zwischen jetzt und der Lektüre von Hemingways Roman *Fiesta*, in dem das Hipster-Leben, dass damals noch Bohème hieß, beschrieben wird, irgendwo zwischen heute und meinem vierzehnten Geburtstag also hat es angefangen. Und hier hat es mich hingeführt. Auf den stinkenden Perserteppich. Zerschlagen, missachtet, ausgebeutet. Denn ich bin jetzt ein Guide.

Okay, es war genau genommen so: Meine Frau machte ein Praktikum, kurz vor Ende ihres Studiums. Bei einer NGO. Das steht für Non Governemental Organisation und umfasst

Gutmenschen-Vereine wie *Amnesty International*, *Greenpeace* oder *Foodwatch*.

Sie passte da prima rein, meine Frau. Ich saß derweil in der Bibliothek und arbeitete an meinem Roman. Wobei *arbeiten* irgendwie komisch klingt und *Roman* auch. Denn ich hatte ständig das Gefühl, als sei ich zu blöd zum Schreiben. Möglicherweise fehlte mir auch einfach nur die traumatische Kindheit von X oder der gestörte Geist von Y. Ich tröstete mich damit, dass Goethe ein behütetes Bürgersöhnchen gewesen ist und trotzdem ganz ordentliches Zeug geschrieben hat.

Das Praktikum meiner Frau ging zu Ende, danach schrieb sie ihre Masterarbeit. Ich saß immer noch in der Bibliothek. Danach kam der Hammer: Sie bekam ziemlich fix einen festen Job in einer dieser schicken internationalen Hilfsorganisationen, wo die Leute den ganzen Tag Englisch sprechen und mit Laptops und PowerPoint-Präsentationen zu Meetings über die Flure flitzen. Da ging sie hin und ward nicht mehr gesehen. Morgens war sie um halb neun weg, abends kam sie um halb neun wieder, und dazwischen lagen viele lange Stunden, in denen ich mir so richtig nutzlos vorkam.

Es musste etwas geschehen. Mit mir.

Und so trete ich eines Tages aus dem Torbogen über dem Eingang der Staatsbibliothek *Unter den Linden*, die ich zu meinem Büro erklärt habe, und lasse meinen Blick über die Straße schweifen. Da fallen sie mir ins Auge: die bunten Fahrräder. Zehn, zwanzig … Schon oft habe ich sie gesehen, aber noch nie sind sie mir so aufgefallen wie in diesem Moment. Immer sehen sie nett aus, die Leute, die da drauf sitzen. Immer sehen sie jung aus. Braungebrannt.

Das Ganze sieht easy aus und free und frei – und schwupps, habe ich eine E-Mail geschrieben an den Laden mit den bunten Fahrrädern. Ich schwafele von meinen »Jahren als Lehrbeauftragter für Medienkommunikation« an der Technischen Universität Berlin (es waren vier Semester) und meinem »Geschichtsstudium«, das fast zwanzig Jahre zurückliegt.

Und so sitze ich eines Morgens Esther gegenüber. Esther ist die rechte Hand des Chefs von Colorful Bike Rides, dem wahrscheinlich größten Anbieter fremdsprachiger Touren in Berlin. (Wobei sie auch deutsche Touren haben.) Esther sieht aus wie die Personalberaterin eines DAX-Unternehmens: perfekt geschminkt, grau-schwarze Klamotten, akkurat frisiert. Umso merkwürdiger, dass wir uns in eine Ecke in dem Laden quetschen. Einem Laden, der so mit Fahrrädern vollgestopft ist wie … ja, wie der Zaubererartikelladen bei Harry Potter. Hier hocken wir, und umweht vom Geruchsgemisch aus Kettenschmiere, Bratwurst und Esthers dezentem Parfum absolvieren wir ein Einstellungsgespräch.

Ich komme mir vor, als würde ich mich für wer weiß was bewerben. Dabei habe ich in meiner Biographie schon ein paar Stationen stehen, die deutlich bedeutender sind als dieser Guide-Job: Redakteur beim Fernsehen, Radiomoderator, Krankenwagenfahrer. Aber ich bin plötzlich so nervös, als ginge es um mein Leben.

Na und? Es geht ja auch um mein Leben.

Denn ich habe meinen Lebenssinn verloren. Ich fühle mich nur noch wie ein vor sich hin kritzelndes Etwas. Ich bin von morgens bis abends allein. Und zwar mit meinen Dämonen. Meine Frau hingegen hat eine Visitenkarte, auf der *Supervising Senior Project Coordinator* oder so etwas steht!

Ich habe gar keine Visitenkarte und muss trotzdem noch dreißig, vierzig Jahre rumkriegen. Und diese Romanschreiberei ist in dieser Hinsicht nicht so richtig vielversprechend. Schon allein der Plot: Mittvierziger aus der Provinz sieht nach Jahrzehnten seine Jugendliebe wieder und fragt sich, warum er damals Schluss gemacht hat, verliebt sich in die junggebliebene Mutter der Verflossenen und deren Vater sich in ihn. Viele dramatische Coming-out-Szenen sind geplant, entpuppen sich aber als irgendwie triefend melodramatisch, wenn sie erst einmal ausformuliert sind.

Immer öfter, Tag wie Nacht, bespringt mich wie ein kleines, gieriges Äffchen die Angst: Bin ich auch nur einer dieser vielen Hipster, die diese Stadt bevölkern mit ihren Träumen und Schäumen und Bärten und Brillen? Muss ich eines Tages einsehen, dass ich es nicht geschafft habe in Berlin? Muss ich zurück an meine Geburtsstätte – nach Lüdenscheid, die Stadt, wo es öfter und länger regnet als in Irland? Ob meine Frau dorthin mitkommt …?

Ich möchte am liebsten vor Esther auf die Knie fallen und schreien: »Rette mich! Rette mich! Gib meinem Leben einen Sinn.«

Schließlich spricht sie die erlösenden Worte: »Du kannst die deutschen Segway-Touren machen. Am besten, du fährst eine Tour mit Jerome. Er ist unser Bester.«

Die erste Tour

Man stelle sich einen Fakir vor mit Bart und Nickelbrille. Dann packe man ihm einen Fahrradhelm auf den Kopf und stelle ihn auf einen Segway. Fertig ist Jerome.

Ich gehe zu ihm hinüber. »Hi, ich bin Christian. Esther hat gesagt, ich soll mit dir mitfahren, weil ich jetzt die deutschen Touren mit den Segways mache.«

Er reicht mir die Hand. Ein Händedruck wie ein Salatblatt. Pampig, mit schnarrendem britischen Akzent, erwidert er: »Deutsche Turren? Die gibsso gannick.«

Ich halte die Klappe. Was weiß der denn schon?

Jerome wedelt mit einer seiner Salatblatthände zum Laden rüber. »Okay, Honey, dann hol mal die Helme.«

Ich gehe in den Laden, hole eine riesige, doppelreihige Kleiderstange, die mit Fahrradhelmen vollgehängt ist, und rolle sie unter einen der Stempel des Fernsehturms, der mit seinem in den Beton gerammten Dreieck eine Art Grotte bildet.

»Wonderful, dear«, sagt Jerome, ohne es wirklich zu meinen, denn er ist ein waschechter Szene-Schwuler: eiskalt, berechnend und durch tausendfache Machtspielchen und Demütigungen unter schwulen Männern gestählt und poliert. »Holst du bitte« – sein »bitte« klingt wie ein Peitschenhieb auf meinen Hetero-Arsch – »den Tisch?«

Natürlich, Meister, ich hole den Tisch.

Das Umfeld, in dem die Touren stattfinden, ist schnell skizziert: Es gibt zwei Läden von Colorful Bike Rides, in denen Fahrräder verliehen und Touren angeboten werden, und zwar in verschiedenen Sprachen: auf Englisch (da sind unsere Jungs wohl Marktführer), auf Spanisch und auf Deutsch. Es gibt bei Colorful Rides Touren mit Segways und mit Fahrrädern, wobei sie eine lange und eine kurze Segway-Tour anbieten, aber fast unendlich viele verschiedene Fahrradtouren: von Überblickstouren über Mauer-Touren bis zu Third-Reich-Touren – und natürlich Klassenfahrtstouren und Privattouren. Die Standardtouren sind, nun ja, standardisiert: Die fremdsprachigen starten alle am Fernsehturm (wie die von mindestens drei Konkurrenzanbietern auch), die deutschsprachigen Radtouren am Bahnhof Zoo. (Auch da startet ein gutes halbes Dutzend anderer Touren.) Die deutschsprachigen Segway-Touren starten wiederum am Fernsehturm. Das alles ist logistisch sehr ausgeklügelt.

Es gibt in diesem riesigen Geschäftsfeld Einzelkämpfer, kleine Historikergrüppchen, Vollprofis und eben mittelständische Unternehmen wie zum Beispiel CR (Colorful Bike Rides), Berlin on Bike, Berlin by Bike, Fahrradtouren.de, Berlin Sights und und und. Manche Unternehmen betreiben primär einen Fahrradladen – mit allem, was dazugehört: Werkzeug, Werkstatt, Helme, Fahrräder natürlich – und sind zusätzlich noch Tourenanbieter. Das ist ungefähr so, wie wenn ein KFZ-Schrauber auch noch Chauffeur wäre. Bei CR gibt's neben den Touren nur Räder, Getränke, Postkarten und Merchandising. Manche Tour-Anbieter sind auch an ein Hostel angeschlossen. Daneben gibt es Einzelkämpfer, die sich jeden Tag mit ein paar Rädern an einen der touristischen Orte stellen.

Colorful Bike Rides am Fernsehturm hat einen winzigen Laden und unfassbar viele Fahrräder. In den Läden, die bei so einem US-amerikanischen Unternehmen, wie CR eines ist, natürlich Shops heißen, arbeiten die »Shoppys«.

Die Shoppys sind eine besondere Sorte Mensch. Sie sind Expats. Das sind so genannte Expatriierte. Was für den jungen Hemingway in den Zwanzigern Paris war, das ist Berlin heute für Tausende von Amerikanern, Australiern, Spaniern, Katalanen und Kanadiern. (Hab ich wen vergessen?) Sie kommen, um etwas zu erleben – ach was: um *die* Erfahrung ihres Lebens zu machen. Um berühmt zu werden! Um eine goldene Jugend zu erleben – eine, von der sie für den Rest ihres Lebens schwärmen können! Wegen der Drogen, wegen des Sex, wegen der Musik, wegen der Gefahren und wegen alldem, was sie sich sonst so alles unter Berlin vorstellen.

Sie kommen von weit her, nur um hier zu sein, und stemmen dafür auch schon mal bei 30 Grad nach zehn Stunden Maloche noch 150 Fahrräder über Kopfhöhe an Deckenhaken. Denn die Läden bei CR sind nicht nur vollge*stellt*, sie sind auch vollge*hängt*. Mit Rädern. Und die müssen vom Personal abends, nach einem langen Tag, an die dort angebrachten Haken gehängt weden.

Das Personal von CR besteht neben anderen aus folgenden sehr unterschiedlichen Personen:

Kurt – ein schwuler Texaner, der sich langsam in der CR-Hierarchie hocharbeitet und irgendwann eine eigene Stadt von Stu bekommen wird. (Stu ist einer der vier Gründer – wörtlich »Owner« – von CR Europe.)

Margo – eine wunderschöne Hexe aus Schweden, die keiner versteht (weder was sie sagt, noch wie sie es ausspricht), aber das ist egal, man ist ja im Urlaub.

Carl – ein verschlagener Halbfranzose, der immer wieder bei Colorful Rides landet, obwohl er dauernd was Richtiges arbeiten will.

Adam – ein total verpeilter Philosoph aus Australien, blass wie eine Kalkleiste und schlacksig wie eine Marionette.

Gary – in wenigen Sätzen nicht zu beschreiben.

Esther – schick und tough und bald nach meinem Unternehmenseintritt nach Südamerika geflohen. Vielleicht organisiert sie da den Aufbau von CR Buenos Aires und São Paulo. Das würde zu ihr passen.

Ryan – eine irischstämmige Amerikanerin, die morgens aussieht wie eine Kindergärtnerin und abends so, als habe sie den ganzen Tag bei *Braveheart* mitgespielt, was irgendwie auch stimmt. Es gibt kein Mädchen in ganz Berlin, dem Fahrradschmiere im Gesicht so gut steht wie Ryan.

Hinzu gesellen sich jede Menge saisonaler Kräfte aus den USA, Kanada, UK usw., die kommen und gehen.

Und dann ist da noch Jerome.

Jerome legt auf einige Dinge ganz gesteigerten Wert:

- Er ist aus London.
- Er trinkt nicht.
- Er raucht nicht.
- Er nimmt keine Drogen.
- Er ist »der beste Guide, den Stu hat« (laut Jeromes eigener Aussage).

Stu ist, nebenbei gesagt, ein netter Typ, der so lange kumpelig ist, bis man ihm doof kommt. Dann erfährt man von ihm genau, wo der Hammer hängt. Das unterscheidet ihn angenehm von den ganzen Möchtegerngründern dieser Stadt. Stus rechte Hand heißt Zack. Die beiden haben es mit harter Arbeit, die immer wie der größte Spaß aussieht, geschafft, ihren Laden zu einem der bedeutendsten in Berlins Tourismusindustrie zu machen.

Berlin hat eine ähnliche Wirtschaftsstruktur wie Mallorca: 80 Prozent der Bevölkerung lebt vom Tourismus, 10 Prozent von Produktion. Weitere 65 Prozent von Dienstleistung. 20 Prozent sind in der Verwaltung beschäftigt, 35 Prozent im universitären Sektor, 98 Prozent in der Kulturbranche. Und weitere 70 Prozent der Bevölkerung lebt von irgendwelchen staatlichen Transferleistungen. Diese Statistik wiederum entspricht den mathematischen Fähigkeiten der Berliner Finanzverwaltung.

Die größten Feinde des Guides

1. Touristen
2. Lehrer
3. Schüler
4. Autofahrer
5. Radfahrer
6. andere Guides
7. Touristen anderer Guides
8. alle anderen
9. man selbst
10. das Wetter

Jerome behandelt alle Tourteilnehmer wie Kinder. Er sagt zu jedem »Dear« und »Honey« und beantwortet Fragen mit Sprüchen wie »Don't be so phony« (was ungefähr so viel bedeutet wie »Erzähl doch nicht so ein geschraubtes Blech!«)

Eigenartigerweise nimmt ihm das niemand übel. Offenbar hilft es, dass er die Strategie eines Clowns fährt oder, noch besser, die eines Shakespearschen Narren. Er ist eine riesige Tunte von offensichtlich indisch-pakistanisch-tamilischer Herkunft und mit einem Sack voller Komplexe. Außerdem sind seine Tourteilnehmer allesamt *nicht* des Deutschen mächtig, größtenteils am Vortag angekommen und zum ersten Mal in Berlin oder zum ersten Mal in Deutschland oder gar zum ersten Mal überhaupt im Ausland, also zumeist außerhalb der USA. Ihnen ist alles suspekt, die deutsche Sprache klingt schroff und nach Kaserne, sie wittern hinter jeder Ecke Terroristen und Nazis und unter jedem Pflasterstein einen russischen Soldaten, einen Bunker oder die Eier des Führers.

Paradoxerweise ist es genau das, was sie wollen: Sie wollen un-be-fucking-dingt Terroristen, Nazis und den FÜHRER sehen.

Jerome gibt ihnen alles, was sie wollen. Nur ganz anders, als sie sich das gedacht haben. So wie King Lear von seinem Narren ja auch dauernd aufs Maul kriegt … Ungefähr so vollziehen sich Jeromes Stadtführungen: Der ehemalige Regierende Bürgermeister (»the Lord Mayor«) Klaus »Wowi« Wowereit wird von ihm ebenso als schwuchtelige Party-Schwuppe verkauft wie Hermann Göring. Am Reichsluftfahrtminister Göring interessiert Jerome vor allem dessen Morphiumsucht und seine Vorliebe für pompöse Phantasie-Uniformen. Alles andere ist sekundär. Auch bei Goebbels erwähnt Jerome vor allem dessen Liebesabenteuer mit UFA-Größen.

Selbst derartig rosa eingefärbtes Geschichtswissen ist manchen englischsprachigen Gästen schon zu viel, wie ich feststelle, als ich mit Jerome auf Tour bin. Mit dabei sind Bill und Stacey aus North Dakota. Sie maulen. Sie wollen keine

»lessons«, sie wollen »sights and the Führer«. Jerome macht eine Geste, ungefähr so, wie man quengelnde Kinder zur Ordnung ruft. Ich wundere mich, dass Bill und Stacey sich das gefallen lassen. Dann fährt Jerome fort. Zugegeben recht elegant.

Einen überraschenden, wenn auch kurzen Ausflug in die wirklich lang vergangene Geschichte macht Jerome am Opernplatz, indem er Altbekanntes referiert: Berlin hat nichts mit Mittelalter oder Römern zu tun, denn da haben sich hier nur Fuchs und Hase herumgetrieben und irgendwelche Völker, die geschichtstechnisch nicht satisfaktionsfähig sind. Dann gurrt Jerome »Fridrick the Great« und wedelt mit der Hand von der Oper zur Jurafakultät und zur Sankt-Hedwigs-Kathedrale und ruft: »This, this, that – that not …« (Er meint das Hotel de Rôme.) »This, that and this also!« Er tupft seinen fleischigen Finger auf die Baustelle der Staatsbibliothek *Unter den Linden*, wo ich so viele quälende Stunden an meinem literarischen Großwerk ringe. »Each and everything by Freddy the Great, the greatest Emperor of Prussia – apart from the Führer, of course.«

Nachdem Jerome damit seine Pflicht in Sachen Architekturgeschichte erfüllt hat, kommt er wieder zum eigentlichen Zweck seiner Tour: diesen versammelten reichen amerikanischen Hinterwäldlern, diesen notorischen Republikaner-Wählern, ein für alle Mal klarzumachen, dass die gesamte deutsche Geschichte eine Ansammlung von schwülen und schwulen Sex-Anekdoten ist, die nur ab und an durch kriegerische Auseinandersetzungen und Genozide unterbrochen wurde.

Glenn raunt Laura aus Connecticut zu: »Where the fuck is the Führer?«

Jerome scheint das zu kennen und ignoriert es. Ich tue so, als hätte ich mit der Sache nichts zu tun.

Am Opernplatz schafft es Jerome, gleich zwei superschwule Lovestorys der preußischen Geschichte unterzubringen: Erst erklärt er die zweiflügelige Architektur der Uni (in der Mitte ein Gebäude, links und rechts ein Gebäude, wie bei jedem barocken oder Rokkokogebäude) damit, dass Friedrich der Vierte und seine Gattin sich aus dem Weg gehen wollten – weil der König auf Jungs stand. Dann kommt Jerome zu Katte. Leutnant von Katte war ein Kumpel des Kronprinzen Friedrich (dem späteren Alten Fritz). Weil der Soldatenkönig (also der Vater vom späteren Alten Fritz) ein harter Knochen war, wollte der junge Fritz abhauen. Leutnant von Katte wollte ihm dabei helfen. Die Sache ging gründlich schief, und der Soldatenkönig ließ von Katte, also den besten Freund seines Sohnes, vor dessen Augen enthaupten. Eine mindestens so großartige Story wie jene in *Brokeback Mountain*.

Fazit: Der Opernplatz, der Platz der Bücherverbrennung, das Forum Fridricianum – all das ist echter Gay Ground. Schinckel, der Erbauer der Neuen Wache? Schwul. Die Brüder Humboldt, die Namensgeber der Universität? Schwul. Friedrich? Schwul. Friedrich IV? Schwul. Der Lord Mayor? Der Erzbischof? Na was wohl …

Damit kommt Jerome zum Führer. Endlich. »The Führer!« Der, auf den die andächtig Lauschenden sehnlichst gewartet haben.

Das Problem an der Tour ist nämlich ihr Startpunkt im Verhältnis zur Ausdehnung der Stadt und der Trägheit der Tourteilnehmer. Denn am Anfang befinden wir uns am Alex, da gibt's nur sozialistischen Realismus und kapitalistischen Pauperismus. Das will kaum einer sehen. Dann steht am ersten Tourstopp zwar der Neptunbrunnen vor dem Roten Rathaus, aber beides ist nicht aufsehenerregender als ein Schulgebäude in Neuengland – und sogar jünger! Wir Tourguides finden das auch nicht so toll und halten da nur, weil wir sonst zu lange mit Leuten auf Segways durch den chaotischen Verkehr kurven müssten – mit Leuten also, die zu dem Zeitpunkt der Tour noch null Fahrpraxis draufhaben.

Die nächsten Haltepunkte wurden uns von der Stadtplanung genommen: Das Marx-Engels-Forum? Komplett zugebaut. Der Palast der Republik? Gesprengt. Und das Schloss ist noch nicht fertig. Gendarmenmarkt? Ja, gut, da stehen gleich zwei hübsche Kirchen, aber das können die Franzosen eigentlich besser und die Italiener sowieso.

Aber was sollen wir machen? Man kann ja nicht direkt zum Holocaust-Mahnmal rauschen – auch wenn das vielen Ingenieuren aus Süddeutschland gefallen würde. Die buchen die Tour nämlich nur, weil sie die Segways nicht ohne Guide ausleihen können. Würden wir vom Alex bis zum Mahnmal volle Sahne durchstarten, würden sich diese ungeübten Leute spätestens auf halber Strecke den Hals brechen.

Nachdem Jerome die Rednecks also durch den Dschungel der Baustellen und schwulen Anekdoten geführt hat, stehen wir nun alle vorm Holocaust-Mahnmal. Es liegt da wie ein Friedhof mit sehr hohen Grabsteinen und ohne Inschriften, dazwischen nur gepflasterte Wege. Das ganze Areal ist ungefähr so groß wie ein Fußballfeld. Rundherum stehen Reisebusse. Die Friedhofsbesucher tragen allesamt bunte Klamotten, die deutschen Rentner Allwetterjacken, die Ausländer Basecaps. Jeder Friedhofsbesucher hat eine Kamera in der Hand. Auf den Stelen springen Schulkinder herum. Security-Männer und -Frauen versuchen, so diskret wie möglich (wie es Berliner Security-Leuten eben möglich ist, also nicht sehr diskret) den Schulkindern, ihren Eltern oder Lehrern klarzumachen, dass man nicht auf den Steinen herumspringen darf.

Jetzt knattert Jerome die Fakten des Holocaust-Mahnmals runter: zweitausendundhastdunichtgesehen Stelen, Lea Rosh, sechs Millionen Juden und und und. Natürlich vergisst er nicht, darauf hinzuweisen, dass es auch ein Mahnmal für die ermordeten Schwulen und Lesben Europas gibt und eines für die ermordeten Sinti und Roma Europas und eines für die ermordeten Euthanasie-Opfer Europas.

Die Rednecks halten diesmal den Mund, denn Jerome macht hier den *Lunch Break* (wie die Mittagspause bei ihm heißt). Das kulinarische Verbrechensviertel am Rande des Holocaust-Mahnmals preist er als »Germanys best foreign fast food« an: Türken, die auf Mexikaner machen, Inder, die auf Italiener machen, Palästinenser, die auf Spanier machen, Vietnamesen, die auf Chinesen, Koreaner, die auf Japaner, und Brandenburger, die auf Berliner machen. Alle sind überteuert, und alle verkaufen letztlich den gleichen Industriemüll – die einen mit Guacamole, die anderen mit Wasabipaste oder Aioli.

Ich gucke, was Jerome macht: Er setzt sich auf eine Treppenstufe und holt eine Tupperware raus. Drin ist irgendetwas, was er selbst gemacht hat. Curry oder so. Der weiß, was er tut. Ich hingegen schaffe es, mir den Magen an einer Laugenbrezel zu verderben. Das geht, wenn man meint, sich am Holocaust-Mahnmal eine Laugenbrezel mit Cola Zero gönnen zu müssen.

Nach verzehrtem Mittagsmahl sammelt Jerome seine Schäfchen ein wie eine Grundschullehrerin ihre Erstklässler. Da kommt auf einmal Glenn mit hochrotem Kopf auf Jerome zu. »Du hast mich krank gemacht«, stöhnt er auf Englisch.

Jerome kaut noch immer auf seinem Curry herum und schaut ungerührt einmal von oben nach unten und zurück Glenns Körper an, so wie nur schwule Männer einen Körper taxieren können. Jeromes *Blick* sagt: Du bist eine beschissene Hete. Fett und hässlich. Dich würde ich nicht mal vögeln, wenn du der letzte Mann auf Erden wärst. Jeromes *Stimme* aber sagt: »Okay, man, what's up?« *Uuupssala*, denke ich – unser Jerome kann ja tatsächlich auch klar und straight und trocken auftreten.

Das haut Glenn von den Socken. So scheint es jedenfalls, denn er fällt in sich zusammen, weil seine Beine nachgeben wie Zuckerstangen in der Sonne. Er sinkt zu Boden, kann seinen fetten Körper mit den dünnen Ärmchen nicht abstützen, sackt zur Seite. Jerome und ich springen hin und fangen gerade noch seine Omme ab, bevor er damit auf eine Kante klatscht.

Ich lege Glenns Füße hoch. Stacey kommt dazu, die anderen auch. Alle flippen rum.

Hysterie. Die Tour ist gelaufen. Die Amis haben sich miteinander verbündet und wollen nur noch weg von hier. Jerome zuckt mit den Achseln.

Ich rufe im Laden an. Sie schicken Lonny und Stephan aus der Werkstatt, um die Segways hier abzuholen. Jerome nimmt eines und fährt drauflos, ein weiteres führt er an der Hand. Jeder transportiert also zwei von den Dingern durch den Berliner Verkehrswahnsinn. Ich muss zum Glück nicht mitmachen und besteige stattdessen mit den Amis ein Großraumtaxi und fahre zurück zum Fernsehturm. Auf dem Rücksitz erholt sich Glenn wieder ein bisschen. Er quatscht die ganze Zeit davon, dass er uns verklagen wird, weil wir seine Beine »ruiniert« hätten. Stacey sieht mich dabei entschuldigend an. Die anderen schweigen und nicken. Wem sie zustimmen, also Glenn oder Stacey, weiß ich nicht. Ich nicke auch. Als sie aussteigen, geht es Glenns Beinen wieder besser.

Später sitzen Jerome und ich vor dem Laden. »That's normal«, erklärt er, »… machen nie Sport oder so was, dann kommen sie hierher und denken, der Segway ist so eine Art Rollstuhl. Ist er aber nicht. Das ist fast so anstrengend wie Skifahren.«

Ich frage: »And where the fuck is the Führer?«

»Das, Honey, zeig ich dir beim nächsten Mal.«

Die erste eigene Tour

Meine erste Tour als Voll-Guide ist keine Segway-Tour, sondern eine Fahrradtour. Und auch nicht für Colorful Rides, sondern für einen anderen Anbieter, bei dem ich mich sicherheitshalber auch noch beworben habe. Es handelt sich um einen dieser Fahrradläden, die nicht genau wissen, ob sie neben dem Fahrradverkauf auch Touren machen oder ob sie Touren machen und nebenher auch Fahrräder verkaufen und Kinderwagen reparieren. Unentschlossenheit ist nicht gut fürs Geschäft. Meistens sind die Touren mies besucht – wenn sie überhaupt stattfinden.

Mein erstes Mal. Da verhält es sich mit Touren wie im Leben sonst auch: Man ist im Vorhinein ewig lang nervös, malt sich aus, wie alles wird, kriegt den Horror, was man alles falsch machen kann – und dann ist es schneller vorbei, als es angefangen hat.

Historiker, der ich bin, habe ich mich darauf vorbereitet, als stehe mir eine mündliche Prüfung an der Uni bevor: Zwei Wochen lang sitze ich zuvor in der Staatsbibliothek und schreibe Hefte voll mit den Geburts- und Sterbedaten von Herrschern, mit Zahlen der Einwohnerentwicklung, mit Kriegen, Schlachten, Verträgen, Namen von Generälen, Bauwerken, Architekten. Und warum? Damit mich nicht irgendein graumelierter spitzbärtiger Lehrertyp kalt erwischt mit Fragen wie: »Die Schlacht bei Lübzen – wie groß war die Armee der Österreicher da noch?«

Das Bekloppte am ersten Mal ist auch, dass man sich einbildet, alle anderen Guides wüssten genau, wie es geht, nur man selber nicht. Eine ähnliche Fehleinschätzung, wie Teenager ihr unterliegen. Dr. Sommer verdient damit seit Jahrzehnten sein täglich Brot.

Ich weiß jedenfalls nicht, woher diese perfektionistische Vorstellung kommt. Vielleicht vom Schreiben und Lesen? Oder vom Fahrradfahren? So etwas kann man ganz oder eben gar nicht. Ein bisschen können ist oft doof. Vielleicht denkt man deshalb als angehender Guide, die Touris kämen und hätten eine ganz genaue Vorstellung von solch einer Tour im Kopf. Bei mir war es jedenfalls so: Ich dachte, ich müsste eine Eins-a-Tour abliefern.

Wie gesagt ist der Tourenveranstalter, für den ich meine erste Tour fahre, nicht sonderlich erfolgreich mit seinen Tourangeboten. Das liegt an seiner Unentschlossenheit. Er weiß nicht, was er eigentlich sein will, aber auch daran, dass der Laden zwar ziemlich zentral in der Innenstadt liegt, dort aber ziemlich versteckt.

Es gibt bei allen Anbietern offene Touren. Das sind Touren, an denen man ohne Voranmeldung teilnehmen kann. Die offenen Touren dieses unentschlossenen Anbieters finden in drei Viertel der Fälle NICHT statt. Es kommt vor, dass man vorm Geschäft steht, die Sonne scheint, alles ist super, 21 Grad – und keiner kommt. Weil die Leute den Laden nicht finden. Und dann machen sie eben eine Bustour.

Meine erste Tour findet also nicht statt. Ich stehe zwanzig Minuten vor dem Laden und schaue erwartungsvoll, bin nervös. Schließlich wird es halb elf (was der Startzeitpunkt sein sollte), und keiner ist da, und um fünf nach halb ist auch keiner da, und als der Shoppy, also der Fahrradmechaniker mit den vielen Piercings im Gesicht, zum dritten Mal an mir vorbeigeht und leise den Kopf schüttelt, komme ich mir vor wie ein Schüler beim Blind Date, wo sie nicht kommt und die ganze Klasse hat's gesehen.

Um zwanzig vor packe ich meine Sachen und rufe in den Laden: »Ich bin weg.« Ich versuche, ganz tapfer zu klingen und cool und unbeteiligt – so wie man in Berlin eben zu klingen hat, egal ob man gerade eine in die Fresse gekriegt oder den Jackpot gewonnen hat. Auf dem Weg zur Staatsbibliothek (wo ich zum »Trost« eine oder zwei Seiten an meinem Roman schreiben will) fühle ich mich wie eine Klorolle, die in eine Pfütze gefallen ist. Wem soll ich jetzt all die schönen Fakten an den Kopf werfen?

Aber man sieht sich immer zweimal im Leben. Drei Tage später rolle ich endlich mit Ute und Ingo vom Hof. Ich habe mir vorgenommen, ein mustergültiger Guide zu sein, habe die Klingeln und Bremsen erklärt, habe erläutert, dass man nicht parallel zu den Straßenbahngleisen und ebendiese in spitzem Winkel überfahren soll. Ich mache unheimlich korrekte Handzeichen mit dem ganzen ausgestreckten Arm zum Abbiegen, als hätte ich zwanzig Leute hinter mir und nicht zwei und als ob die noch nie gehört hätten, dass Fahrräder Handbremsen haben und keinen Rückwärtsgang. Ich bemühe mich, dieses unangenehme Gefühl zu verdrängen, dass die Stimme hervorruft, die in meinem Schädel keift: »Es sind nur zwei. Zwei! Das lohnt sich nicht. Die anderen sind nicht gekommen, weil du ein Anfänger bist. Du kannst es nicht.«

Ich ignoriere die Stimme und konzentriere mich auf meinen Text für die erste Station. Irgendwer – vielleicht ich selbst? – hat mir eingeredet, Touristen hätten ein Recht darauf und auch die Erwartung, Geschichte in chronologischer Reihenfolge präsentiert zu bekommen. Noch ist mir nicht klar, was mir bald klar sein wird: nämlich, dass weder die Tour-Organisatorin (eine 400-Euro-Jobberin) noch der Besitzer des Ladens (der sich in erster Linie für den Verkauf hochpreisiger Pedelecs interessiert) mich kontrolliert und dass die Touris sich vor allem amüsieren wollen. Weil ich das aber noch nicht weiß, rolle ich mit Prüfungsangst vorneweg und mit einem Kloß im Hals, der immer dicker wird, je näher wir der Stelle im Stadtgeschehen kommen, wo ich die erste urkundliche Erwähnung der Doppelstadt Berlin-Cölln verkünden will.

Mein größtes Problem in dem Moment ist, die beiden hinter mir könnten denken, die Strecke zwischen dem Fahrradladen und der kleinen Brücke, die vor vielen hundert Jahren der Eingang zur Stadt war, sei zu lang. Ich ahne nicht, dass die meisten Leute gerade deswegen eine Radtour buchen, weil sie unheimlich gern radeln, und dass man das reine Radeln durch diese faszinierende Stadt schon als Erlebnis an sich verkaufen kann.

Nun aber stehen wir an der Schleusenbrücke, wo ich Ingo und Ute mit Jahreszahlen zumülle, als gäbe es kein Morgen. Ich werfe mit den Namen von Bürgermeistern um mich, mit Schlachten und architektonischen Fachbegriffen. Ähnliches wiederhole ich an den folgenden Stationen, das Ganze über dreieinhalb Stunden hinweg. Als Ute irgendwann etwas ermattet zu mir sagt: »Irre, was du dir alles merken kannst«, nehme ich das als Kompliment. Bis mir anhand ihres glasigen Blicks dämmert, dass ich jetzt langsam aufhören könnte. Aber es ist eben mein erstes Mal …

Die besten Freunde des Guides

Im Alltag des Guides geht es vor allem darum, Hindernisse aus dem Weg zu räumen. Dafür hat er hilfreiche Freunde, und zwar in aufsteigender Reihenfolge:

10. Friedrich der Große (Hat schöne Sachen bauen lassen und war irgendwie so mysteriös, dass man stets gut über ihn reden kann.)
9. die *Barbour*-Jacke (Als Allwetterjacke stilistisch ungeschlagen: Man setzt sich mit ihr deutlich von modernen Outdoorjacken ab; alle mögen sie, die Reichen halten einen für einen der ihren, die normalen Leute finden einen cool.)
8. das Wetter (Wenns regnet, geht man rein, wenns nicht regnet, fährt man rum; es ist immer gut für ein Gespräch und als Entschuldigung für alles Mögliche zu gebrauchen.)
7. Holländer (Sind stets gutgelaunt, die Frauen sind hübsch und patent; sie verstehen Deutsch, haben aber keine Holocaust-Neurosen und wissen im Gegensatz zu den Deutschen nicht alles besser, bloß weil sie dreitausend Stunden lang Guido Knopp geguckt haben.)
6. Schweizer (Sind immer nett, machen alles mit, sind gebildet, haben ebenfalls keine Holocaust-Neurose und geben immer reichlich Trinkgeld.)
5. die Geschichte (Ist ein unerschöpflicher Fundus guter Geschichten, deshalb heißt sie auch so.)
4. der Sonnenuntergang (Gnädigerweise vollzieht sich dieser im Westen – und die historische Mitte Berlins liegt

im Osten. Das heißt, während man von lauter altem Gemäuer umgeben ist, geht hinter dem Brandenburger Tor und der Siegessäule die Sonne unter. Das kann sehr theatralisch sein. Deshalb ist es ratsam, seine Tour nicht nur mit Faktenhuberei zu bestreiten. Hanni, Anni und Fanni, drei Hühner aus Bad Aibling, haben sich beispielsweise schier nicht mehr eingekriegt, denn selbst der ungeübteste Fotograf kriegt hier bei Sonnenuntergang Hammerbilder hin.)

3. die vielen Erfinder und Entwickler des Fahrrads
2. die Motorradstaffel der Polizei (Kommt besonders gut bei Briten an, wahrscheinlich wegen ihres YMCA/Frankie-goes-to-Hollywood-Stils: Die Berliner Moto-Bullen haben folgenden Dresscode: weiße Uniformen, weiße Lederhandschuhe, die im Greta-Garbo-Style fast bis zu den Ellbogen reichen, weiße BMW-Motorräder und weiße Helme, zu denen die meisten Ray-Ban-Pilotenbrillen tragen. Die Bullen selbst sind bullig wie Türsteher und cool wie Eisbärpisse, rasen mit achtzig über die Straßen und gucken gemein.)
1. The one and only: Adolf Hitler

Deutschland, uneinig Vaterland

Deutschland ist gar nicht so klein, wie man manchmal denkt. Man merkt es an seinen vielen Stämmen zwischen Nord, Süd, Ost und West, und daran, inwiefern sie sich unterscheiden – zum Beispiel als Touristen.

Westfalen

Westfalen etwa geben kein Trinkgeld. Sie quatschen einem dauernd dazwischen und erzählen Zeug wie: »Als ich in den Achtzigern hier war, da stand da ein riesengroßes Gerüst, eine Aussichtsplattform.« Mit diesen Worten weisen sie aufs Brandenburger Tor und kommen sich wer weiß wie klug vor.

Manche Leute rücken in der Mittagspause mit ihren ganz besonderen, zum Teil intimen Erfahrungen raus. Das ist nicht immer schön. Westfalen hingegen trompeten einfach alle ihre Allerweltsbeobachtungen in die Landschaft – das ist fast noch schlimmer. Nichts ist ihnen trivial genug. Die Westfalen sind der Grund dafür, dass ich nicht mehr mit der S-Bahn zu den Touren fahre, sondern mir einen Motorroller gekauft habe. Früher musste ich samstag- oder sonntagmorgens um halb zehn aus der S1 an der Friedrichstraße in die Ost-West-S-Bahn zum Bahnhof Zoo umsteigen. Sobald der Zug sich in Bewegung setzte, hob irgendein Westfale bedeutungsvoll den Zeigefinger. »Da, der Reichstag!« Er zeigt auf den Reichstag. »Da, das Kanzleramt.« Er zeigt auf das Kanzleramt. »Da, der Potsdamer Platz.« Und so weiter. Leider stehen entlang der Stadtbahn sehr viele Sehenswürdigkeiten – die jeder längst kennt.

Ja, jeder, Westfale! Kannst du nicht einfach mal die Klappe halten? Hier wollen Leute Zeitung lesen oder in Ruhe wach werden – unter anderem welche, die dir gleich erklären müssen, dass das der Reichstag ist und das der Potsdamer Platz.

Hamburger

Fast alle Deutschen können damit leben, dass Berlin die größte Stadt des Landes ist und die meisten Einwohner hat und die größte Ausdehnung. Selbst Bonner können inzwischen damit leben, dass hier der Sitz der Regierung und ein Großteil der Ministerien liegt und nicht in ihrem Dorf am Rhein. Nahezu alle akzeptieren, dass es hier etwas durchgeknallt, dreckig, laut und schnell zugeht. Die meisten fahren danach wieder in ihr Provinzstädtchen und sind froh, dass sie nicht in Berlin leben müssen, aber jederzeit hinreisen können.

Alle außer den Hamburgern. Hamburger kommen einem mit ständigen Vergleichen – die sie fast alle verlieren.

Mitte Juni. Im Schlepptau habe ich zwei Lesben aus der Schweiz, die beide aussehen wie Oliver Bierhoff und gefragt haben, ob sie am Ende der Tour früher wegkönnen, weil CSD sei. CSD ist die Abkürzung für Christopher Street Day, eine Art Protestkundgebung gegen die Ausgrenzung von Homosexuellen. In Berlin ist der CSD so etwas wie der zweite Karneval. Der erste Karneval ist der Karneval der Kulturen. Der findet an Pfingsten statt. Alle möglichen Völker aus aller Welt zeigen dann ihre Tänze und spielen ihre Musik auf der Straße. Der dritte Karneval ist wesentlich kleiner und findet tatsächlich von Weiberfastnacht bis Aschermittwoch statt. Diesen »richtigen« Karneval gibt es erst seit dem Umzug der Bundesregierung von Bonn nach Berlin. Die Abgeordneten und Beamten brachten seinerzeit ein paar Kölsch-Kneipen mit und fingen ganz klein mit Karneval an. Und da die Berliner fast noch lieber auf die Kacke hauen als Rummeckern, haben sie nach einigem Meckern mitgemacht – drum gibt es heutzutage sogar einen Rosenmontagsumzug.

Eine der beiden Schweizer Lesben fragt, ob das groß sei, dieser CSD.

Ich grinse: »Sicher. Ziemlich groß. Da gehen nicht nur Schwule und Lesben hin, sondern die halbe Stadt. Für Berliner ist das so eine Art Karnevalsersatz.«

»Ah.«

»Ist der größte CSD Deutschlands«, sage ich. Tatsächlich ist es sogar der größte der Welt.

Da schaltet sich die Hamburgerin ein: »Der in Hamburg ist aber auch groß.«

Ich: »Aha.«

Sie: »Auf der Reeperbahn.«

Ich: »Kann sein.««

Sie: »Vielleicht ist der sogar größer.«

Sind wir hier beim Schwanzmessen?, frage ich mich. »Ihr habt vielleicht die teureren Villen«, erwidere ich, »aber wir haben immer noch die größeren Partys.«

Jetzt hält der Fischkopp erst einmal die Klappe. Wir radeln stumm durch den Tiergarten.

Hamburger können sich nicht damit zufriedengeben, dass ihre Stadt aus Vororten rund um einen innerstädtischen Teich besteht. Und sie müssen immer das letzte Wort haben. So wie jetzt auch.

»Aber wir haben den Hafen«, kommt es von hinten.

»Ja, ja, haben wir auch, sogar mehrere: Westhafen, Osthafen, Humboldthafen.«

Wieder wird geschmollt. Zum Schluss gibt sie kein Trinkgeld. Aber das habe ich von einer Hamburgerin auch nicht erwartet.

Dorfbewohner

Wie man es dreht und wendet: Gegen Berlin ist der gesamte deutsche Rest Provinz. Das gilt auch für München und Köln und erst recht für Stuttgart und Düsseldorf. Zumindest müssen Berliner das so sehen. Manche meiner Provinzler wollen ein bisschen Großstadt erleben – so wie die heute. Aber nicht ungebremst draufknallen, sondern sachte, mit Gebrauchsanleitung. Kästner sagte dazu: »Sie möchten am liebsten zu Hause sein. Und finden Berlin zu groß.«

Sie stehen vor mir in ihren modischen Jack-Wolfskin-Jacken, nicht ahnend, dass diese mittlerweile auch von arbeitslosen Migrationshintergründlern am Gesundbrunnencenter getragen werden. Sie tragen Meindl-Wanderschuhe, »freche« Brillen von Marco Polo und Lars Larssen.

»Also, wir haben schon so viele Sachen gemacht. Wir …« Manuela aus Gronau plappert los und zählt, assistiert von

Volker, ihrem Begleiter und nach den Ringen an den Fingern zu schließen auch ihr Gatte, sämtliche Berlin-Reisen auf, die sie seit der ersten urkundlichen Erwähnung der Stadt im Jahre 1237 gemacht haben, während ich »Hmmm« mache, in regelmäßigen Abständen mit dem Kopf nicke und die Sättel einstelle.

Als ich fertig bin, ist Manuela es noch nicht. Darauf kann ich jetzt keine Rücksicht nehmen, deshalb grätsche ich in ihren Satz: »Gut, und was habter nu vor?«

Nach vielen Ähms und Ähs ihrerseits sage ich: »Vorschlag eins: Wie lebt der Berliner? Wer ist er, woher kommt er? Was isst er? Wohin geht er?«

Begeisterte Blicke und lange Gesichter halten sich die Waage.

»Oder Vorschlag zwei: Sowjetische Pracht-Architektur. Stalinallee, Siegerdenkmäler und so weiter.«

Abwägendes Köpfegewackel.

»Dritter und letzter Vorschlag«, sage ich, denn die sollen ja nicht denken, das Angebot sei unerschöpflich, »Graffiti und Street Art. Die heißeste und angesagteste Kunstbewegung. Umsonst und draußen.« Köpfe-Schütteln, Nö-Gebrummel.

Das war klar. Nie wählt einer die Street-Art-Tour, wenn ich Vorschläge mache für Leute, die angeblich schon alles gesehen haben. Dabei ist das die wirklich interessanteste Tour. Ich habe dafür extra selber eine Führung mitgemacht, weil ich von Street Art keine Ahnung hatte. Ein Typ, der von sich behauptete, selbst Graffitis zu sprühen, führte uns entlang der S-Bahn-Trasse vom Kaufhof am Alex zum Hackeschen Markt. Das dauerte gut zwei Stunden (normalerweise braucht man für die Distanz zu Fuß fünf Minuten). Ich fahre dort jede Woche dreimal mit dem Rad entlang und habe nie etwas bemerkt, was sehenswert gewesen wäre beziehungsweise was ich für sehenswert gehalten hätte. Aber der Typ hat mir die Augen geöffnet. Wer also meint, schon alles zu kennen, und echt mal etwas Neues sehen will, sollte einen Street-Art-Walk machen. (Geheimtipp!)

Aber so sind unsere Kunden nicht drauf. Sie wollen nichts mit Kunst. Sie wollen das »echte Berliner Leben« oder die Sehenswürdigkeiten. Deshalb geht jetzt das Diskutieren nebst Abstimmung los. Am Ende setzt sich in diesen Fällen immer der durch, der sich zutraut, später den Kopf für die Entscheidung hinzuhalten für den Fall, dass alles Mist war. Und der ihn mir dann abreißt.

»Also?«, frage ich, als ich vom Klo, wohin ich mich diskret zurückgezogen hatte, zurückkomme.

»Wir wollen das mit den Berlinern«, sagt Ulla. Manuela hält den Mund. Wahrscheinlich ist sie überstimmt worden und schmollt jetzt ein Tässchen voll.

Wir setzen uns auf die Räder und gondeln an Siegessäule, Kanzleramt und Hauptbahnhof vorbei Richtung Wedding. Erste Station: eine Gözleme-Bude in Alt-Moabit.

Gözleme sind eine Art türkische oder kurdische – sagen wir der Einfachheit halber: morgenländische – Crêpes. Irgendein Teig wird auf eine heiße Platte gegossen und backt da aus. Gözleme gibt es meines Wissens mit Hackfleischpaste, Schafskäse oder Spinatbrei.

Der Laden in Moabit sieht aus wie das ganze Viertel: grau und schlicht, geradezu spartanisch. Irgendwo hängt ein Foto von einer Moschee und so ein blaues Amulett. Nichts Besonderes also. Aber meine Touris sind begeistert, weil das für sie ungefähr so ist wie Bottrop hoch zwei oder Herne hoch drei.

Moabit ist unsere Bronx, von den Expats auch liebevoll »Prison Island« genannt.

Während meine Gäste kauen und ihren kostenlosen (!) Tee schlürfen, fragt mich Manuela, wie ich denn »hier« bloß leben könne.

»Wo? Hier?«

»Na, hier«, wiederholt sie mit einer kreisförmigen Handbewegung durch Ayshes Gözleme-Bude.

Abgesehen davon, dass ich ihr klarmache, dass man in Berlin auch andernorts wohnen kann als in Moabit: In Manuelas Augen und auch in denen vieler anderer Outdoorjackenkunden, die ich geführt habe, sehe ich oft dieses totale Flimmern. Sie glauben nicht, dass man hier leben kann. Ihnen fehlt das Überschaubare, Greifbare, Haltbare. Ihnen fehlt die Provinz.

Ich weiß, wovon ich rede, denn ich bin selbst aus der Provinz. Hätte ich damals im westlichen Sauerland eine meiner Klassenkameradinnen geheiratet, also wahlweise Dörte, Beate, Anja, Sabine, Barbara, Simone, Nicole oder Susanne, hätte ich danach die Lehrstelle als Industriekaufmann angenommen, die mein Vater mir bei einem Turnbruder besorgt hatte. Oder ich hätte in Dortmund studiert und wäre dafür gependelt und hätte anschließend auf dem Grundstück meiner Schwiegereltern ein Häuschen gebaut. Dann käme ich heute auch in Outdoorjacken gehüllt nach Berlin und würde mich wundern, wie vielfältig Land und Leute in der Großstadt sein können. Ich wäre genau wie Ulla und Co. aus Dorsten.

Ja, da mache ich mir nichts vor: Ich bin wie sie. Wie meine Gäste – nämlich aus der Provinz. Da kann ich noch so großstädtisch tun. Sie wissen das nicht, denn sie denken, ich sei ein total authentischer Großstadtmensch. Sie halten mich für eine Art Crocodile Dundee der Metropole. Aber ein einziges gerissenes Kondom hätte gereicht, um den Lauf meines Lebens zu ändern, und ich stünde heute auf ihrer Seite, mit Schöffel-Jacke, Esprit-Brille und der WelcomeCard in der Geldbörse.

Frank verdrückt sein Gözleme, wischt sich die Finger ab und fragt: »Wat gibbet getz?«

»Prison Island«, antworte ich und schleppe meine Truppe zu den Fahrrädern.

Wir fahren am Knast vorbei – der JVA Moabit. Ein Gefängnis wie aus einem Nazifilm: roter Backstein, Gitter, Stacheldraht, hohe Mauern, Zäune, Zinnen, Türme. Direkt daneben das Gerichtsgebäude, das aussieht wie das Stadtschloss eines Fürsten.

Wir stoppen. Sie gucken. Ich erkläre: »Das ist die Justizvollzugsanstalt Moabit. Hier hat Ulrike Meinhoff Andreas Baader aus der Haft befreit. Damit fing die Geschichte der RAF erst richtig an. Und am Ende stand dann die Entführung der *Landshut* und Mogadischu.«

Alle nicken. Das muss man niemandem meiner Generation weiter aufdröseln. Diese Namen und Orte sind für immer ins kollektive Gedächtnis der BRD-Kinder gebrannt. Das Leutselige, Joviale ist in diesem Moment einem andächtigen Ernst gewichen – selbst bei mir.

Diesen Ernst löse ich mit meinem nächsten Satz in nichts auf: »Wegen des Gefängnisses und weil im Norden und Süden die Spree und Havel drum herumfließen, heißt die Gegend hier auch Prison Island.« Meine Gäste schauen und machen sich ihre Gedanken. Ich lasse sie, und wir radeln ein wenig schweigend durch die Straßen, die von hübschen

Gründerzeit-Häusern gesäumt werden. Ich referiere kurz über die Amerikaner und Spanier, die sich hier neuerdings ansiedeln. Anschließend fahren wir durch Parks, über Brachen, an Kanälen vorbei, an der Wiesenstraße, wo sie letztens einen auf offener Straße erschossen haben (aber das verrate ich nicht), weiter zum Humboldthain mit dem berühmten Flakbunker und weiter zur Brunnenstraße. Von dort wenden wir uns nicht zur Mauer, sondern einem Häuserblock zu, wo die Kopftuchfrauen ihre Kinder heutzutage nicht mehr nur an Automatencasinos und Gemüsehändlern, sondern auch an den Ladenbüros der Start-ups vorbeischieben. In Berlin gibt es viele Ladengeschäfte, die kein Mensch braucht, deshalb stehen sie leer oder werden als Galerien, Lager oder Büros genutzt. Und inzwischen findet die Start-up-Szene nicht mehr nur im Prenzlberg, in Mitte oder im Kreuzberger Bergmannkiez statt, sondern auch in Neukölln oder eben hier, im halbwegs zivilisierten Teil des räudigen Wedding. Was nichts daran ändert, dass es hier, keine drei Kilometer vom Hackeschen Markt entfernt, immer noch aussieht wie in Tanger zur besten Beatnick-Zeit von William S. Boroughs und Paul Bowles. Hier tummeln sich Mustafa und Mehmet und Ayshe und Ileyda und die anderen, die hier immer schon waren, zwischen den hinzugezogenen Steves und Sues und Lauras und Cathys und Dans. Letztere mit iPhones und iPads, lauter tollen Ideen und eigentlich auch keinem Durchblick.

Das erkläre ich meinen staunenden Touris: »Bald sind die Kopftücher hier weg, und manche von den Internet-Hipstern hier sind reich, andere von denen hingegen wieder in ihrem Cowboydorf im mittleren Westen.« *Und manche machen so einen bescheuerten Job wie du, Seltmann*, denke ich mir. Das

Satzende lasse ich bewusst in der Luft hängen, um meinen Touris die Schlussfolgerung zu ermöglichen. Aber keiner merkts. Meine Fassade ist fugenlos.

Wir fahren zurück zum Humboldthain, zu einer der besten Dönerbuden der Stadt.

»Boah. So was krisse bei uns nicht!«, ruft Frank mit vollem Mund.

Die Gattinnen lächeln nachsichtig. Sie wissen: Man muss den Männern auch mal ihren Spaß lassen. Wenn man sich immer nur streitet, und sei es über gesundes Essen oder Tischmanieren, endet man wie eine der frustrierten Schnepfen in Prenzlauer Berg: zwei Kinder, kein Mann, wenig Spaß. Dann schon lieber ein bisschen Zwiebelgeruch ertragen. Eine gute deutsche Ehe steht und fällt mit der Toleranz der Partner gegenüber Körperfunktionen, -ausscheidungen und -dünstungen des anderen. Sartre mag recht gehabt haben, als er sagte: »Die Hölle, das sind die anderen.« Wer weiß, wovon sich Simone de Beauvoir so ernährt hat.

Ich habe viele Ehen in der Provinz beobachten können. Über Jahre. Schließlich habe ich da gelebt. Etwa die Ehe meiner Eltern, die Ehen unserer Nachbarn in der Eigenheimsiedlung, die Ehen meiner Klassenkameraden, die Ehen meiner ehemaligen Freundinnen. Eine Ehe ist in der Provinz immer eine Zweckgemeinschaft. Eine simple Kosten-Nutzen-Rechnung: Wie viel steck ich rein? Was krieg ich raus?

In der Provinz habe ich gelernt: Wo es keine Alternativen gibt, da passiert auch nichts. In den 19 Jahren, die ich von meiner Geburt bis zum Wegzug zwecks Studiums in Bochum zugebracht habe, ist mir kein Fall von Ehescheidung wegen eines Seitensprungs bekannt geworden. Möglicherweise liegt das an der Generation: Unsere Eltern, die in den Fünfzigern und Sechzigern groß wurden, waren und sind nicht so drauf – oder haben es besser verheimlicht. Aber auch in meiner eigenen Generation sind die Ehen, soweit ich weiß, erstaunlich haltbar, da draußen auf dem Land. Haltbarer als in Berlin jedenfalls. In Berlin heiraten die Leute erst, wenn andere in Deggendorf und Delmenhorst ihre Kinder schon in der Oberstufe haben. Wenn sie überhaupt heiraten – und wenn sie überhaupt Kinder haben; spätestens beim zweiten hat oft einer der beiden (Erwachsenen) keinen Bock mehr auf das Geschrei und macht sich vom Acker. Die Kinder fragt da keiner, die müssen das verstehen. Schlimmer noch, meistens müssen sie es sogar gut finden, dass die Familie, die sie gerade noch für einen sicheren, warmen, heimeligen Ort gehalten haben, ihnen unterm Arsch weggezogen wird und sich in nichts auflöst, dass alles nur Lug und Trug ist und statt Papa plötzlich ein anderer Typ morgens das Badezimmer blockiert.

Nach dem Döner fahren wir rüber in den Prenzlauer Berg, wo wir die neuen Luxusappartement-Gebäude mit Namen wie »Duncker-Palais« oder »Lette-Höfe« bewundern, die in die Baulücken (aka: Bombenschäden) gestellt werden. Dann geht es weiter nach Friedrichshain, um abhängende Studis zu sehen, von dort nach Kreuzberg, Alt-68er zu bemitleiden, und schließlich zurück zum Alex, um Junkies zu gucken. Meine Gruppe macht jetzt alles mit und findet alles spannend. Sie beglotzen die Fensterputzer am Großen Stern, die Zigeuner-Bands vor den Café-Tischen, die Alkis am Kotti und den Fixerstrich in der Kurfürstenstraße, den ich ihnen als letzten Stopp vor dem Laden am Zoo zeige.

Als ich sie entlasse, sind sie begeistert. Trinkgeld: 27 Euro von sieben Leuten. Rekord! Und das mit einer großen Rundfahrt durch die Geisterbahn Berlin. Sollte man ins Standardprogramm aufnehmen.

Trinkgeld

Trinkgeld geben nur die deutschen Stämme, die südlicher als Frankfurt wohnen. Schweizer sind am besten, wobei deren Großzügigkeit sicher schlagartig enden würde, würde man sie als deutschen Stamm bezeichnen. Bei Schweizern muss ich nicht mal meinen Spruch auspacken. Denn mein Bakschisch-Spruch geht so: »Ich hoffe, es hat Ihnen gefallen. Wenn nicht, dann schreiben Sie Ihre Kommentare auf einen Fünf-Euro-Schein. Ich geb ihn dann meinem Chef.« Der Spruch ist saublöd und auch nicht von mir, sondern von Joan, einer Amerikanerin, promoviert in Stadtplanung. Die hat ihn wiederum von Olivia.

Joan sagte mir: »Der Spruch ist saublöd. Aber er wirkt.«

Recht hat sie – bei allen südlich des Mains. Badener, Württemberger und so sind okay. Aber je nördlicher, desto schlimmer. Übel sind Leute aus Nordrhein-Westfalen. Wir nennen sie Billigheimer. Sie kommen mit dem Hotelrad, das sie umsonst gestellt kriegen, wollen die Gruppenrabatte mit denen der WelcomeCard kombinieren und sind sauer, wenn die Shoppys ihnen erklären, dass nur *ein* Rabatt gewährt wird und nicht eine Kombination aus dreien. Die würden es sonst glatt schaffen, dass man ihnen noch etwas zahlt, wenn sie die Tour mitmachen. NRWler reißen einem am Ende die Hand ab und schreien: »Das war so toll! Vielen Dank! Ganz toll!« Dann sehen sie dich an, als seist du ein Kind, das dankbar für das Lob sein muss, das man ihm gewährt. Du blickst sie an, und sie haben nicht einmal den Hauch einer Ahnung, dass genau jetzt ein Trinkgeld angebracht wäre. Sie gehen einfach davon, winken und freuen sich, dass sie so einen schönen Tag hatten, mit so einem netten und schlauen Guide, und das für so wenig Geld. Man fragt sich, ob diese Leute jemals darüber nachdenken, was solche guten Fahrräder kosten; wie hoch die Miete eines Laden in Berlin ist; was die Leute hier verdienen, was Reparaturen, Steuern und so weiter ausmachen. Und ob das mit 15 Euro pro Nase abgedeckt sein kann.

Die Westfalen wissen es nicht besser. Noch schlimmer sind Hamburger. Die wissen es, geben aber trotzdem nichts.

Jetzt könnte man meinen: Selbst schuld, wenn sie dir kein Trinkgeld geben, war's vielleicht nicht so doll. Aber warum reißen sie einem dann den Arm aus dem Schultergelenk, anstatt das Portemonnaie zu öffnen?

Seit ich Guide bin, gebe ich immer Trinkgeld.

Nervensägen im Großstadtfieber

Nicht alle Touren sind schön. Denn manchmal ist man schlecht drauf. Oder das Wetter ist schlecht drauf. Oder die Stadt. Oder die Shoppys. Oder die Leute sind … einfach nervig.

Statisten des Urlaubs

Nervig sind sie, wenn sie vergessen, dass wir (wir Berliner) in dieser Stadt leben. Dass wir nicht dafür da sind, nur die Straßen zu füllen wie bei einem Filmdreh, sondern dass wir hier wirklich unser Leben über die Bühne bringen. Auch wenn sie es sich nicht vorstellen können.

»Sind wir eigentlich alle Statisten in eurem Urlaub?«, möchte ich manchmal schreien, wenn ich die Touristen sehe, wie sie in ein Café kommen oder sogar auf der Straße auf uns mit Fingern zeigen wie auf Tiere im Zoo. Hat der Lastwagenfahrer, der die Sprudelkästen ausliefert, etwa das Gefühl, er sei eine besondere Figur? Nur weil auf seinem Laster steht: *Keene Panik, Jetränke jibs bei Ganick.* Oder die Kellnerin, die übrigens aus Australien kommt und der er in den Ausschnitt schielt. Wir sind doch nicht bei Zille!

Wir Berliner sind keine Deko. Und wir kriegen allesamt von der Tourismus- und Marketing-Gesellschaft des Senats *kein* Honorar. Wir fahren ja auch nicht nach Bad Lippspringe, suchen uns eine Eigenheimsiedlung, laufen durch die Vorgärten und schreien: »Da! Guck mal, den Pflanzkübel hab ich hier in der Siedlung schon viermal gesehen.«

»Stimmt, die kaufen alle im selben Baumarkt ein.«

»Hey, übrigens. Siedlung?«

»Ja, stimmt.«

»Ansammlung von Häusern trifft es besser.«

»Von architektonischen Fehlschüssen.«

»Ich glaube nicht, dass da Architekten mit am Werk waren.«

»Guck ma, die.«

»Oh.«

»Die hat auch nicht aufgepasst im Rückbildungskurs.«

»Hehehe. Ich glaub nicht, dass die hier aufm Land Rückbildungskurse haben.«

»Wenn, nur für's Gehirn.«

»Guck ma. Sieht hier aus wie im Werbefernsehen.«

»Nur die Models sind nicht ganz so schlank.«

»Nee, stimmt, nicht ganz.«

»Hehehehe.«

Wem würde das gefallen? Also, liebe Touris: Tragt eure Pfoten in den Manteltaschen, wenn ihr durch die Stadt geht. Und wundert euch leise …

Sprachlehrer

Jeder Guide hat Angst vor irgendetwas anderem. Manche haben Angst davor, dass das Boot, auf dem sie schippern, sinkt. Manche haben Angst davor, dass der Doppeldeckerbus, in dem sie fremde Leute durch die Stadt begleiten, in der Kurve umkippt. Manche haben Angst vor Fahrradreifenpannen. Manche haben Angst davor, von den echten Berlinern, den sogenannten Urberlinern, blöd angemacht zu werden. Manche haben Angst, dass einer merkt, dass sie keinen Hochschulabschluss haben. Manche haben Angst, dass ihnen was zwischen den Zähnen hängt. Manche haben Angst davor, ihren Job zu verlieren.

Ich habe Angst vor Lehrern. Vielleicht liegt das an Frau Tethling. Das war meine Klassenlehrerin von der ersten bis zur dritten Klasse. Ich habe ihr dick geschminktes Gesicht in Erinnerung, ihre blondgefärbten Haare, ihre grellfarbigen Jeans, ihren knallrot geschminkten Mund. Sie sah ungefähr aus wie Cindy von Cindy und Bert. Aber sie hat uns gequält. Mit Schwungübungen, mit Schönschrift, mit den kleinen und großen, den runden und eckigen, den gelochten und ungelochten Plättchen bei der Mengenlehre und mit dem LÜK-Kasten. Zum Glück wurde sie schwanger und wir kriegten Herrn Gürtler, den gemütlichen Konrektor, der kurz vor der Pensionierung stand und uns immer seine Schmetterlingssammlung mitbrachte. Aber die Angst vor Lehrern, die hat mir Frau Tethling eingeimpft. Zum Glück nehmen Lehrer meist nur in Begleitung von Schulklassen an Touren teil. Kämen sie allein, ich würde zittern.

Privat nehmen Lehrer eher selten an Touren teil. Wahrscheinlich können sie ihre Eifersucht nicht zähmen auf den, der da an ihrer Stelle das kluge Wort führt.

Aber auch ohne Lehrer gibt es genügend selbsternannte Sprachhüter, die einem die Tour zur Hölle machen können. Solche wie Dieter aus Pirmasens. Dieter kommt mit einer

Gruppe von vier angedickten Mittvierzigerinnen, die offensichtlich gern etwas anderes machen würden als eine Tour mit mir (oder etwas anderes mit mir als eine Tour). Ich kann mir ziemlich genau vorstellen, wie Dieter sie bereits beim Frühstück in ihrer Pension in Ku'damm-Nähe (direkt am Fixerstrich, aber das weiß er nicht) mit seinen Broschüren und Plänen für den Tag überfahren hat. Herausgekommen ist folgender Kompromiss: Halbtagestour – das Beste von Berlin mit Radeln und Mittagspause in einem typischen Lokal.

Nun stehen die fünf vor unserem Laden am Bahnhof Zoo. Dieter ist hibbelig, sein Bierbauch wippt nervös. Und weil Carl und ich uns betont viel Zeit lassen, wenn einer kommt und Stress machen will, wird Dieter immer hibbeliger. Seine Damen scheint die Verzögerung nicht zu stören. Denn die Sonne scheint, es geht ein leichter Wind, es sind 23 Grad, und abgesehen von befremdlichen Menschenmassen wie der Ladung Pendler aus dem Brandenburgischen, die gerade routiniert einer Gruppe betrunkener Australier aus dem Weg gehen, ist es recht beschaulich hier.

Aber Dieter hat diesen wild entschlossenen Blick: Er will etwas erleben! Seine vier Damen – ich nenne sie mal Sabine, Anke, Kerstin und Barbara (denn so hießen Mädchen in meiner Schule, und die Frauen dürften ungefähr mein Alter haben) – wollen sich amüsieren. Deshalb kommen sie folgsam, als ich ein Rad nehme und rufe: »So, meine Lieben, wen von euch soll denn dieser hübsche Esel heute durch die Weltgeschichte tragen?«

Man druckst, man lacht. Es ist so einfach. Eine Frau ist gern ein Backfisch. Ein Mann hingegen ist nie gern ein Pennäler.

Dieter ist jedenfalls abgemeldet. Die vier Hühner stehen

um mich herum und gackern. Spanngurt? Natürlich. Soll ich Ihre Jacke zusammenfalten? Gern. Nicht knittern! Sicher. Sattel höher, Sattel tiefer, kein Problem. Wer braucht noch was zu trinken? Einige der amerikanischen Guides schmieren sich gerne im Angesicht der Tourgäste mit Sonnencreme ein und bieten dann aus ihrer Tube »Sun blocker anyone?« an. Das wäre mir dann doch zu intim.

Als die Damen endlich fertig sind, sieht Dieter seine Gelegenheit zum Auftrumpfen gekommen: »Die Website, das ist ja ein einziges Chaos.«

»Welche Website?«, frage ich im Ton und mit der Haltung eines KFZ-Schraubers.

Er schnaubt vor Entrüstung: »Na, Ihre!«

»Ich hab gar keine Website.«

Dieter findet, dass ich mich doof stelle. Er findet mich frech. Er würde mich am liebsten richtig absauen. Aber seine vier Begleiterinnen (ich muss noch rausfinden, wer zu wem in welchem Verhältnis steht) wollen einen entspannten Tag. Deshalb reißt Dieter sich am Riemen. »Sie müssen doch zugeben, dass das eine ganz schlechte Sprache ist auf der Website von Ihrem, also, von, hier, von dem Unternehmen hier.« Er macht eine wegwerfende Handbewegung zu dem bunten Schild über dem Laden. Wahrscheinlich, weil da der Firmenname draufsteht.

Ich atme tief durch und fahre mein allerstärkstes mentales Geschütz auf: das Dalai-Lama-Gebot – so nenne ich es jedenfalls. Das geht so: Stell dir plastisch vor, der Mensch, der vor dir steht, rettet dir später am Tag das Leben. Wie der Doppeldeckerbusfahrer gerade versucht, sein Kaugummi von den Fingern zu kriegen, und dich deswegen zu spät sieht. Wie er es nicht mehr schafft, das Steuer rumzureißen. Wie

Dieter das erkennt, abspringt, dich zur Seite schubst. Wie dein Gesicht durch den Sand am Großen Stern schleift und du mit der Schädeldecke an einen der fetten Steine knallst. Als du wieder aufwachst, siehst du Dieters Gesicht über dir. Er ist ganz gelassen. Er hat einen kühlen Waschlappen auf deine Stirn gelegt. Die Rettungssanitäter bringen dich gleich ins Virchow-Klinikum. Keine Sorge, Dieter kümmert sich um die Tourteilnehmer und die Räder. Gute Besserung.

Während ich diesen Film vor meinem inneren Auge ablaufen lasse, hibbelt Dieter vor mir herum, ohne zu wissen, welch ungeahnte Hauptrolle er gerade in meinem Lebenswerk spielt. Er will nur, dass ich seine Vorhand pariere, und dann den Punkt machen. Aber ich, mild gestimmt durch meine Phantasie, sage nur: »Jo, da haben Sie wohl recht.«

Sein Segel fällt flach in sich zusammen. Seine Mundwinkel fallen nach unten, die Stirnfalten werden Gletscherspalten.

Ich wende mich ab und seinen kichernden Schäflein zu: »So, Mädels … wollen wir dann?«

Danach war's nicht mehr so schlimm. Man gewöhnt sich an alles. Auch an nervige Leute. Man ist ja stundenlang mit ihnen zusammen.

Erich auf der Flucht

Familien können nervig sein. Nicht nur die eigene. Auch die von anderen Leuten. Wie die von Erich.

Wer auf die Idee gekommen ist, Erich die Segway-Tour zu schenken? Ich weiß es nicht. Erich ist 65, sieht aus wie 85 und wäre zweifellos besser in einem Bus aufgehoben. Am besten wäre Erich vor seinem Fernseher in Bottrop aufgehoben. Aber was soll er machen – er hat eine Schwiegertochter. Und Schwiegertöchter entwickeln sich nicht selten mit den Jahren von dem kleinen, netten, etwas schüchternen Ding zu ausgewachsenen Drachen. Sie haben immer recht und wollen, dass man ihre Erkenntnisse in Sachen Gesundheitsvorsorge und Demenzprävention umsetzt. Auch im Greisenalter.

Irene – so heißt die Schwiegertochter – war vor zwanzig Jahren sicher ein hübscher Wonneproppen. Zwischendurch war sie dann eine schwangere Wuchtbrumme, und jetzt ist sie eine fette Kuh mit zu viel Schminke im Gesicht. Ihre Stimme ist hoch, ihre Ansprüche noch höher. Und mit denen steht sie nun vor Lonny, unserem Shoppy.

Lonny hat heute wirklich Mühe, seine Stimme zu gebrauchen. Die Nächte in Berlin, das weiß man ja, sind nicht allein zum Schlafen da.

»Sure«, sagt er. Das antwortet er auf jede Frage, die Irene ihm stellt. Schließlich zeigt er auf mich.

Ich hole tief Luft und begrüße Irene. Sie fasst mich am Ellbogen, als sei ich ein Opa, beugt sich an mein Ohr und kreischt: »Mein Schwiegerpapi ist ein bisschen, na, Sie wissen schon … aber das kriegen Sie doch hin, oder?«

»Sicher«, sage ich und blicke zu Lonny rüber. Der versteckt sich hinter dem Computerbildschirm. Kameradenschwein.

Nun kommt auch Erich durch die Tür, zusammen mit seinem Sohn Gerd, Irenes Mann. Ich finde, dass Erich ziemlich alt und nicht mehr richtig in Schuss ist. Aber sie wollen ihn auf eine Segway-Tour mitnehmen. Also kriegen sie eine Segway-Tour.

Ich mache die ganz normale Einführung mit den dreien.

Problematisch ist allerdings, dass Irene sich nicht auf ihren Segway konzentriert, sondern auf Erich.

Ich erkläre: »Zur Übung fahren wir jetzt alle ein paarmal über diese Kabelbrücke.« Ich weise auf ein allbekanntes Hindernis aus Plastik in gelb-schwarz, ungefähr fünfundzwanzig Zentimeter hoch. »Man fährt mit mittlerer Geschwindigkeit drauf zu und hüpft dann drüber.« Sage ich. »Ist eigentlich ganz einfach, aber fahren Sie bitte nicht zu langsam, sonst schaffen Sie es nicht, sondern rollen rückwärts. Das wäre doof.«

Fragende Gesichter starren mich an. Ich ergänze: »Also, ich sage dazu immer ›beherzt‹. Also nicht schnell drüberfahren, nicht langsam, sondern einfach beherzt. Ich mach das mal vor.«

Ich fahre in mittlerer Geschwindigkeit auf die Kabelbrücke zu, hüpfe darüber, fahre ein Stück geradeaus und wende. Das ist kein Hexenwerk. Ich mache den Leuten keine Kunststücke vor, sondern zeige ihnen einfach, wie es geht.

Irene aber scheint mir nicht zuzutrauen, mich verständlich auszudrücken. Oder sie hält Papa Erich für taub und begriffsstutzig. Was er beides nicht ist, schließlich hat er zuvor schon die Rechte- und Pflichtenerklärung gelesen, sogar eine Nachfrage gestellt und dann unterschrieben. Die Rechte- und Pflichtenerklärung ist für die Guides und das ganze Tour-Unternehmen die Versicherung, dass nicht irgendein Ami oder sonst ein renitenter Gast eine millionenschwere Klagewelle über uns hereinschwappen lässt. Was können wir für die Knieprobleme der Leute? Was für ihre Bandscheiben? Was für ihre Dusseligkeit? Und dass wir damit auch in Zukunft nichts zu tun haben werden, geben uns die Leute schriftlich. Außerdem, dass die Segways nicht den kleinsten

Kratzer abkriegen dürfen und dass die Leute ALLES machen müssen, was WIR wollen. Eines Tages reize ich das mal aus …

Zurück zu Irene. Sie schreit Erich jetzt an: »Das ist gefährlich! Da muss man gut aufpassen! Sonst kann man sich den Hals brechen!« Zum Beweis wendet sie mühsam ihren Segway und fixiert die Kabelbrücke. Dann beugt sie sich nach vorn wie eine Skispringerin bei der Vier-Schanzen-Tournee und rast auf das Hindernis zu.

Ich sage nichts. Es ist eh zu spät. Wenn ich ihr jetzt etwas zurufe und sie infolgedessen den Kopf zu mir dreht, kann sie sich unmöglich auf die Kabelbrücke konzentrieren und bricht sich wirklich den Hals. Diese ultimative Beweisführung möchte ich ihr ersparen und lasse es drauf ankommen. Denn es ist nicht so, dass man nicht mit Vollgas über eine Kabelbrücke springen könnte. Man muss dabei nur cool bleiben, die Spur halten – und auf der anderen Seite sollte kein Rollsplit liegen. Dummerweise liegt in Berlin meist irgendwo Rollsplit, denn hier wird überall rund ums Jahr gebaut.

Irene hat inzwischen selbst erkannt, dass sie für ihre Fähigkeiten zu schnell ist, bremst aber nicht so sanft, wie ich es zuvor erklärt habe, sondern wirft sich zur Seite wie eine Slalomfahrerin, streift mit dem Rad die Kabelbrücke, gerät dadurch aus dem Gleichgewicht, dreht sich, rollt nun rückwärts das Hindernis hoch, verharrt einen kleinen Moment oben auf der Kante. Guckt dumm – und plumpst auf ihren gepolsterten Hintern.

»Huch!«, entweicht es ihrem Mund. Ich hechte natürlich sofort hin zu ihr und helfe ihr auf. Sie riecht nach einem sehr intensiven Parfüm, was mir die Aufgabe nicht angenehmer macht.

Und sie sagt noch mal: »Huch«, als ich sie abstelle.

Leider macht diese Aktion keinen bleibenden Eindruck auf Irene. Kaum steht sie wieder allein auf dem Segway, wird Erich, der sich vorbildlich benimmt, von ihr zugetextet, als sei er ein Idiot: »Erich, pass auf! Erich, sei vorsichtig!« So geht es in einem fort.

Schließlich fahren wir los, und ich beginne, über die historischen Gebäude zu sprechen. Irene wiederholt alles, was ich sage, sehr laut und mit einfachen, sehr einfachen Worten. Erich nickt brav. Gerd tut so, als sei er gar nicht da, und rollt pflichtergeben vor sich hin.

Ich stelle mich auf Irenes Koreferate ein und halbiere meine Erklärungen, damit Irene Zeit hat für ihre Hälfte des Redebeitrags. Wir stoppen am Holocaust-Mahnmal: »Traurig ist das, dass das notwendig ist. Das schöne Geld. Was man damit hätte machen können. Aber sicher, für die Juden muss man ja so was bauen«, lamentiert Irene. Ich halte den Mund und frage mich, was hier gerade schlimmer ist: Leute wie Irene oder die Schüler auf Klassenfahrt, die johlend von einer Stele auf die andere hüpfen.

Wir passieren das Brandenburger Tor und sind schon fast wieder am Alex, da fällt Irene ein, dass sie selber einmal auf Klassenfahrt in Berlin war und damals an der Ecke Friedrichstraße/Unter den Linden versucht hat, einen Kaffee zu trinken. »Da stand doch so ein Hotel«, sagt sie zu mir.

»Hotel *Unter den Linden*«, erwidere ich. Mittlerweile fungiere ich als ihr Stichwortgeber.

»Genau«, bestätigt Irene.

Wir stehen an der Ampel Ecke Friedrichstraße/Unter den Linden. Es wird grün. Irene redet – irgendetwas. Ein Bus zieht ganz knapp an ihr vorbei. Sie merkt es nicht.

Da rollt Erich langsam los. Leider nicht rechts, am Rand beim Bürgersteig, wo er hingehört, sondern diagonal über die Straße in Richtung Douglas-Gebäude, also genau dahin, wo früher eben dieses Hotel *Unter den Linden* stand – ein echtes, zu Recht entsorgtes Wagnis der DDR-Architektur. Alles ist voller Menschen, voller Fahrräder, Busse, Taxis, Autos. Erich rollt davon wie eine Jolle durch stürmische See. Irene redet und sieht nichts – vermutlich sucht sie immer noch das längst abgerissene Hotel. Gerd traut sich nicht, sie zu unterbrechen, und sieht ungläubig zu, wie Erich durch den Verkehr pflügt.

Ich müsste eigentlich hinterherfahren. Aber es ist rot, und ich will mir nicht ausmalen, was geschieht, wenn Irene mir bei Rot hinterherfährt und dabei redet, weil sie Erich längst vergessen hat und nur noch nach dem Hotel Ausschau hält.

Ich warte. Auf Grün. Man soll das Glück nicht herausfordern.

Und Erich? Ist er im Stehen eingeschlafen? Denn er rollt und rollt – und ist irgendwann nicht mehr zu sehen.

Ich fahre los. Aber Erich ist weg, und so schnell kann ich nicht hinterher, wenn ich nicht von einem Taxi plattgemacht werden will.

Ich stelle den Segway an einen Laternenpfahl und laufe los. Kurz zuckt mir durch den Kopf, dass sich nun einfach irgendwer das Ding schnappen könnte und dass es an die 7000 Euro kostet. Aber was soll ich machen?

Irene guckt erstaunt. *Wo will der denn hin?*, denkt sie wohl. Und dann endlich: *Wo ist eigentlich Schwiegerpapi?*

Ich hechte quer über die Kreuzung und entdecke zu meiner Erleichterung Erich. Er ist vom Segway gestiegen und hat ihn an einen Laternenpfahl gelehnt.

»Wie häls du dat denn aus, Junge?«, fragt er mich. Er wirkt ganz entspannt. Und ich verstehe.

»Wie halten *Sie* das aus?«, frage ich grinsend zurück.

Er lacht. »Am liebsten würd ich mich getz vom Acker machen«, sagt er und blinzelt in die Sonne.

Ich reagiere nicht, ahne aber etwas.

Erich drückt mir einen Geldschein in die Hand. Wir nicken uns wortlos zu. Er dreht sich um und verschwindet im Großstadtgetriebe. Zu Fuß natürlich. Ich nehme seinen Segway und steige drauf.

Als ich auf Erichs Segway zu Irene und Gerd zurückkehre, starren mich beide mit offenem Mund an, erst recht, als ich mein Segway an die Hand nehme und nun zwei befördere. »Auf geht's«, sage ich. »Ihr Vater macht einen Spaziergang. Sie sollen nicht auf ihn warten.«

Irene setzt an: »Aber, dat gehtoch nich …«

Da schaltet sich Gerd ein: »Irene, Vatti hat Geburtstach, nich du. Komm getz.«

Und ein Wunder geschieht: Irene verstummt und rollt mir fortan wortlos hinterher.

Zeitzeugen

Besonders nervig sind unentspannte Leute, die uns für einen VHS-Kurs auf Rädern zur deutschen Geschichte halten. Sie kommen zu uns, den Kopf voller Halbwissen und versaut von Guido Knopp. Zeitzeugen – das hat man ihnen eingebläut – wissen Bescheid. Die Touristen haben Hunderte von alten Männern in Sesseln vor dunkelblauem Hintergrund im Fernsehen gesehen, am unteren Bildrand »Zeitzeuge« eingeblendet. Als sei das eine Auszeichnung. Ich erkläre ihnen, was Strukturgeschichte ist.

»Es geht dann aber nicht die ganze Zeit um Wirtschaft, oder?«, fragt ein Mann aus Dänemark, der einen Hut wie Pettersson (der Freund von Findus) trägt.

»Es geht *nur* um Wirtschaft, wenn wir über die DDR reden«, entgegne ich.

Er nickt zögernd.

»Machen Sie sich keine Sorgen«, ergänze ich. »Ich werde Sie ausgiebig mit Namen und Zahlen langweilen.«

Er fragt sich wohl, ob er mich richtig verstanden hat.

»Kleiner Scherz«, sage ich. Dann klatsche ich in die Hände. »So, Freunde, seid ihr so weit?« Wenn ich einen allein anspreche, sieze ich ihn. Rede ich zur ganzen Gruppe, duze ich sie. Ich habe exzellente Erfahrungen gemacht mit diesem Sprachgemisch. Es scheint eine Mischung aus Distanz und Nähe zu erzeugen, die die Leute mögen.

Wenn sie nicht gerade auf Zeitzeugensuche sind. Spätestens in der Mittagspause kommt unweigerlich die Frage: »Und Sie? Sind Sie Berliner?«

Bei der Mauer-Tour baue ich dem vor, indem ich von meiner Großmutter erzähle, die nach dem Volksaufstand 1953 mit meinem Vater von Ostberlin nach Westdeutschland gegangen ist. Auf der City-Tour ist das schwerer anzubringen. Am liebsten würde ich antworten: »Das ist doch egal.« Aber sie stehen eben auf diesen Zeitzeugen-Scheiß.

Ich finde das merkwürdig. Die Leute müssten doch aus eigener Erfahrung wissen, dass Dabeigewesensein nicht alles ist. Was wissen die heute Siebzigjährigen schon über die 68er? Meistens nichts, obwohl sie Jahrgang 42 sind. Was wissen die Mittfünfziger über die friedliche Revolution?

Fast nichts, ob wohl sie damals schon dreißig waren. Ich würde ihnen am liebsten erklären, dass der Zeitzeuge von Geschichte etwa so viel versteht wie die Biene Maja von Botanik.

Aber das mache ich nicht. Allerdings reiche ich ihnen rein, dass Struktur- und Wirtschaftsgeschichte viel interessanter ist als jedes Gelaber à la »... und als wir dann die Fehrbelliner Straße runterjehen, da sehn wa se schon in ihren Wartburgs. Da, ick muss sagen, da kricht ich schon kalte Füße ...« Die Leute sind es mittlerweile gewohnt, dass ZDF & Co. gnadenlos die Kamera auf heulende Rentner hält, die von Tränen geschüttelt berichten, wie die »Mami im eiskalten Wasser der Ostsee untergegangen ist«. Oft endet der Zeitzeuge mit »Was soll man machen?«

Und genau das ist es wahrscheinlich, was mich daran stört: Ich erkläre den Leuten, wie Geschichte zu beeinflussen ist, und sie kommen dennoch immer wieder mit diesen »Ach je«-Zeitzeugen. Nicht mit mir. Bei mir heißt es Breschnjew-Doktrin, Ausreiseantrag, Vier-Mächte-Status, Verfassungsgrundsätze, Staatsbankrott, Weltmarktpreis.

Wir sind wieder am Bahnhof Zoo. Ein Obdachloser rasiert sich mit einem Nassrasierer ohne Schaum den Bart vor den Spiegelfenstern des Ladens. Ich überspiele das. Meine Gäste gucken betreten. Der Penner blutet am Hals aus mehreren Schnitten.

Ich sammele die Räder ein. »Das war sehr, sehr interessant«, sagt Pettersson aus Dänemark. Und gibt Trinkgeld. Die Dänen sind kein deutscher Volksstamm – immerhin. Dafür dürfen sie auch Zeitzeugen suchen.

UdL mit Provinzschnepfen

Nicht nur in Berlin nervig sind Schnepfen. In Berlin stößt man als Guide aber meist auf Provinzschnepfen. Und die sind noch nerviger. Wie die heute.

In Berlin gibt es unzählige Linden. Eigentlich müssten alle Straßen *Unter den Linden* heißen – *Ku'damm unter den Linden*, *Majakowskiring unter den Linden* und so weiter. Obwohl das ein bisschen lang wäre. Vielleicht könnte man es abkürzen: *Kantstraße UdL*. Oder gleich *Berlin UdL*. Allerdings müsste man sich dabei vor falscher Betonung hüten; Berlinudel klingt nach einem Pastagericht.

Ende Juni, Anfang Juli kann man freilich nicht mehr davon sprechen, dass die Linden duften. Nein, sie stinken gefährlich nach Katzenpisse. Tag und Nacht sondern sie ihren Saft ab, der wie klebriger Schweiß auf die Straße, die Autos, die Scheiben und den Lack tropft. Touristen kennen das nicht und wundern sich, dass es aus wolkenlosem Himmel regnet.

Eines solchen Julimorgens radelt eine Handvoll Mädels hinter mir her – mit gefakten Louis-Vuitton-Taschen am Unterarm, zumindest echt aussehenden Ray Bans auf den Nasen, blondiert, mit Pferdeschwanz und Perlohrsteckern.

»Jetzt tropft gleich wieder dieses klebrige Zeugs«, jammert eine.

»Das ist Lindensaft«, verteidige ich die Bäume.

»Ist doch egal. Is eklig.«

So ist sie, die Jugend von heute.

Wo Linden stehen, klebt es. Wo keine Linden stehen, ist wenig Schatten. Dieser Licht-Schatten-Wechsel erschwert es mir, mit der Rotte von 18-jährigen Mädchen zu Rande zu kommen. (Es sind auch ein paar Jungs dabei, aber die haben nichts zu melden.) Manche der Gören wollen unbedingt in der Sonne stehen, wenn wir pausieren, manche auf *gar – keinen – Fall*! Dazwischen gibt es keine Meinung. Halbschatten? Nie gehört. Stelle ich die Mädels in den Schatten, fröstelt mindestens die Hälfte von ihnen. Stelle ich sie in die Sonne, schwitzen sie wie Schweinebraten und fühlen sich auch so, was so ziemlich das Letzte ist, was sie wollen, denn dann werden sie an ihre Komplexe erinnert: zu breites Kinn, zu fette Nase, zu viel Bauch, Lovehandles, Oberschenkel, Po, dicke Füße (ja, Mädchen können sich tatsächlich einbilden, dicke Füße zu haben).

Wir stehen auf dem Bebelplatz. Die einen in der Sonne (»Mann, ist das heiß.«), die anderen im Schatten (*bibber*). Ich erzähle »irgendsonen Scheiß« (wie eine vernehmlich kommentiert) über Friedrich den Großen (»oder sonst wen«). Meine gelangweilten Zuhörerinnen fächeln sich mit Faltblättchen Luft zu und verdrehen die Augen, damit ich nervös werde, schneller mache und zu Potte komme. Umso genüsslicher lasse ich sie schmoren respektive frösteln. Ihre angeklebten Wimpern, ihr dauerndes Genörgel und ihre Blödheit gehen mir auf den Keks. Es ist eine Sache, wenn man keine Ahnung hat, es ist eine ganz andere, wenn man keine Fragen hat. Die hier haben beides nicht. Bemitleidenswert.

Mit dieser Art Provinzmädchen kann man kaum etwas anfangen bei einer Tour. Am besten ist es, wenn bei so einer Tour ein fetter Wolkenbruch runterkommt und wir uns in den nächsten Subway oder Starbucks verziehen. Da vergessen die Diven alle Komplexe, kippen die Kalorien tonnenweise in sich rein und gackern über das, was sie interessiert: coole

Typen aus den Girlie-Zeitschriften, die neuesten It-Bags und »süße Tatoos«. Wenn nach ihnen jemals eine Straße benannt werden sollte, müsste sie heißen: *Unter den Blinden*.

Langweiler

Eigentlich ist der Guide ja fürs Reden zuständig und der Gast fürs Zuhören. Leider halten sich nicht alle Touris an diese Arbeitsteilung, und dann kann es nervig werden. Und mitunter sehr, sehr langweilig. Es gibt nämlich Touren, bei denen langweilige Leute einem langweilige Sachen langweilig erzählen. So wie Heinz aus Höxter.

Schon beim Loslaufen oder -fahren fängt Heinz an zu reden. »Wir waren ja vor fünfzehn Jahren das letzte Mal in Berlin.« Dann wartet er auf eine Reaktion auf seine nicht vorhandene Pointe. Dann fährt er fort: »Und vorher waren wir schon oft in Berlin.« Er macht eine Pause, um mir die Gelegenheit zu geben, etwas zu erwidern.

Ich erwidere nichts.

Er ergänzt: »Da stand die Mauer noch.«

Ich sage immer noch nichts.

Übrigens sagen viele Leute solche Sachen wie: »Da stand die Mauer noch.« Obwohl sie davon ausgehen müssen, dass ich das weiß, denn schließlich bin ich ein Berliner Stadtführer und sollte die Daten von Mauerbau und -fall draufhaben.

»Wissen Sie, was wir mal erlebt haben?«, fragt Heinz.

Ich entgegne nichts, denn ich weiß, dass dieser Satz so oder so ähnlich stets die öde Eröffnung eines noch öderen Monologs ist. Er ist Cliffhanger ohne Cliff und ohne Hanger.

»Wir sind da mal kontrolliert worden, da musste ich mich fast bis auf die Unterhose ausziehen«, erzählt Heinz. Glücklicherweise fährt er gleich fort: »Gut, also, ich ziehe die Jacke aus, dabei habe ich mich ein bisschen verheddert, und der Riemen von dem Fotoapparat, damals hatten wir ja noch richtige Fotoapparate, wo man sagt ›Der Film ist voll‹, der Riemen hat sich so unter dem einen Ärmel durch und über die Schulter bei dem anderen …«

Ich dimme mein Gehör runter, denn die Beschreibung solcher Nebensächlichkeiten ist ein weiteres unverzichtbares Element dieser Langeweil-Storys: Fakten, die alle kennen, Geschichten, bei denen man nicht weiß, worauf sie hinauslaufen, weil sie auf nichts hinauslaufen, jedenfalls nicht auf eine Pointe, und zwischen den Fakten und der um mehrere Meter verfehlten Pointe ein Dickicht überflüssiger Beschreibungen, das einem narrativen Stacheldrahtverhau gleichkommt.

Drum habe ich eine Bitte an Sie, lieber Leser: Wenn Sie je eine Tour bei mir oder jemand anderem machen: Lassen Sie so was.

Themen, die man als Tourist im Gespräch mit seinem Tourguide unbedingt vermeiden sollte:

- Was unsere Nachbarn letztens in Berlin erlebt haben.
- Wissen Sie, wie es war, als die Mauer noch stand?
- Als ich zum ersten Mal in Berlin war.
- Als es in Berlin noch keine Touristen gab.

Anke ist schmerzfrei

Meist sind nicht alle Teilnehmer einer Gruppe gleich nervig. Oft ist es nur eine Person, die einem wirklich auf den Sender geht. In Ankes Falle ist es umgekehrt. Die ganze Gruppe nervt, nur Anke nicht. Anke ist Lehrerin. Sie befehligt Hauptschüler aus dem Münsterland, alle zwischen 15 und 17 und schlechtgelaunt, weil sie schlecht geschlafen haben. Schlecht geschlafen haben sie, weil sie die ganze Nacht in der Jugendherberge rumgetobt haben. Sauer sind sie, weil ihnen die Lehrer deshalb die heutige Freizeit gestrichen haben.

Es ist traumhaft schönes Wetter, aber ich habe keine Chance, denn die Schülerinnen halten mich für einen Lehrer. »Das ist scheiße. Ist noch weit? Können wir zu Aldi?« Ab dem dritten Stopp (Bornholmer Brücke, historischer Ort der ersten Maueröffnung am 9. November – einem Ort, wo die über 40-Jährigen geneigt sind, den Asphalt zu küssen), ab da also, wo kein Schüler mehr zuhört, rede ich nur noch mit Anke. Weil Anke schon hunderttausendmal in Berlin war und ich ihr nichts erzählen muss, was wir beide schon wissen, reden wir über ihre Schüler.

Ich sehe zu ihnen hinüber. Die zehn Mädchen haben krumme Rücken; etwa die Hälfte hat angeklebte Wimpern, die mit Tusche verkleistert sind. Dazu braungeschminkte Gesichter mit Make-up-Rand unterm Kinn und am Hals. Sie tragen falsche It-Bags, die hier vor etwa sieben Jahren mal in waren.

Schließlich lassen wir sie zum ersehnten Aldi – anscheinend der Höhepunkt ihres Berlin-Besuchs. Die Schülerinnen stürmen hinein und kommen heraus mit einer Packung

Keksen, einer Packung Wiener Würstchen, die sie herumreichen und kalt in sich hineinstopfen, und jede hat eine Sechserpackung Saftschorle in Halbliterflaschen bei sich.

»Siehst du«, sagt Anke, »das haben sie wenigstens schon mal gelernt: dass man bei 30 Grad im Schatten auf eine Radtour was zu trinken mitnehmen muss.«

Immerhin, Saftschorle. Kein Red Bull, keine Cola. *Vielleicht sind sie ja doch noch nicht ganz verloren*, denke ich mir. Aber nervig sind sie trotzdem.

Kinder und Eltern

Familien können, wie gesagt, ganz schön nervig sein. Heute habe ich es mit Stefanie und Thorsten zu tun sowie mit Johanna und Justus (nicht zu verwechseln mit Hanna und Linus).

Papa Stefan kommentiert meine historischen Erzählungen ständig. STÄN-DIG. Ich sage zwei Sätze, zum Beispiel: »In den letzten Tagen standen die sowjetischen Truppen bis hier« – ich deute aufs Kanzleramt –, »da« – ich deute auf den Reichstag – »und da« – ich deute aufs Sony-Center, »und da, hinter dem Holocaust-Mahnmal, lag die völlig zerschossene Neue Reichskanzlei; das war der Palast von Adolf Hitler.«

Was, bitte schön, ist daran nicht zu verstehen für einen zehnjährigen Jungen? Aber Papa Stefan hält entweder meine Erläuterungen für kompliziert oder seinen Justus für geistig beschränkt. Er sagt (ziemlich laut): »Justus, siehst du, da standen die Russen, da war das Holocaust-Denkmal und da der Hitler.«

Ich habe heute keine Minitour mit sieben Teilnehmern,

sondern insgesamt fünfzehn Leute an der Leine: neun Erwachsene, die nicht so richtig kinderfreundlich aussehen, und diese etwas anstrengende Kleinfamilie.

Ich sage mit einem Blick zu Stefan: »Das Holocaust-Mahnmal gab's damals noch nicht.«

Stefan guckt mich fragend an. Irgendwo kichert jemand.

So geht es den ganzen Tag.

Insgesamt sei gesagt: Weitaus mehr Touren sind schön als nervig. Die meisten Touren sind sogar ganz normal. Sonst wäre das ja auch ein unmenschliches Geschäft.

Das Geschäftliche

Ein Geschäft sind die Touren in jedem Fall. Ein Riesengeschäft. Bustouren, Spaziergänge, Trabbi-Touren, Segway-Touren und Radtouren – es gibt fast nichts, was es nicht gibt. Es gibt sogar Touren auf allen vieren, die so genannten Pub-Crawls.

Das Drumherum bei einer Rad- und Segway-Tour ist immer gleich. Man kommt zum Laden, bereitet alles vor, und nachher räumt man alles auf. Das heißt: Postkartenständer müssen rausgestellt werden, Hunderte von Fahrrädern müssen von Haken an der Decke genommen und rausgeschoben werden, wo sie angeschlossen werden, damit sie keiner klaut. Segways müssen aus dem winzigen Kabuff hinterm Laden gezogen werden, dazu Stehtische, Flyerständer, Leuchtreklamen, Getränke und und und. Das alles machen im Prinzip die Shoppys.

Wenn die Guides kommen, haben die Shoppys also schon eine Schicht hinter sich und erwarten, dass die Guides nun ihren Teil zur Show beitragen. Mindestens die Fahrräder für ihre Tour rausstellen sollen sie. Bei einer offenen deutschsprachigen Tour sind das maximal zehn, in den Schulferien manchmal bis zu fünfzehn. Bei den offenen englischen Touren können es bis zu vierzig Räder sein.

Heben Sie mal vierzig massive 26-Zoll-Tourenräder von Haken, die in zwei Meter Höhe über Ihnen hängen. Danach quatschen Sie den ganzen Tag und fahren dabei Rad, und abends hängen Sie all die schweren Dinger wieder auf. Dafür bekommen sie ungefähr 70 Euro zuzüglich Trinkgeld. Klingt das nicht verführerisch?

Wenn die Guides »ihre« Räder nicht rausstellen, müssen es die Shoppys machen. Die stellen aber auch die anderen Hunderte von Rädern raus und finden es nicht so toll, wenn die Guides hier nicht mit Hand anlegen. Etwa weil sie es unter ihrer Würde finden. Oder weil sie es nicht so gewohnt sind, da andere Tourveranstalter ihre Räder nachts einfach im Freien lagern. Oder weil sie normalerweise Bustouren machen und sich nicht die Hände schmutzig machen wollen. Dann kommt es schon mal zu Konflikten, und selbst so verpennt und entspannt wirkende Typen wie die Shoppys werden bretthart wie Clint Eastwood.

Jedenfalls ist der kritische Blick in den Himmel und das entsprechende Abschätzen der zu erwartenden Teilnehmerzahl essentiell. Schätzt man zu wenig, kriegt man später Ärger mit den Shoppys, weil man dann zusätzlich Räder für die Tour nehmen muss, die eigentlich für den Verleih gedacht sind. Schätzt man zu viel, muss man mehr Räder rausschaffen als notwendig.

Wie man es dreht und wendet, am Ende des Tages weiß man, was man getan hat. Man fühlt sich müde von der Arbeit. Aber das ist durchaus etwas wert in dieser Stadt voller Schaumschläger, Schleimscheißer und Nebelwerfer.

Das beste Preis-Leistungs-Verhältnis

Ernie ist unser Dissident mit dem Bart. Er ist freundlich, ein bisschen verpeilt, weil er seine Gedanken immer tief in irgendetwas reingegraben hat. Er ist ein Stoiker, den nichts aus der Ruhe bringen kann, trägt Cordhosen und Flanellhemden und entspricht in allem dem Klischee eines Ostberliner Alternativen, der in den Achtzigerjahren stehengeblieben ist, samt Mähne und Zopf. Wenn er nicht so original und authentisch wäre, müssten ihn die Marketingberater von *Visit Berlin* erfinden. Er ist, wie er ist.

Das spüren heute auch Volker und Tina und Ralf und Kathrin und Heike und Sabine und Frauke und noch ein paar andere Todesmutige, die sich für die Potsdam-Tour bei Ernie angemeldet haben. (Anders als für die City-Tour und die Mauer-Tour muss man sich für die Potsdam-Tour anmelden. Warum, weiß ich nicht, aber es ist so.)

Die Potsdam-Tour ist ein echtes Abenteuer. Das fängt damit an, dass die Teilnehmer mit den Fahrrädern in die Regionalbahn bugsiert werden müssen. Und die ist fast immer überfüllt. Selbst wenn sie nicht überfüllt ist, sind die anderen Fahrgäste nicht besonders froh darüber, dass acht oder zehn oder zwölf wahlweise verpeilte, schwatzende oder auf Teufel komm raus unternehmungslustige Westdeutsche die Türen versperren.

Heike und Frauke aus Würzburg finden das mit der Regionalbahn total ulkig. Volker hingegen kriegt eine steile Falte auf der Stirn, und Sabine ist der Aufruhr in der Bahn peinlich.

Ernie zeigt sich von allem ungerührt: »Ja, ja, das ist ein bisschen, ja, ja, manchmal sind viele Leute unterwegs, ja, ja …« Ihn kann nichts aus der Ruhe bringen. Er ist immer gleich, total in seiner Welt. Als eingefleischter Ostberliner freut er sich an jedem noch so kleinen Überrest der DDR, auch wenn er der Meinung ist, dass sie ein bescheuerter Staat war. Wobei Ernie ohnehin nur wenig wertet.

Ernie ist vor allem dafür berühmt, dass seine Touren ungefähr doppelt so lang dauern wie die der anderen Guides. Wenn Ernie um kurz vor elf mit einer Gruppe zu einer viereinhalbstündigen Tour aufbricht, ist er um sechs, halb sieben wieder am Laden. Plus der halbstündigen Einführung macht das acht Stunden. Da soll sich keiner beschweren: Acht Stunden Tour inklusive Fahrrad für 18 Euro – das sind etwas über zwei Euro die Stunde. Ein sehr preiswerter Stundensatz. Die Leute sind danach natürlich total platt, aber aus irgendeinem Grund auch fasziniert. Ich halte das für den Wagner-Effekt: Wenn man einen dreistelligen Betrag für eine Opernkarte zahlt, dafür sechs Stunden netto auf engen Stühlen sitzt und Musik anhört, die entweder so langsam gespielt wird, dass man einschläft (*Parzival*), oder so bombastisch, dass einem die Ohren wegfliegen (*Ring*), und dann auch noch die Inszenierung panne ist, schwärmt man tags darauf bei den Arbeitskollegen dennoch von einem einzigartigen Kunsterlebnis und glaubt es vermutlich selber.

Genauso ist es bei Ernie. Es wird länger und länger und länger, und irgendwann geben sich die Leute der Sache hin. Insofern ist eine Tour mit Ernie weniger eine Fremdenführung als eine Bewegungsmeditation.

Es ist schon vorgekommen, dass sich Leute mittendrin aus Ernies Tour abgeseilt haben. Er nimmt das nicht krumm. In seinen Augen kann jeder machen, was er will. Ernies Tour ist auch nicht deswegen so lang, weil er trödelt, sondern weil ihm ständig noch etwas einfällt und er das dann unbedingt erzählen muss und manche Leute das unbedingt hören wollen.

Das macht er täglich, und umso schwerer ist es zu verstehen, dass er immer frisch und begeistert ist. Nicht wirkt – *ist*!

Ernie ist wie ein Tenor, der das erste Mal den Siegfried auf der Bühne singt. Und er singt *nur für Sie*. Nur, dass er eben ein bisschen abschweift und schon mal in den *Tannhäuser* etwas aus *Tristan und Isolde* mischt – und schwupps ist der Tag rum.

Die Leute müssen natürlich nach der Potsdam-Monstertour noch mit den Fahrrädern zurück nach Berlin. Manchmal lässt Ernie sie die ganze Strecke vom Neuen Palais in Potsdam bis zum Laden am Bahnhof Zoo radeln. Das zieht sich beträchtlich, aber bislang ist noch jeder Teilnehmer wieder eingetrudelt – wenn auch teils mit erheblichem Rückstand aufs Hauptfeld.

Team-Meeting

Wie in jedem Unternehmen gibt es auch bei uns Belegschaftsversammlungen. In einem US-amerikanischen Laden wie dem unseren heißen die natürlich Team-Meetings. Und die Mitarbeiter sind natürlich echte Freaks. Denn Freaks, das ist es, was die Leute wollen. Sie wollen keine Fakten, sie wollen Freaks. Solche wie Ernie. Oder wie Andrea: Die ist so feministisch, die *er*zählt nicht, die *sie*zählt. Sie ist rotzfrech und blitzschnell, im Kopf wie auch mit dem Mundwerk. Ihre zweifellos fundierten Kenntnisse der Stadt und ihrer Geschichte haben immer etwas Linksalternatives bis Autonomes. Aber das hat bisher noch keinen gestört. Ich glaube, die Touristen sehen in ihr eine typische Kreuzbergerin – auch wenn es da gar keine Hausbesetzer mehr gibt und Andrea nie dort gelebt hat.

Oder Ulf. Der sieht aus wie der typische Traveller: sehnig, unrasiert, braungebrannt. Und wie jemand, der von der Hand in den Mund lebt. Dabei ist es ganz anders: Er ist ein reicher Erbe aus dem Westend, der sich eine Rikscha gekauft hat, mit der er herumkurvt. Wenn er keine Fahrgäste hat, dann ist er halt Guide. Natürlich hat er wie wir alle eine Art Komplex: Er leidet darunter, keinen Studienabschluss zu haben. Mir scheint er einen Doktor in Atomphysik zu unterstellen – ich kläre ihn nicht auf.

Jedenfalls sind die Team-Meetings, die ein-, zweimal im Jahr in unserem Fahrradladen stattfinden, der echte Egohammer. Alle reden durcheinander, übertrumpfen sich damit, wie doof die Leute sind, beschweren sich darüber, dass zu viele Touren ausfallen, dass sie von der Security am Bahnhof Zoo schikaniert werden und dass die Stadt ist, wie sie ist.

In den ersten Jahren hat unser Chef Stu noch daran teilgenommen. Mittlerweile wohnt er gar nicht mehr in Berlin, sondern hat irgendwo in der US-Provinz eine Familie gegründet und reist gelegentlich mit einem Privatflugzeug um die Welt. Wirklich! Wenn Sie reich werden wollen, dann gründen Sie ein Unternehmen, und sei es einen nach Öl riechenden Touri-Guide-Laden. Etwa so wie Stu.

Stu war einer von vier Studienfreunden aus den USA. Die liebten, was viele junge Amerikaner lieben: das Reisen, Europa, das Radfahren und das Reichwerden. Und wie sie so in Europa herumreisten, stellten sie eines schönen Tages fest, dass man dort gut Rad fahren konnte – besser als zu Hause jedenfalls. Und dass man damit gut reich werden konnte – auch besser als zu Hause. Denn in Europa gab es viele orientierungs- und fremdsprachenlose Landsleute von ihnen.

Die vier Freunde legten Geld zusammen und teilten Europa unter sich auf – wie US-Amerikaner das eben so machen, wenn sie irgendwo hinkommen. Einer bekam London, einer Paris, einer Barcelona. Stu bekam Berlin.

Sie nannten sich nun Besitzer; auf Englisch *Owner.* Sie bestellten bunte Fahrräder, die bequem waren, ewig und drei Tage hielten und im Stadtbild aus der Masse herausstachen. Dann ließen sie noch ein buntes Logo entwerfen und legten los. Sie schliefen wenig, aßen nur, um nicht vom Fleisch und vom Sattel zu fallen, ähnlich wie es ihre Vorväter bei der Besiedlung des Westens gemacht hatten. Weil sie sich an den Cowboys ausrichteten, wollten sie morgens die Sonne im Rücken haben und abends in den Sonnenuntergang reiten. Deshalb legten sie die Zentrale an den Alexanderplatz.

Am Ende des ersten Sommers zählten sie ihr Geld und frohlockten.

So habe ich jedenfalls die Geschichte gehört. Ob es sich genau so zugetragen hat? Wer weiß das schon …

Sollte nun jemand den originellen Einfall haben, die gute Idee von Stu und seinen Kumpels zu kopieren, dem sei gesagt: Der Markt für Fahrradtouren in Berlin ist zu. Und ob man andernorts mit Fahrrad- und Segway-Touren so reich wird wie Stu?

Der Chef nimmt also an den Meetings inzwischen nicht mehr teil, sondern nur noch irgendwer aus dem Colorful-Rides-Office, der ein paar Notizen auf einen Zettel schreibt, den er direkt nach der Sitzung wegschmeißt. Ich gehe zu den Meetings nur, weil ich das Gefühl habe, ich müsste da hingehen. Wie alles, was neben der Tour stattfindet, wird das Jahresmeeting nicht vom Unternehmen bezahlt.

Trotzdem sitzen wir da und reden und reden, denn Guides sind nun mal Schwätzer. Sie reden in einem Maße, als würde die Welt aufhören zu rotieren, wenn sie schwiegen. Die Themen sind redundant, außerdem sagen alle jedes Jahr dasselbe.

Manchmal kommt jemand dazu, der davon träumt, bei uns Guide zu werden, aber das schafft fast nie einer. Außer dieser französischen Studentin, die heutzutage bei uns deutschsprachige Touren mit dem Segway durchführt. Die verschlägt allen die Sprache. Vielleicht wurde sie nur dafür engagiert – damit wir Guides endlich mal die Klappe halten.

Street Credibility

Wichtig für ein Geschäft wie Stadttouren ist natürlich das, was man neuerdings *Street Credibility* nennt. Unsere Gäste nennen das nicht so, die könnten das gar nicht aussprechen. Die fragen stattdessen: »Sind Sie Berliner?« Oder besser: »Sie sind aber kein Berliner.«

Noch besser: »Berliner sind Sie aber nicht …!«

Auf jeder Tour wird diese Frage irgendwann gestellt. Und was antworte ich jedes Mal? Jein! Ich bin (k)ein Berliner.

Frank, Heike, Michi und Torsten sehen mich erstaunt an. Lars rümpft die Nase, weil er mich für einen aufgeblasenen Fuzzi hält. Jens liest auf seinem Smartphone herum. Elena trippelt von einem Bein aufs andere, wahrscheinlich muss sie Pipi.

»Mein Vater ist Berliner«, sage ich. »Aber ich bin in NRW aufgewachsen.«

»Nee? Wo'n?«

»Bei Lüdenscheid.«

Jetzt isses raus, denke ich. Und es hat wie immer weh getan. Wenn ich wenigstens Heidelberg sagen könnte oder Kassel oder Bad Brückweg oder irgendetwas, was nach etwas klingt oder was man kennt. Aber Lüdenscheid? Das ist so etwas wie »Kenn ich, muss ich nicht kennen, will ich nicht hin, hab ich nie was Vernünftiges drüber gehört«. So wie Remscheid, Solingen, Bielefeld, Fulda – alles Städte, deren Namen man schon mal gehört hat, mit denen man aber, von ein paar Firmennamen abgesehen, nichts verbindet.

Und genau das macht sie typisch deutsch. Sie sind nicht Stadt, nicht Land, nicht groß, nicht klein. Sie sind nicht so idyllisch wie Tübingen, nicht so wild wie Frankfurt und nicht so unverwechselbar wie München. Es sind einfach deutsche Städte, wie es sie wahrscheinlich Hunderte gibt. Sie sind Provinz ohne solche Vorzüge ländlicher Abgeschiedenheit wie tiefe Ruhe, traditionelle Handwerkskunst und ursprüngliche Herzlichkeit (oder was man sich sonst so als Städter unter Landleben vorstellt). Ich bin zwar vom Land, aber von einem Land, das nah an einer Stadt liegt, die wiederum nah an einer Kreisstadt liegt, die wiederum nah an Dortmund liegt. Es gab Kühe, aber richtig auf dem Land war das alles nicht. Jedenfalls sind alle immer mit dem Auto in die Stadt gefahren, und nachmittags haben die Rasenmäher die Gegend zugedröhnt.

Das Land ist ohnehin nur noch in wenigen Gegenden wie Vorpommern oder Nordfriesland richtig »auf dem Land«. Alles andere ist provinzielle Gegend, mit Shopping-Malls, in denen man nicht einkaufen will, mit Bauernhöfen, die nicht urig, sondern rationell sind, und Landstraßen, die keine Landpartien erlauben, sondern Beförderung. Die Schulen sind gut, die Menschen solide, und die Städte haben die gleichen Probleme wie Großstädte auch (kein Geld, Obdachlose, Drogensüchtige) und einige Glanzlichter (Landestheater,

Weihnachtsmarkt). Die Häuser sehen aus wie aus dem Baumarkt zusammengestoppelt, und die Leute ziehen sich an wie bei Peek und Cloppenburg zusammengewürfelt.

Das sage ich meinen Tour-Teilnehmern natürlich nicht. Denn die haben jetzt Oberwasser und fragen: »Und wie lange wohnen Sie schon hier?« Sie wollen herausfinden, ob ich nicht ein Betrüger bin und ihnen Berlin erkläre, obwohl ich es gar nicht kenne oder nur aus zweiter Hand. Wenn die wüssten, wie viele Guides bei den englischsprachigen Touren etwa drei Wochen nach ihrer Ankunft in Berlin, in Deutschland, in ganz Europa so tun, als seien sie ein Ortsgewächs.

»Warten Sie … knapp zwanzig Jahre«, antworte ich.

Das scheint die Teilnehmer zu beruhigen. Zwanzig Jahre? Da waren sie gerade mitten im Studium oder damit fertig, hatten vielleicht kürzlich die Kinder in die Welt gesetzt und jedenfalls alles andere im Kopf, als nach Berlin zu ziehen. Aber ihr Guide hat es gewagt! Rehabilitiert. Er ist sein Geld wert.

Zur Sicherheit setze ich hinterher, dass meine Familie hier wohnt.

Sie nicken. Nun fühlen sie sich endgültig auf der sicheren Seite.

Tour-Arten für Tour-Typen

Für alle, die mit dem Gedanken spielen, nach Berlin zu ziehen, sich einen Bart stehen zu lassen, sich eine Casio-Digitaluhr zu kaufen und Urlauber an der Nase und durch die Stadt zu führen, hier eine Übersicht über die Tour-Arten und die Leute, die man damit ansprechen kann.

- Spaziergänge: Wanderer, Sparer, vorsichtige Ausländer
- Fahrräder: Radfahrer, wirklich Interessierte

- Segways: Technikfreaks, reiche Ausländer
- Rikscha: faule reiche Ausländer, Inder
- Bus: Fußlahme, Desinteressierte, Schwerhörige
- Schiff: alte Romantiker
- ÖPNV: Nahverkehr-Fans, Wichtigtuer, Lehrer, Grundschüler
- Car-Sharing: Yuppies, DINKs (double income, no kids)
- Trabbi-Safari (man kurvt in restaurierten DDR-Trabants in Kolonne durch Mitte): dämliche reiche Westler
- Conference Bikes: Junggesellen (seit die Bier-Bikes geächtet sind)

Nerdy German Things

Die eigene Rolle in diesem Geschäft muss jeder Guide selbst finden. Wir Deutschen sollen «richtige Berliner» sein und/oder »echte Freaks«. Die ausländischen Guides können das natürlich nicht von sich behaupten. Das müssen sie auch nicht. Sie können sich Stadt und Leuten gegenüber mit spöttischer Distanz positionieren. Wie zum Beispiel Laura. Die ist seit fünf Wochen dabei, wirkt aber wie ein alter Hase.

Als ich einmal mit einer Schulklasse vom Todesstreifen an der Zimmerstraße zum Wachturm hinterm Leipziger Platz fahre, treffe ich am Wachturm Laura. Laura war am Wochenende auf einem Festival für elektronische Musik und hat kein Auge zugetan. Das hat sie jedenfalls auf Facebook gepostet. Sie schläft generell wenig und ist dauernd auf irgendwelchen Partys. Das machen alle bei Colorful Bike Rides so. Sie kommen aus den USA, Kanada oder Australien hierher, sind eigentlich allesamt Musiker oder wollen Schriftsteller werden. Trotz ihrer Hemingway-Phantasien bleiben sie aber letzlich nur so was Ähnliches wie Surflehrer: Animateure auf Fahrrädern. Auf Lauras Facebook-Seite heißt es über ihren Job als Guide: »Riding bikes, drinking beer, and talking about nerdy German things.« Laura ist dreiundzwanzig, klein, blond und frech und zeigt mit dem Finger zum Wachturm hoch. Sie winkt, als sie mich bemerkt.

Ich winke: »Hi, Laura!«

»Hi, dear!«

So geht das immer, wenn wir uns begegnen. Ihre Teilnehmer gucken kurz hinter ihren Kameras hervor.

»Nerdy German things – was denken diese Expats bloß über uns?«, murmele ich, während ich weiterfahre.

Ich checke, ob meine Gruppe noch vollzählig hinter mir herfährt: alle noch da. Nächster Halt: das Holocaust-Mahnmal. Das funktioniert mit Erwachsenen immer, mit Schülern meistens. Während sie ihre Räder parken, betrachte ich sie. Schüler aus der Provinz, modisch ein paar Jahre hinterher. Normalerweise sehen die Kids zurzeit aus wie die Mädchen in meiner Schulzeit: alles kleine Nenas. Neulich hatte ich eine, die sah aus wie Anja. Anja war in meiner Klasse, hat im Unterricht aber nie etwas gesagt, weil sie das alles nicht interessierte und wir Jungs mit dem Lehrer sowieso nur über Abrüstung, Nachrüstung, Marx und Ähnliches diskutiert haben. Der Lehrer – gezwungenermaßen aus der DKP ausgetreten, wie man munkelte – hatte an uns seine Freude. Anja saß nur rum. Allerdings war sie hübsch. Leider auch langweilig. Sie war eines der freievangelischen Mädchen, die sich ständig davor fürchteten, der Teufel könne Macht über sie erlangen; die wussten, auf welchen Schallplatten, wenn man sie rückwärts abspielte, satanische Anbetungen versteckt waren; die versuchten, beim Aufklärungsunterricht in Biologie keine sündigen Gedanken zu entwickeln. An Anja dachte ich neulich, als mich ein Mädchen an der Mauer fragte: »Warum war nur die Westseite mit Graffitis voll?« Wahrscheinlich lag es an den Leggins und der lila Bluse mit Fledermaus-Ärmeln, dass ich an Anja dachte.

Ich stutzte. »Wie? Nur die Westseite?«

»Warum war auf der Ostseite nichts?«

Ich erwartete, dass ihre Mitschüler lachten, aber die sahen mich ebenfalls fragend an.

Habe ich da was nicht richtig klargemacht?, fragte ich mich. Ich sagte: »Okay. Zum einen durfte man in der DDR nicht direkt an die Mauer ran. Weil, die wollten ja nicht, dass man abhaut.«

Pause. Keine Reaktion.

»Außerdem« – ich sah das Mädchen direkt an und mir fiel ein, dass Anja null Punkte für mündliche Mitarbeit gekriegt, aber ihre Note stets durch Klausuren und Hausaufgaben wettgemacht hatte – »außerdem gab es keine Sprühfarbe zu kaufen. Schlicht und einfach, die gab's nicht. Und wenn doch, dann hätte wohl keiner damit eine Wand besprüht. Dafür war die viel zu wertvoll.«

Das Mädchen nickte.

Nerdy German things.

Gary de Sade

Die Shoppys, also die Jungs im Fahrradladen, sind wichtig fürs Geschäft – sie kassieren das Geld. Wir haben am Bahnhof Zoo zwei Haupt-Shoppys: Adam und Gary. Heute ist Gary da.

»Nein! Kommen Sie einfach morgen vorbei.« Garys Stimme klingt wie ein Löffel, der auf dem Teller quietscht. Sein Gesichtsausdruck signalisiert Abscheu.

Die Touristen am Tresen sind verschüchtert, aber sie lassen nicht locker: »Also, wir müssen nicht reservieren?«

»Nein!« Gary schreit fast.

»Sie haben dann zwei Räder?«

Gary ist kurz davor auszurasten. Wäre er nicht so unglaublich müde, wäre er schon geplatzt. Er atmet tief durch und sagt unglaublich genervt: »Kommen Sie einfach vorbei.«

»Ja?«, fragt der Mann mit Mexx-Brille auf der Nase.

»Wir machen keine Reservierungen.«

Die beiden deutschen Touristen wissen immer noch nicht, ob sie der Sache trauen sollen. Würde Gary ein wenig auf der Tastatur rumklappern und ihnen sagen, er habe zwei Räder vorgemerkt, wäre alles okay. Aber so ist Gary nicht. Gary ist der effiziente Typ. Er passt prima nach Berlin. Obwohl er Ire ist. Aber Iren haben immer schon prima nach Berlin gepasst. U2 haben sogar eine ihrer besten Platten hier aufgenommen: *Achtung Baby!*

Wenn ich Gary so sehe, begreife ich erst, was es mit diesem »Achtung, Baby!« auf sich hat. Es heißt: »Achtung, Baby«, hochgezogene Augenbrauen, Kunstpause, »mach mal hier nicht den Lauten!« Oder wie man in Berlin sagen würde: »Da könnt ja jeder kommen.«

Ich hänge wie immer nach der Tour im Laden herum, lasse meine Schuhe ausdampfen und beobachte den Strom der Kunden, die den Laden betreten und von Gary abgefertigt werden.

Ein Pärchen tritt herein. Spanier anscheinend. »Do you have two bikes?«

Gary lässt seinen Blick über die zahllosen Fahrräder streifen, die in Reihe und Glied herumstehen. Sogar unter der Decke hängen welche.

Gary antwortet voller Herablassung: »Sure.« Sein Gesichtsausdruck sagt: *Seid Ihr blind oder blöd oder beides, Ihr dusseligen Spanier?*

Gary selbst bezeichnet sich als »most optimistic guy on earth«. Kann sein, denn natürlich können Optimisten schlechtgelaunt sein. Es macht keinen Unterschied, ob man gutgelaunt ist und denkt, in den nächsten Stunden werde ein Selbstmordattentäter den Bahnhof Zoo in die Luft jagen; oder ob man gutgelaunt ist und denkt, dass es noch Jahrmillionen dauern wird, bis die Erde im Sonnenlicht verglüht. Das Problem: Gary ist immer mies drauf, lässt es auch jeden spüren und glaubt zugleich, die Zukunft werde toll. Vielleicht ist er schlecht drauf, gerade weil er Optimist ist. Er ist sicher, dass bald alles super wird, und bis dahin sitzt er in diesem Fahrradladen mit dem abgeranzten Teppich voller Ölflecken unter den flackernden Neonröhren, sieht hinaus auf den Busbahnhof, wo die Menschenmassen vorbeiziehen, während alle furznaselang ein bescheuertes Pärchen reinkommt und fragt, ob es *fucking bikes* zu leihen gibt. Dabei steht in mannshohen Lettern über dem Laden: *COLORFUL BIKES. TOURS & RENTAL.* Und überall stehen Bikes herum!

Vermutlich glaubt Gary, dass er bald aus diesem Laden erlöst wird. Innerlich ist er eigentlich schon gar nicht mehr da, sondern im Abflug. Und trotzdem kommen immerzu diese Leute und wollen Räder mieten. Das muss schrecklich sein.

Der Führer

Das Urteil der Zeitgenossen

Es gibt einen guten Grund, warum ich ständig von »Guides« rede und nicht »Fremdenführer« sage: weil in Berlin keiner in unserem Gewerbe »Führer« sagt. Abgesehen von der Industrie- und Handelskammer: Da kann man – kein Witz – eine Prüfung zum »Staatlich geprüften Gästeführer« ablegen. Die haben mit dem Führer wohl kein Problem, dafür mit den Fremden.

Eine meiner Kolleginnen hat tatsächlich so ein Zertifikat; und ein ganz alter Mann, den ich gelegentlich treffe, wenn ich Touren mache. Ich habe keine Ahnung, was die IHK da prüft. Ich weiß nur, dass die Prüfung und der Lehrgang zusammen etwa 1400 Euro kosten. Für eine Tour kriegen die Guides ungefähr 60 Euro Honorar. Wenn Sie Glück haben – oder wenn sie englischsprachige Touren machen oder viele Segway-Touren – kriegen sie pro Tour 10 Euro Trinkgeld. Macht 70 Euro pro Tour. 1400 durch 70 sind 20.

Zwanzig Touren nur für die Industrie- und Handelskammer?

No – fucking – way! Da gibt es bessere Wege, sich das nötige Wissen draufzuschaffen. Zum Beispiel die gute alte

Stadtbücherei. Stapelweise Bücher über Berlin, Friedrich den Großen und Adolf ausgeliehen, und schon beginnt die Führerausbildung.

Die hat es in sich. Klaus Mann etwa schreibt über den Gröfaz:

> Ein bösartiger Spießer mit hysterisch getrübtem Blick in der bleich gedunsenen Visage. (…) Es war gewiss kein erfreuliches Gefühl, in der Nähe einer solchen Kreatur zu sitzen; und doch konnte ich mich nicht satt sehen an der widrigen Fresse. Besonders attraktiv hatte ich ihn nie gefunden, weder im Bilde, noch auf der illuminierten Tribüne; aber die Häßlichkeit, der ich mich nun gegenüber fand, übertraf doch alle meine Erwartungen. Ich sah ihn an und dachte: *Du wirst nicht siegen, Schicklgruber, und wenn du dir die Seele aus dem Leib brüllst. Du willst Deutschland beherrschen? Diktator willst du sein – mit der Nase? Daß ich nicht kichere.*

Ob man das bei der IHK lernt? Vermutlich nicht. Freilich, er hat sich geirrt, der Großdichtersohn – wie so viele. Fast alle sollten sich in Adolf irren, der leider lange Zeit ein erfolgreicher Führer war, wenn auch kein so richtig guter.

Hat er gesiegt? Der Führer?

Na ja, die Russen hat er sicher nicht besiegt, die Amerikaner auch nicht. Aber die Deutschen, die hat er schon besiegt.

Denn die größte Rolle spielt AH in der deutschen Seele. AH ist das Rumpelstilzchen, das die Kinder holen kommt; das schlechte Gewissen für grässliche Taten, die man nie begangen hat, sondern längst verstorbene Leute. Dieses historische Gruseln, das irgendwie an die Stelle von religiösen

Gefühlen wie Erbsünde oder so etwas gerutscht ist, ist der Motor des Berlin-Tourismus schlechthin. Die Amerikaner und Engländer und Russen und noch viele andere, denen AH damals nicht wohlgesonnen war, wollen heute genau ihn: den Führer. Den echten. Nicht mich. Und deshalb heißen wir Guides und nicht Führer.

Die Neue Reichskanzlei

Hitlers ehemaliger Palast, die Neue Reichskanzlei, ein Protzbau nach Plänen von Speer (wie es heißt), ging in den Bombennächten unter. Was Mitte 1945 noch übrig war, machten die Siegermächte platt. Zu Mauerzeiten lag das Areal direkt am Grenz- oder Todesstreifen. Heute steht an dieser Stelle ein DDR-Vorzeige-Wohnblock. Darin befinden sich größtenteils Eigentumswohnungen.

Ich hatte mal ein amerikanisches Studentenpärchen in Obhut. Das sagte mir auf dem Parkplatz, der heute an der Stelle liegt, wo Hitler verbrannt wurde: »Oh, da oben ist unsere Ferienwohnung!«

»Da?« Ich wies auf den DDR-Bau.

»Ja, da!«

»That's where they burnt the Führer!«

»What?«

»They burnt him here. His body. Over there!« Ich zeigte rüber zu einem kleinen Spielplatz.

Die beiden konnten kaum das Ende der Tour abwarten, um ihre Herberge zu wechseln.

Im Erdgeschoss des Wohnblocks befinden sich der Friseursalon *Valentino*, ein Laden namens *Sushi Club*, *Thaispa.com*, ein Lotto-Laden, ein Backshop mit türkischen oder deutsch-türkischen Betreibern (wer weiß das schon so genau?) sowie ein Späti (dem für Berlin typischen 24/7-Kiosk). Bei *Thaispa.com* kann man an der Schaufensterscheibe folgendes Bonmot von Diane Keaton lesen: »Aufwachen ist die beste Art, seine Träume wahr zu machen.«

Es heißt, der Führer sei ein Langschläfer gewesen. Vielleicht sind deshalb so wenige seiner Träume wahr geworden.

Fragen zum Führer

»Ich bin Historiker.« Das ist stets der zweite Satz in meiner Präsentation. Egal, wen ich vor mir habe. Ich sage das sogar bei Schülergruppen, die Historiker mit Hysterikern verwechseln und beide für Schwerkranke halten. Es soll mir recht sein, dann kommen sie mir wenigstens nicht zu nah. Schüler riechen nämlich meistens streng. Besonders wenn sie schon ein paar Tage auf Klassenfahrt sind.

Warum sage ich, dass ich Historiker bin? Vielleicht, weil ich Geschichte studiert habe, damals, vor Urzeiten, als ich noch Tagebuch schrieb, im festen Glauben, der Nachwelt damit einen Gefallen zu tun. Vielleicht auch, weil ich wochenlang im Allgemeinen Lesesaal der Staatsbibliothek *Unter den Linden* gehockt und mir preußische und deutsche Geschichte reingezogen habe. Oder einfach nur, weil ich mir nicht eingestehen will, dass ich jetzt ein simpler Fremdenführer bin.

Anfangs dachte ich, das Attribut »Historiker« würde neunmalkluge Oberstudienräte, die alles besser wissen, von dummen Fragen abschrecken. Das klappt auch, denn noch nie ist ein neunmalkluger Studienrat aufgetaucht. Und wenn, dann hat er sich nicht zu erkennen gegeben.

Aber eigentlich sage ich den Satz »Ich bin Historiker« nur für mich. Er ist mein Mantra. So wie »Ich bin der Führer« nur so lange gilt, wie dem Führer jemand folgt, der sich führen lässt, so lange bin ich auch nur Historiker, wie ich jemanden finde, der mir das glaubt. Wobei ich den Leuten auch erzählen könnte, ich sei Doktor der Philosophie – aber dafür bin selbst ich nicht verschroben genug.

Manchmal ist das mit dem Historiker auch wichtig. Etwa für Gerlinde. Sie hat mit ihren Kolleginnen eine private Tour gebucht. Das heißt, irgendwer hat ihr erzählt, dass es mich gibt, und ihr meine Handynummer gegeben. So etwas passiert tatsächlich. Nicht, dass ich mir darauf etwas einbilden oder mich sonderlich darüber freuen würde. Denn es macht wahnsinnig viel Arbeit: Vorgespräch, Planung, Nachbereitung, Rechnung schreiben, und das alles für die paar Kröten. Aber egal, ich bin ja nicht so.

Gerlinde schmeißt in Unna einen Geschichtskreis, also eine Gruppe von Leuten, die Bücher zu historischen Themen lesen, diskutieren, historische Stätten und Ausstellungen besuchen. Eigentlich ist es ein Schreibclub, sagt sie. »Wir haben irgendwann gemerkt, dass die Kinder uns nicht mehr brauchen, und dann war da so viel freie Zeit, und da haben wir uns zusammengesetzt und überlegt, was wir machen. Und weil wir alle gern lesen, haben wir gedacht, wir versuchen es mal mit Schreiben.«

Diese Logik ist mir noch nie aufgegangen. Es versucht doch auch nicht jeder, der gern Auto fährt, einen PKW zu konstruieren. Mehr als ein »Ah« fällt mir folgerichtig nicht dazu ein, während ich mit ihr telefoniere und mir wieder mal

Spinnweben über meinem Schreibtisch ins Auge fallen. Während ich den Staubwedel aus der Abstellkammer krame, erklärt Gerlinde mir am Telefon: »Wir haben also erst ganz viel gelesen, und dann haben wir geschrieben. Aber manchmal ist uns das zu viel. Wir wollen eigentlich jeden Monat einen Text fertig haben und den den anderen präsentieren. Doch das klappt nicht immer.«

Fast wären mir die leeren Sprudelflaschen entgegengerumpelt, während ich überlege, wieso Frauen mit zu viel Zeit in 30 Tagen keine Kurzgeschichte zusammendengeln können.

»Darum lesen wir jetzt zusammen Geschichtswerke«, fährt Gerlinde fort. »Zuletzt haben wir was über Berlin fünfundvierzig gelesen, und da kam die Idee auf, eine Tour nach Berlin zu machen.«

»Schön«, sage ich. *Wie originell*, denke ich.

Sie will wissen, was ich alles so im Angebot habe. Ich zähle auf: »Fahrrad, Bus, Kleinbus, Segways, Car-Sharing.«

»Was ist das?«, will sie wissen.

»Da mieten wir eine gewisse Anzahl von Smarts für drei, vier Stunden und fahren damit durch die Stadt.«

»Neee!«, kreischt sie in ihren Hörer und mein Ohr. »Da hat man hat ja einen total schlechten ökologischen Fußabdruck.«

Du hast einen total schlimmen akustischen Fußabdruck, denke ich.

»Okay«, fahre ich fort, »wir können natürlich auch zu Fuß gehen.«

»Nee«, kreischt Gerlinde. »Die Heddi hat's an den Füßen.«

Auch kein guter Fußabdruck, denke ich.

»Geben Sie mir doch Ihre E-Mail-Adresse«, schlage ich

vor. »Dann schicke ich Ihnen eine Liste von Fortbewegungsmitteln, die wir nehmen können. Sie beratschlagen darüber mit Ihren Freundinnen und geben mir dann Bescheid.«

»Das ist toll«, meint Gerlinde.

Ich weiß in dem Moment noch nicht, was sie daran so toll findet. Bald weiß ich es.

Toll findet Gerlinde nämlich, dass sie mich in den folgenden Wochen mit einem endlosen Strom von Mails auf Trab halten kann; bis zu fünf am Tag, in denen sie immer neue Ideen, Modifikationen, Vorschläge, Gegenvorschläge und Korrekturen übermittelt. Sie scheint unablässig mit Heddi, Henni, Ulli, Olli und Jule zu konferieren. Ich frage mich, warum sie die Tour nicht ohne mich machen, denn sie planen sie so genau durch, dass sie mich eigentlich gar nicht brauchen.

Schließlich kommt der große Tag. Ich schlage in ihrem Hotel auf. Ich hatte ihnen das Amano oder das Camper am Hackeschen Markt empfohlen. Beides nicht so teuer, wie ihr Service vermuten ließe – sprich, sie weisen ein gutes Preis-Leistungs-Verhältnis auf.

Aber eine der Tanten hat eine Ferienwohnung aufgerissen, die »total praktisch« liegt, und als sie gestern Nachmittag dort angekommen sind, haben sie festgestellt, dass die Wohnung in Britz liegt. Britz liegt vom Stadtzentrum Berlins ungefähr so weit weg wie Herne von Düsseldorf. Also haben sie sich gedacht: Ziehen wir doch kurzerhand in eines der Hotels, die der Guide empfohlen hat. Aber die waren inzwischen natürlich alle ausgebucht. Nun wohnen sie im IBIS in Alt-Reinickendorf – nun gut, das ist sauber, ordentlich, zwar nicht zentral, aber man kann von dort mit der U-Bahn alles erreichen.

Die Hühner streiten sich permanent, von Anfang an. Die eine steht mit Outdoorklamotten und Stadtplan neben der

Rezeption und will sofort mit mir los, zwei andere sind noch mal rauf aufs Zimmer, und eine frühstückt noch.

Gerlinde ist ungefähr so alt wie ich, also Mitte vierzig. Wenn man sie nicht von vorne sieht, dann sieht man sie gar nicht, denn sie ist hochgradig magersüchtig. Die Wangenknochen stechen aus der Haut wie Zeltstangen bei einem Indianerzelt. Sie ist hibbelig und will alles richtig machen und allen gefallen. Und die anderen wissen das und lassen sie machen.

Wir hatten uns in einem unserer letzten Telefonate darauf geeinigt, spontan zu entscheiden, wie wir die Tour machen, denn das Wetter muss ja mitspielen. Heute sind am Himmel ein paar Wolken zu sehen. Es sind 18 Grad. Ideales Radelwetter. Doch ich sage nichts, denn die vier anwesenden Damen sind schon mitten im Beratschlagen und quasseln durcheinander. Schließlich kommen zwei dicke Muttis aus dem Fahrstuhl und gesellen sich zu uns. Gerlinde sieht mittlerweile aus, als würde sie gleich losheulen. Ich lächle ihr besänftigend zu.

»Also«, blökt eine der gerade hinzugekommenen Matronen, »der junge Mann hat ja nicht ewig Zeit.«

Quasselquassel.

Sie fährt ungerührt fort: »Ich sag mal, wir gehen jetzt zur U-Bahn, und dann fahren wir wo hin.« Damit wendet sie sich an mich.

Ich, erfreut vom Aufblitzen dieses Pragmatismus, erwidere: »Wir starten am Brandenburger Tor.«

»Auf, Mädels!«, ruft die Matrone.

Und tatsächlich setzen sich alle in Bewegung. Gerlinde dackelt neben mir her. Sie raucht ganz dünne Zigaretten, eine nach der anderen. Zwischendurch fingert sie unbeholfen nach einer viel zu großen Sonnenbrille. Als sie sie endlich aufgesetzt hat, haben wir die U-Bahn erreicht und steigen die Treppe hinunter in den schummerigen Bahnhof. Trotzig lässt sie die Brille auf.

Das Brandenburger Tor haben wir schnell abgefrühstückt. Nun absolvieren wir das Sowjetische Ehrenmal an der Straße des 17. Juni, und ich zeige ihnen auch den Soldatenfriedhof, der hinter dem Denkmal liegt. Da ruhen an die zweitausend Rotarmisten, die im Häuserkampf gefallen sind. Ich erzähle von den Hitlerjungs, von den vergewaltigten Frauen und all den anderen Grässlichkeiten, die hier stattgefunden haben.

Schließlich sagt eine der Damen: »Ich kann immer noch nicht verstehen, wieso die alle hinter dem Hitler hergerannt sind.« Alle schütteln ratlos den Kopf.

So schütteln fast alle ratlos den Kopf, wenn ich ihnen von den Gräueln des Krieges und der Naziherrschaft erzähle. Sie schütteln den Kopf etwa so, als wenn sie beobachteten, wie ein Schuljunge den Scheibenwischer eines Autos abknickt. Die Frage aber, was damals alle am »Führer« fanden, so dass sie ihm in Scharen nachgelaufen sind, kann ich niemandem kurzerhand beantworten – daran scheitern höchstrangige Historiker.

Später sitzen wir im Café-Pavillon am Reichstag vor unseren Kantinentabletts und verdrücken Kuchen – außer Gerlinde, die trinkt ein stilles Wasser. Sie fragen sich immer noch, wie die Deutschen Hitler verfallen konnten.

Ich denke gerade an meine Großeltern. Wie die das wohl fanden? Ich weiß es nicht genau, denn ich habe sie nie gefragt. Manche Dinge fragt man die Großeltern lieber nicht.

Da fragt mich eine der Tischgenossinnen: »Weißt du das nicht? Du hast das doch studiert.«

Nun, ich hab zwar nicht Verführbarkeit der Massen studiert, aber natürlich habe ich mir ein paar Gedanken dazu gemacht und auch ein bisschen was dazu gelesen.

»Ich glaube«, sage ich, »es fängt damit an, dass man ihn unterschätzt hat. Und überschätzt andererseits. Niemand hat das ernst genommen, was er in *Mein Kampf* geschrieben hat. Und sie haben ihm geglaubt, als er getönt hat, der Russe sei in einem halben Jahr niedergeworfen. Die meisten Leute haben den ganzen Mist geglaubt. Sie waren wohl naiv. Sie hatten nicht unsere Kenntnisse. Sie wussten nichts von Auschwitz, Euthanasie und dem ganzen Zeug. Sagen sie jedenfalls.«

Genau genommen: Sagen manche jedenfalls. Selbst Helmut Schmidt hat Sandra Maischberger erzählt, dass er bis zur Kapitulation nichts von den Vernichtungslagern gewusst habe.

»Aber wieso haben die Leute sich so für ihn begeistert?«

»Sie hatten doch nichts sonst«, sagt überraschenderweise Gerlinde.

Alle sehen sie an.

»Die haben doch nur gearbeitet und sonst nichts.«

»Stimmt«, sagt Heddi, »kein Fernsehen.«

»Keine exotischen Reisen.«

»Keine Restaurants.«

»Und keine Rockkonzerte« ergänze ich. »Kein Hasch, kein Techno, kein nix. Um sich aufzugeilen, gabs nur Schnaps und Krieg. Das haben die Nazis ausgenutzt. Und Adolf war ihr …«

» Rockstar!«, ergänzt Ulli.

Alle nicken.

Schweigen.

»Hätten die 'ne PlayStation und YouPorn gehabt, wär das vielleicht alles nicht passiert«, meint Ulli.

Eine gewagte These, aber warum nicht?

Als es anfängt zu regnen, nehmen wir die S-Bahn, fahren einfach auf der Ost-West-Achse herum und quatschen weiter. Wir steigen am Hackeschen Markt aus und gehen die jüdischen Gedenkstätten ab. Schließlich landen wir in der Tadschikischen Teestube. Da gehe ich nur mit den aller-, aller-, allernettesten Leuten hin. Man sitzt ohne Schuhe auf dicken Orientteppichen in einer Art Riesenjurte. Die Tadschikische Teestube haben die Sowjets der DDR einmal zu irgendeiner Völkerausstellung geschenkt. Man sitzt dort toll, und es ist gemütlich wie sonst nirgends in Berlin-Mitte.

Meine Mädels und ich unterhalten uns. Sogar Gerlinde hat mittlerweile einen halben Keks gegessen. So sitzen und sitzen wir – und irgendwann habe ich tatsächlich vergessen, wie doof ich die alle vorhin noch fand.

Der Führer hat also auch was Gutes … oder?

Kurzes Intermezzo für Historiker und Hysteriker: Hitler und die Frauen

Hitler hat mal gesagt: »Es gibt doch nichts Schöneres, als sich ein junges Ding zu erziehen, ein Mädel mit 18, 20 Jahren ist biegsam wie Wachs. Einem Mann muss es möglich sein, jedem Mädchen seinen Stempel aufzudrücken.«

Guck an: der geliebte Führer! Will jedem Mädchen seinen Stempel aufdrücken.

Leider gibt es auf der Tour keine Sehenswürdigkeiten wie Hitlers Stempelkissen. An der Stelle der Neuen Reichskanzlei steht ein Wohnblock, und der Führerbunker ist nur noch ein Parkplatz. Zudem muss man gedanklich weit ausholen, um sich AH im Bett vorzustellen. Sehr weit.

Vielleicht ging es Frauenheld Adolf ebenso, denn er gab von

sich aus Entwarnung: »Ich habe damals sehr viele Frauen gekannt. Manche hat mich auch sehr gern gehabt. Warum aber sollte ich heiraten, um dann eine Frau zurückzulassen? (…) Das hat mich in jener Zeit dazu geführt, daß ich einige Chancen nicht wahrgenommen habe. Ich habe mich zurückgerissen.«
Wahnsinn, der Führer hat sich zurückgerissen. An seiner eigenen Leine! Ich musste das irgendwie, irgendwo in der Third-Reich-Tour einbauen. Sex sells immer. Der zurückgerissene Führer und sein Stempelkissen – die Trinkgelder hätten nur so geklimpert!

Hochsaison mit dem Führer

August. Hammer-Andrang. Alle Fahrräder sind ausgeliehen. Was zurückkommt, wird wie bei einem Boxenstopp kurz gecheckt und dann sofort wieder auf den Circuit gejagt. Genauso wie wir. Stu, unser Chef, hat allen Ernstes vorgeschlagen, dass jeder von uns zwei Touren hintereinander fahren soll. Für die zweite bekämen wir 25 Prozent mehr.

Ich könnte das gar nicht, allein schon kräftemäßig. Aber der Einzige von uns deutschen Guides, der das macht, ist ausgerechnet Ernie. Zwei Touren à acht Stunden, damit kommt er inklusive Vor- und Nachbereitung sowie Anfahrt auf 19 Stunden am Tag. Ich weiß nicht, ob sein Körper sich in sechs Stunden erholen kann. Und wie er zweimal täglich sein eigenes Geschwätz erträgt. Aber oft ist das eigene Geschwätz ja das Einzige, was man in unbegrenzter Menge erträgt.

Der Andrang ist so krass, dass man überhaupt nicht mehr durch den Laden kommt. Überall stehen diese schlafzimmeräugigen, wuscheligen spanischen Studentinnen und halten den Verkehr auf. Erstaunlicherweise ist sogar das Interesse an den deutschsprachigen Touren größer als sonst. Statt fünf Leuten pro Tour sind es jetzt sechs im Durchschnitt. Die englischsprachigen spielen in einer anderen Liga, die gehen mit dreißig Leuten raus. Vier Touren laufen parallel, also sind 120 Leute gleichzeitig unterwegs. Und CR ist ja keineswegs der einzige Tour-Anbieter, wenngleich einer der größten. An einem guten Tag im August ergießen sich morgens um elf wohl an die 300 Touristen auf Fahrrädern über den Bezirk Mitte. Dazu circa 50 Segways, 50 Rikschas, fünf Conference-Bikes sowie, zur Freude der Autofahrer, 20 ultralangsame Doppeldeckerbusse – ausrangierte Modelle der BVG, die rußen und rauchen, stinken und qualmen wie zu den Anfangsjahren des Automobils. Die zusätzlichen 50 ausländischen Reisebusse stinken und rauchen zwar nicht, halten dafür aber IMMER auf dem Radweg vorm Hauptbahnhof (dem früheren Lehrter Stadtbahnhof). 250 Teilnehmer an Stadtführungen mäandern währenddessen zu Fuß durch die Stadt – mindestens. Dies alles an einem Vormittag, und zwar gleichzeitig. Überdies man darf nicht vergessen, dass die weitaus größte Menge der Berlin-Besucher auf eigene Faust loslatscht oder in Form von Schulklassen. Die Touristen fluten die Stadt!

Die englischsprachigen Guides quatschen im Autopilot und könnten problemlos noch zwei weitere Touren am Tag absolvieren. Sie sind eh meist bekifft, jung und partygestählt. Außerdem sind die meisten von ihnen Amerikaner oder Australier, und die haben es in den Genen, die Menschheit den ganzen Tag vollzulabern.

Es hilft nichts: Wir deutschen Guides müssen jetzt sogar

englischsprachige Touren machen. Und so stehe ich vor einer Gruppe von ungefähr zwanzig Leuten. Nicht alle sprechen Englisch so schlecht wie ich, aber auch nicht alle so gut. Ich starte die Tour wie alle meine englischen Touren: »I have first to apologize for my funny English.« Ein Typ mit rotem Gesicht erwidert irgendetwas Matschiges, was ich als »Don´t worry, we are Australians, ours is worse« oder so entschlüssele.

Dies ist keine Third-Reich-Tour, sondern eine City-Tour, auf der man den Ausländern irgendetwas zeigen und dabei sogar Blödsinn erzählen kann – etwa, dass die Typen, die unter dem Arsch vom Pferd am großen Friedrich-Zwo-Denkmal *Unter den Linden* stehen, seine Bettgenossen waren. Gerade amerikanische oder australische Touris sind in aller Regel konservativ; ein Witz auf Kosten von Minderheiten ist da immer willkommen.

Doch obwohl es um alle Sehenswürdigkeiten an der Strecke geht, interessieren sich die meisten – oder die lauteren – der Teilnehmer nur für eines bzw. einen: unsern alten Adolf.

Daraus ergeben sich auch die meistgestellten Fragen auf meinen englischsprachigen Touren:

1. Where did the Führer live?
2. Where was his palace?
3. Where did Eva Braun live?
4. Where was the Führer buried?
5. Is there a monument?

Für die Amis ist es selbstverständlich, dass eine derart bekannte Figur der Geschichte riesenhafte Paläste, Denkmäler und Plätze hinterlassen haben muss. Sie vergessen, dass Hitler nur zwölf Jahre an der Macht war, und die zweite Hälfte der Adolf'schen Legislaturperiode war unglücklicherweise von einem Krieg geprägt, den der Führer irgendwie blöd geplant hatte und der deswegen in die Hose ging. Und dass man nicht gleichzeitig einen Weltkrieg führen und auch noch eine Hauptstadt komplett ummodeln kann, sollte selbst den Amis einleuchten. Außerdem haben die Alliierten ja nach 1945 selber versucht, Adolfs Spuren auszuradieren. Der Führer hat es ihnen dahingehend leichtgemacht, als er in der Schlussphase seiner Weltkriegsparty erst die »Politik der verbrannten Erde« betrieb und angesichts der einmarschierenden Russen erst seinen Hund, dann seine frisch Angetraute und schließlich sich selbst ausmerzte. Als hätte das nicht gelangt, haben seine Freunde/Fans/Kollegen von der SS ihn danach verbrannt.

Unterm Strich ist also von Deutschlands Adolf nicht mehr viel zu sehen. Die Einzigen, die das bedauern, sind die NPD sowie jede Menge Touristen aus englischsprachigen Ländern.

Aber ich bin ja nicht so. Auf meiner City-Tour ist an Adolfigem noch Folgendes enthalten:

– der Bebelplatz, wo die Bücherverbrennung stattfand (Die amerikanischen Guides verkaufen das stets in einer Monstrosität, als habe dort Rom in Flammen gestanden.)
– das Luftwaffenministerium von Göring (Liegt aber verkehrsmäßig ungünstig, deshalb wird es nicht so oft angesteuert.)
– das Gebäude der Reichsbank (eher was für Architekturfreaks).

Von dem, was die Amis und Engländer sehen wollen, ist nichts mehr da. Dort, wo die Neue Reichskanzlei, also Hitlers Palast, gestanden hat, erstreckt sich heute besagter DDR-Wohnblock mit Spätis, Backshops, einem Thai Spa (also irgendwas zwischen Kosmetikstudio und Puff). Billiges Gewerbe – wenn das der Führer wüsste … Es gibt ein paar todesmutige Freak-Guides, die sich vor diese hässliche, nichtssagende Ecke stellen und den ganzen Scheiß von Bismarcks alter Reichskanzlei über Speers Pläne für die Neue Reichskanzlei und dessen geliebten Adolf und allen weiteren Nazi-Pipapo erzählen. Aber so genau wollen die Leute das gar nicht wissen, schon gar nicht im August, wenn sie währenddessen an einer hässlichen Ecke in der prallen Sonne stehen müssen.

Was sie aber immer sehen wollen, ist der danebenliegende Parkplatz: die Stelle, wo Hitler und Eva Braun verbrannt wurden. »No! Not alive!« muss ich manchmal hinzufügen, ebenso wie »Not by Stalin!«

Eigentlich ist dieser Parkplatz ein Spielplatz. Und ist es nicht schön, dass da, wo heute Kinder spielen könnten (ich habe da noch nie welche gesehen; es sind ja meist auch Hunderte Touristen auf dem Platz) der Gröbaz (größte Bösewicht aller Zeiten) verbrannt wurde?

Hier kommt oft die Frage: »Warum weiß man, dass der da verbrannt wurde?«

»Weil da der Ausgang des Führerbunkers war.«

»Aber Sie haben doch gesagt, dass die Straßen voller Leichen waren. Wieso sollte das ausgerechnet Hitler gewesen sein?«

»Haben sich die Sowjets auch gedacht und sein Gebiss nach Moskau geschickt. Da haben sie das geprüft und rausgefunden, dass es Hitler war, der dort verkohlt rumlag.«

»Wieso konnten die Russen in Moskau feststellen, was Hitler für Zähne hatte?«

»Die hatten seinen Zahnarzt gefangen genommen.«

»Und der wusste das?«

»Ja. Fragen Sie mal Ihren Zahnarzt, ob der Sie am Gebiss erkennen würde.«

Das erzähle ich nicht immer, aber manchmal. Es klappt. Der Film *Der Untergang* macht deutlich, was die amerikanischen Guides den amerikanischen Touris alles glaubhaft erzählen.

Nachdem die Touris vom Schotter des ominösen Parkplatzes ein Foto geschossen haben, folgt in der Tour das Gesamtkunstwerk eines in pfauenhafte Eitelkeit mutierten schlechten Gewissens: das Holocaust-Mahnmal. Es liegt so erhaben neben der US-Botschaft, man könnte es für das Mahnmal für die Lyrikerinnen der deutschen Romantik halten. Es ist der Mercedes unter den Mahnmalen. So etwas können nur wir Deutschen. (Zu DDR-Zeiten haben sie in Buchenwald ausgemergelte Häftlinge in Bronze gegossen, das war auch schon recht ambitioniert.)

Vor Baubeginn hat man seinerzeit, wie das heutzutage üblich ist, einen Wettbewerb veranstaltet. Natürlich nur pro forma: Jeder durfte seine Vorschläge dem König vorlegen – der hieß damals Helmut Kohl. Der König hat dann einen ausgesucht und den Architekten gezwungen, so lange daran herumzuändern, bis es ein Top-Denkmal in Top-Lage in Top-Weltmarktführer-Qualität zum Top-Fotografiert-Werden wurde.

Gewissermaßen verdanken wir also dem Führer dieses Labyrinth. Das Mahnmal ist das einzig Sichtbare, das man den Touris auf der City-Tour zeigen kann, was wirklich mit der Nazizeit zu tun hat. Aber das müssen wir ja keinem sagen. Denn Berlin geht nicht ohne Führer.

Berlin von unten

Bahnhof Zoo

Durch den Krieg war die Stadt zerstört, durch den Kalten Krieg geteilt. Das merkt man noch heute, ein gutes Vierteljahrhundert nach der Wiedervereinigung. Zum Beispiel am Bahnhof Zoo.

Auf meinem Weg zur Schicht komme ich an der Jebensstraße vorbei. Die Jebensstraße verläuft parallel zum Bahnhof Zoo. Sie ist sozusagen die erdabgewandte Seite des Bahnhofs, sein dreckiger Hinterhof, in den man sich nur begibt, wenn es unbedingt sein muss. Jebensstraße ist der Knabenstrich, bekannt aus *Christiane F. Wir Kinder vom Bahnhof Zoo.* Zum Dreißigjährigen des Films gab es ein »Re-Release«. Das heißt, sie brachten ihn noch einmal heraus. An der Ecke Jebensstraße haben sie einen ganzen Stromkasten mit den Plakaten vollgekleistert. Da, wo montags der Bus hält, bei dem man sterile Spritzen und frische Kondome kriegt, gegenüber vom Automaten, aus dem man weder Zigaretten noch Kaugummi, aber alles für ein Junkie-Leben ziehen kann: Ascorbinsäure, Spritzen, Gummis. Ungefähr zehnmal strahlt mir vom plakatierten Stromkasten das ausgemergelte Gesicht von Nadja Brunckhorst entgegen, der Schauspielerin, die im

Film die Rolle von Christiane F. spielt. Hinter dem Stromkasten lagern die Punks, die mit ihren Hunden auf der Straße leben, alle Anfang, Mitte zwanzig. Sie sehen ordentlicher aus als Christiane, Detlef, Babsi und die anderen im Film. Und sie sind älter als die Kinder in dem Buch, das dem Film zugrunde liegt.

Warum? Weil es in Berlin heute unendlich viele Hilfsangebote für Obdachlose und Straßenkinder gibt – was tatsächlich eine Folge des Buches ist, das die Stadtväter damals alarmierte. »Niederschwelliges Hilfsangebot« heißt das. Das bedeutet, man kriegt Kleidung, etwas zu essen, kann schlafen und duschen, und keiner stellt einem irgendwelche Fragen. Die heutigen Junkies werden also älter, weil sie besser versorgt sind.

Darum ist die Jebensstraße, wie sie sich heute darstellt, zu einem gehörigen Teil ein Resultat des Buches von Christiane F. Damals haben wir Teenager, die wir das Buch lasen oder den Film sahen (und das waren in meiner Generation gefühlt 99 Prozent aller Jugendlichen), gedacht: *Wenn das ganze Elend der Heroinsucht jetzt endlich bekannt ist, kann man was dagegen machen.*

Falsch gedacht. Man kann nichts dagegen machen.

Eingeführt wurden die niederschwelligen Angebote, die Wärmestuben, Fixerräume, Wärmebusse und und und. Weniger Junkies sind es aber nicht geworden, eher mehr. Okay, vielleicht gibt es weniger Heroinabhängige und auch weniger Drogentote, doch dafür gibt es heute mehr Kokser und vor allem viele Crystal-Meth-User. Eigentlich ist es egal, von was die armen Schweine abhängig sind. Ihr Leben dreht sich so oder so nur um Drogen: Geld auftreiben, Stoff auftreiben, Stoff konsumieren, Geld auftreiben, Stoff auftreiben, Stoff konsumieren …

Am Bahnhof Zoo ist es also immer noch so wie vor 30 Jahren: tagsüber die Pendler und Touris, nachts die Strichjungen. Am Sexshop, direkt gegenüber vom Waldorf Astoria, Berlins neuester 6-Sterne-Tempel. Oder eben in der Jebensstraße.

Wenig später fahre ich vor meinen Tourteilnehmern Kerstin, Silke, Stefan und den anderen her und frage mich, ob sie das alles eigentlich sehen. Die Obdachlosen mit den verquollenen Augen, die im Rasenstreifen am Weg zum Schleusenkrug im plattgelegenen Gras vor sich hin vegetieren. Zwei alte – sprich: etwa dreißigjährige – Junkies, die über den Bürgersteig humpeln und wie fast alle alten Junkies ein Bein nachziehen, weil sie sich in die Leiste spritzen, wenn sie in die Arme nicht mehr reinkommen. Die Sinti-und-Roma-Kinder im Lustgarten, kaum noch Zähne im Mund, die betteln, anstatt in die Schule zu gehen. Die Verwirrten auf dem Bebelplatz, die plötzlich losschreien und von Gott und gegen den Krieg predigen. Manchmal schauen Kerstin und Silke und Stefan erschrocken zu ihnen hinüber, und ich versuche, die Situation mit dem Ausruf »Ach, ein Prophet!« zu retten.

Vor jedem Bahnhof steht einer, der eine Obdachlosenzeitung verkaufen will. In fast jede S- und U-Bahn steigt mindestens einer, der vollgedröhnt mit Drogen seinen Bettelspruch runterleiert. Am Aldi wünscht ein Obdachloser einem »einen schönen guten Tag noch«. An der Sparkasse halten Punks höflich die Tür auf und hoffen auf Trinkgeld.

Es ist wie bei *American Psycho*: Silke und Kerstin und Stefan und Dieter flanieren mit den Karten für die *Dreigroschenoper* in der Brieftasche durch ein Meer von Abgehängten.

Am liebsten würde ich mal eine »Arm, aber sexy«-Fragezeichen-Tour machen. Erster Stopp: der Grasstreifen am Bahnhof Zoo: »Hier sehen Sie die Gestrandeten der EU. Das sind Polen und andere Osteuropäer, die aufgrund der Öffnung des Schengen-Raums nach Berlin gekommen sind. Tagsüber betteln sie, dann kaufen sie sich Schnaps, abends versaufen sie den, dann schlagen sie sich gegenseitig grün und blau und schlafen hier ihren Rausch aus. Am nächsten Tag geht es wieder von vorn los. Bis zum Herbst. Wenn es kälter wird, ziehen sie um: in die Eingänge der Kaufhäuser und in die U-Bahnhöfe und Züge. Wenn es ganz kalt wird, stehen sie jeden Tag vor der Frage: Gehe ich in eine Notunterkunft, wo ich halbwegs nüchtern sein muss, oder halte ich die Nacht draußen durch? Sehen Sie sie sich genau an. Sie sind wie Spatzen. Einige werden den Winter nicht überleben.«

Nächster Stopp: Ampel an der Siegessäule.

Ich weise auf einen abgerissenen Jungen mit dunklem Teint, in der einen Hand eine Flasche mit Seifenlauge, in der anderen einen Handwischer. Während jeder Rotphase läuft er von einem Auto zum nächsten und bietet ungefragt seine Scheibenputzdienste an. Manchmal putzt er die Scheibe auch, ohne dass der Fahrer ein ermunterndes Zeichen gegeben hätte, und versucht anschließend, von jenem eine Münze zu ergattern. Meistens vergeblich.

»Das ist ein Kosovo-Albaner oder Rumäne«, sage ich. »In der Umgangssprache, auch wenn man's nicht mehr sagen darf: ein Zigeuner. Er ist ungefähr sechzehn, sieht aber aus wie Mitte zwanzig. Er kann nicht lesen und nicht schreiben, weil die Schulen für die Sinti und Roma in seiner Heimat – oder seiner so genannten Heimat – so weit von den Unterkünften entfernt sind, dass die Kinder nicht dahingelangen. Das ist Absicht. Man will die Roma-Kinder in jenen Ländern dumm halten.«

Meine Gruppe starrt mich an. Eigentlich wollten sie sich

in Berlin ja einen schönen Tag machen, und nun überfalle ich sie mit Sozialkritik.

»Weil die Kinder so gotterbärmlich arm sind, fallen sie Schlepperbanden in die Hände. Die versprechen ihnen das Blaue vom Himmel, bringen sie nach Berlin und schicken sie arbeiten. Die Kinder betteln mit ihren Müttern, das sehen wir uns nachher auf der Museumsinsel an. Und die älteren Jungs arbeiten hier an der Kreuzung. Wenn sie musikalisch sind, treten sie abends noch am Hackeschen Markt oder auf der Oranienburger Straße oder am Kollwitzplatz auf. Die Mädchen werden natürlich Prostituierte, jedenfalls die meisten. Oder sie machen auf taubstumm und betteln.«

Ich sehe meinen Kunden an, dass sie das nicht gerne hören. In Bad Oeynhausen, wo sie herkommen, mag es auch soziale Probleme geben, aber nicht in diesem Maßstab und schon gar nicht in dieser Offenheit.

»Dieser Junge hier ist einer von Dutzenden, die sich vor ein paar Jahren systematisch die großen, lukrativen Kreuzungen der Stadt erobert haben. Also, nicht er allein hat das gemacht, sondern die Bande, die hinter ihm steht und ihm seine Einnahmen abknöpft. Bevor die Sinti und Roma antraten, waren die Scheibenputz-Kreuzungen in der Hand der Punks und Straßenkids, die noch nicht an der Nadel hingen und von wenig Geld leben konnten. Sobald sie an der Nadel hängen, geht das nicht mehr. Zu wenig Einnahmen für den Stoff; zu große Gefahr, überfahren zu werden, wenn man zugedröhnt zwischen den Autos rumläuft.«

Ein Reisebus mit asiatischen Touristen fährt vorbei. Sie fotografieren uns. Ich rede weiter.

»Ab und zu findet er einen, dem er schließlich einen Euro abknöpfen kann. Fraglich, ob er mehr als 20 Cent davon behalten darf. Vermutlich muss er seine ›Reisekosten‹ beim Schlepper abstottern. Dafür steht der Junge zwölf Stunden am Tag auf der Kreuzung im Dreck und in den Abgasen. Für die Siegessäule hat er keinen Blick. Nur als sie sie komplett neu mit Blattgold überzogen haben, hat er vielleicht mal hochgeschaut.«

Wir Kinder vom Alex

Ich sitze in meinem Stammcafé, dem Joris auf der Brunnenstraße (Geheimtipp!), und mache das, was ein Schriftsteller tun sollte: Ich schreibe.

Da kommen zwei Gestalten herein: eine nicht mehr ganz junge dickliche Blonde mit Brille und ein riesiger Typ in einem schlechtsitzenden blauen Anzug, der trotz seiner Körperlänge nach Inder oder Araber aussieht. Beide haben Namensschilder auf der Brust. Bei ihr steht *Susa* drauf, bei ihm *Saaeed*. Die Namen sind mit Edding auf die Schilder gekritzelt, und die Schilder sind eigentlich nur Klebestreifen. Sie wollen mich interviewen – über Networking. Als sie hören, dass ich Schriftsteller bin, werden sie ganz hibbelig. Susa fragt auf Englisch: »Und wie kommen Sie auf Ihre Ideen?«

»Ich lebe hier so vor mich hin.«

Die beiden starren mich ungläubig an. »Und wie machen Sie Ihr Networking? Wo treffen Sie Leute?«

»Ich mache kein Networking, ich bin Schriftsteller. Ich muss allein sein, um zu arbeiten.«

Schweigen. Dann ergreift Susa wieder das Wort.

»Äh, wir machen da so eine Networking-Party. Vielleicht wollen Sie da mal hinkommen?«

Ich: »Auf einer Networking-Party unterhalten sich meistens Leute über irgendetwas, was sie in einer Zeitschrift gelesen oder im Fernsehen gesehen oder auf Facebook mitgekriegt haben.«

Sie nicken, und ich gerate weiter in Fahrt: »Das ist also etwas, was sie von einem Journalisten haben, der hat es vermutlich von einem anderen Journalisten und der wiederum von einem Public-Relations-Typ, und hinter dem steht ein Unternehmen. Was, bitte, soll ich darüber reden?«

»Haben Sie einen Rat für uns?«, fragt Saeed.

Ich stutze. Warum fragt der mich? Sehe ich aus wie der Dalai Lama oder wie Paolo Coelho? Aber natürlich hat er mich bei meiner Eitelkeit gepackt. Ich antworte: »Geht da hin, wo das Leben ist. Auf einen Spielplatz oder zu einer Obdachlosenküche oder so was. Aber lasst diesen Networking-Scheiß.«

Sie bedanken sich, als hätte ich ihnen das Vaterunser beigebracht. Zum Abschluss machen sie ein Foto von mir. Wofür auch immer. Ich muss los. Segway-Tour.

Wenig später, im Ostteil der Stadt, am Neptunbrunnen. Der liegt vor dem Roten Rathaus und gehört im weitesten Sinne zum Gebiet Alexanderplatz.

Wir haben die Segway-Einweisung gemacht, die Handtaschen im Lagerraum verstaut, Helme aufgesetzt, die Teilnehmer haben unterschreiben müssen, dass Unfälle und Schäden auf ihre Kappe gehen, und damit mich und das Unternehmen von Rechtsansprüchen befreit. Sie haben ihren Karlheinz daruntergeschmiert, ich habe zugesehen und gedacht, dass sie nicht wissen, was sie tun.

Ich habe ihnen das Ding erklärt. Sie sind vorgerollt, zurückgerollt und haben es schließlich geschafft, einigermaßen anständig über die berüchtigte Kabelbrücke zu fahren. Jetzt folgen sie mir zu unserer ersten Tourstation, eben jenem Neptunbrunnen. Da halten wir, während ich ein bisschen was erzähle. Wenn auch viel weniger als bei einer Radtour. Eigentlich sind die Erklärungen bei den Segway-Touren nur eine Art Alibi, denn die meisten der Teilnehmer wollen bloß auf den Segways rumdüsen.

Ich persönlich steige beim Erklären immer vom Segway ab. Wenn ich überhaupt einen benutze; meistens fahre ich mit dem Rad nebenher, das ist sicherer und gesünder. Aber wenn ich selber einen Segway fahre und bei den Stopps absteige, empfehle ich den Teilnehmern immer, dies ebenfalls zu tun. Zwei Stunden auf einem Segway zu stehen kann nämlich ganz schön anstrengend sein. Das Dumme ist nur: Es glaubt mir keiner.

Während meine Stimme im Autopilot über den Fernsehturm, die mittelalterliche Stadtmitte und die Bombennächte schwadroniert und meine Hände wie bei einem automatischen Zeigeroboter mal auf dieses, mal auf jenes weisen, beobachte ich die Straßenkids auf den Stufen am Fernsehturm. Meine Tourteilnehmer können die Kids nicht sehen. Ich stelle mich nämlich immer so auf, dass die Touristen die Penner und Punks, die Junkies und bettelnden Kinder, die Propheten und Hexen, all die Gestalten also, die diesen vielleicht hässlichsten Platz der Republik bevölkern, nicht sehen können. Nicht, weil ich mit den Obdachlosen Mitleid hätte oder den Teilnehmern den Anblick ersparen will. Nein – weil ich weiß, dass ich mir sämtliche historischen Ausführungen sparen kann, wenn sich die Tourteilnehmer erst einmal am abgestürzten Alex-Volk festgeglotzt haben. Außerdem würden sie mir dann tausend Fragen stellen, die ich mehr oder minder ehrlich beantworten müsste. Und dafür müsste ich aus meiner Deckung als schriftstellernder Historiker mit Charme und Schnauze hervorkommen und ihnen erläutern, was für ein betonhartes Drecksloch dieses Berlin sein kann.

Plötzlich sehe ich eine Neue auf einer Bank bei den üblichen Verdächtigen sitzen. Ob sie wirklich neu ist, weiß ich nicht genau, aber ich habe sie hier noch nie gesehen. Ihre Stimme ist sanft. Ihre Augen sind es auch. Ihr Leben ist hart. »Hast du ’n Euro für’n bisschen was zu essen?«

Der riesige Köter neben ihr frisst ihr bestimmt die Haare vom Kopf, und der Typ neben ihr mit den Nieten an der Jacke und den Piercings versäuft das Geld, das ich ihr nicht gebe. Sie ist vielleicht siebzehn, wahrscheinlich jünger. Sie kommt aus der Provinz, so wie ich. Und Sandy hat es nicht geschafft bei ihr.

Sandy ist Mitte dreißig, geschieden, und wenn es warm ist auf dem Alex, trägt sie Tanktop und schwarze Armeehosen. Sandy ist Sozialarbeiterin, Streetworkerin, und wir kennen uns, weil ich eines Abends auf einer der Bänke saß und den Feierabend genießen wollte und wir dort ins Gespräch kamen, einfach so, weil wir uns wohl schon Dutzende Male auf dem Platz gesehen hatten.

Das, was Sandy jeden Tag sieht, ist ein wahr gewordener Eltern-Alptraum. Denn Sandy jagt Mädchen. Und die Mädchen jagen ihre Träume. Wie diese Träume genau aussehen, wenn die Mädchen am Alex aus dem Regionalzug steigen oder aus einem Auto, dessen Fahrer sie mitgenommen hat, das wissen sie selbst nicht. Aber die Träume sind irgendwie wild romantisch, haben etwas mit Freiheit zu tun, einem punkig-zärtlichen Wuschelkopf, einem großen »lieben«

Hund und vor allem NICHTS mit dem Stress zu Hause – einem saufenden und grabschenden Stiefvater, einer wegguckenden Mama, hilflosen Lehrern, Jugendamt, Magersucht, Kotzerei, Ritzen usw.

Das hätte es früher in der DDR nicht gegeben. Solche Mädchen wären schnellstmöglich in einem Umerziehungsheim gelandet. Heute aber tummeln sich zwischen Weltzeituhr und dem hässlichsten Springbrunnen der Stadt mehr Straßenkinder und Punks als im ganzen Rest der Berliner Republik.

Sandys Wettlauf wird geführt gegen die Zeit und eine ganze Reihe von Versuchungen, die auf Ausreißermädchen geradezu magische Anziehungskraft ausüben. Zum Beispiel die Aussicht, mit besagtem wild romantischem Punk-Wuschelkopf und seinem treuherzig blickenden Strubbelhund auf der Erde rumzulungern, Selbstgedrehte zu rauchen, entjungfert zu werden in besetzten Häusern. In den Worten der Ausreißermädchen: wild sein, anders sein, frei sein.

Leider ist es so, dass sich der langhaarige Märchenprinz unter dem Einfluss von Drogen oder Fusel schnell als jüngere Ausgabe des Stiefvaters entpuppt; dass die Selbstgedrehten von irgendetwas bezahlt werden müssen; dass ein Hündchen von der Größe eines Kalbes nicht von Pablo-Neruda-Gedichten lebt. Wochenlang in denselben Kleidern abzuhängen drückt irgendwann auch aufs Gemüt. Außerdem ist es in abbruchreifen Häusern kalt, dunkel und schmutzig. Kalt, weil keiner die Rechnungen bezahlt, eben deshalb auch dunkel; und schmutzig, weil niemand die Toiletten saubermacht. Und wenn die Klos verstopft sind und außerdem überall Spritzen und Binden rumliegen, fängt der Erste an und scheißt und kotzt, besoffen wie er ist, in eines der vielen Zimmer. Und dann ist dem Übernächsten das beschissene Zimmer zu beschissen, um es zu weiter zuzuscheißen und zuzukotzen, und er entleert sich ins nächste Zimmer.

Da liegst du dann, Ausreißermädchen, starrst an die dunkle Decke und wartest voller Furcht und Ungeduld auf den Märchenpunk. Der ist nur kurz mit seinen Kumpels, die dir schon bei Tageslicht nicht ganz geheuer waren, raus, »was besorgen«. Und du bist zwar blöd und naiv, aber dass die dir einen Salatteller mitbringen, glaubst nicht mal du.

Sandy hat in der Zwischenzeit deine Personenbeschreibung von den Bullen gemailt bekommen, sie ausgedruckt und verteilt dein Foto fieberhaft an all die Penner, Fixer und Alkis auf dem Alex. An die, bei denen Sandy den Wettlauf verloren hat. An die armen Schweine, die das ganze Land wie eine Flut von Straßenkindern an den dreckigen Strand Berlin gespült hat.

Sandy fragt Nico, die anders heißt und an der Nadel hängt.

Sie fragt Dudu, die blaue Flecken am ganzen Körper hat.

Sie fragt Jenny, die weiß, dass es hier scheiße ist, aber zu Hause ist es noch scheißer, weil der Sack, der sie da beschläft, nix dafür zahlt.

Und so weiter und so fort.

Sandy zieht sich Achselzucken rein und hochgezogene Augenbrauen und ein genuscheltes »Danke«, wenn sie Kippen verschenkt. Und sie jagt dich, Ausreißermädchen.

Und wir? Wir machen Sightseeing. Nachdem wir ein bisschen über den Neptunbrunnen schwadroniert haben und über das hübsche Rote Rathaus im Neo-Renaissance-Stil, besteigen wir unsere 7000-Euro-Segways und gondeln zu dem Ort, wo man ein Schloss aufbaut, das keiner so richtig braucht. Und ich denke mir: *Halt die Ohren steif, Sandy.*

Wie man Führer wird

Wie kriegt man es eigentlich hin, das wildfremde, erwachsene Menschen einem zuhören und auch gehorchen? Da gibt es ganz bestimmte Mechanismen.

Die Anfangsphase

Meine Gäste (also das, was man gemeinhin Touristen nennt) stapfen über den staubigen Vorplatz des Bahnhofs Zoo auf mich zu. Der hat alles schon gesehen: Notarzteinsätze mit vergeblichen Wiederbelebungsversuchen, Heiratsanträge, Bombennächte, viele Junkies – und noch mehr Touristen.

In den ersten 30 Sekunden geht es um alles: Man muss den Touris ein umfassendes Gefühl für die Situation vermitteln, in die sie sich begeben haben. Anders ausgedrückt: Sie sollen wissen, wo der Hammer hängt. Wer da dranpacken darf (ich). Und wer nicht (sie).

Das geht etwa so: Ein Pärchen in Goretex-Jacken kommt über den Busbahnhof auf den Laden zu, in der Hand einen Flyer über unsere Touren. Suchender Blick. Sie wollen an mir vorbei in den Laden gehen.

»Kann ich Ihnen helfen?«, frage ich.

»Äh, ja. Wir wollen da so eine Tour machen.« Sie zeigen auf den Flyer.

»Mauer- oder City-Tour?«, frage ich.

»Äh …«

»Um elf oder um halb elf?«

»Äh, elf.«

»Das ist die City-Tour.« Ich blicke auf die Uhr. Dann sehe ich sie an. Die Frau hat eine »flotte« Brille auf: eckiger Rahmen und irgendetwas anderes Unegales, was sie in der Provinz für frech halten.

»Es ist jetzt Viertel nach zehn«, sage ich. »Sie haben noch ein bisschen Zeit. Kommen Sie einfach um fünf vor elf wieder.«

So weit, so gut. Jetzt kommen die entscheidenden Minuten. In denen muss der Widerstand des Mannes gebrochen werden. Das geschieht schnell und kompromisslos und so, dass die Gattin oder Freundin fast nichts davon mitkriegt. Und wenn sie es doch merkt, dann hält sie wahrscheinlich die Klappe.

Er sagt also: »Wir brauchen aber noch die Räder.« Oder noch übergriffiger: »Wir können ja schon mal nach den Rädern gucken.«

Die Standardantwort meinerseits darauf lautet: »Machen wir alles um kurz vor elf.« Wenn er mir gar zu nassforsch kommt, sage ich: »Wir gucken hier jetzt nach gar nichts. Diese Räder sind für die Tour um halb.« Zack.

Will er daraufhin aufmucken, lege ich nach, und zwar an sie gewandt: »Da drüben gibt's ein paar Cafés. Und in dem Kiosk können Sie ein Wasser kriegen, es wird heiß heute. Außerdem kann man da noch das eine oder andere Bedürfnis erledigen.«

Aus die Maus – sie weiß nun: Der Junge kennt sich aus. Der denkt sogar ans Pipimachen. Klaus hingegen kennt sich nicht aus.

Touren zu führen bedeutet Sport. Ich meine damit nicht das Radfahren, das ist harmlos – bei der üblichen Geschwindigkeit einer Tourgruppe könnte ich nebenherjoggen. Die Räder an die Decke zu wuchten, ja, das ist sportlich, aber schließlich hab ich einen Braungurt im Karate, das schaffe ich. Sportlicher ist es hingegen, die Leute zu packen. Denn eigentlich ist es ein Wunder, das jemand in seinem Urlaub Geld bezahlt, um sich belehren zu lassen, und sich dazu einem wildfremden Menschen anvertraut, mit dem er fast einen ganzen Tag verbringt.

Bei den amerikanischen, australischen und spanischen Touren ist das kein sonderliches Problem, weil Amerikaner, Australier und Spanier nun einmal viel kommunikativer sind als Deutsche. Was das bedeutet? Ein Amerikaner, der sich auf eine Tour einlässt, kann davon ausgehen, dass er ein Standardprodukt mit einem berufsgutgelaunten »You folks will have a great day«-Guide erhält. Ausreißer, Klugscheißer und Nörgler wie bei den deutschen Guides sind im Weltbild des amerikanischen Touristen nicht vorgesehen. Amis wollen nämlich geführt werden. Sie wollen eine Eins-a-Serienanfertigung, eine Tour wie einen Starbucks-Kaffee: groß, lecker, freundlich überreicht. Dafür nehmen sie auch einen hohen Preis in Kauf.

So benehmen sich die amerikanischen Guides auch: Sobald man sie vor eine Gruppe stellt, knipsen sie ihr privates Ich aus und ihr professionelles an. Wer denkt, die Figuren in US-Serien wirken aufgesetzt, dem sei gesagt: Die amerikanischen Guides sind alle so.

Unter den deutschen Guides aber – zumindest unter denen, die ich kenne, sei es bei Bootstouren, Bussen, Spaziergängen oder Radtouren – gibt es nicht einen einzigen, der nicht irgendeinen Hau hat. Schon gar nicht in Berlin. Mich eingeschlossen.

Und so vertrauen die Deutschen sich während ihres Berlin-Trips einem potentiellen Idioten, einem Hartz-4-Aufstocker, einem Kiffer, einem gescheiterten Doktoranden, einer hysterischen Attac-Aktivistin oder einer Kampflesbe an. Diese Reihe kann man endlos fortsetzen – schließlich sind wir in Berlin. Hans und Grete aus Gießen kommen zu unserer Tour und geben sich einem wie mir in die Hand. Und ich finde, das muss man ihnen hoch anrechnen.

Manchmal jedoch glaube ich, dass die Leute das bewusst in Kauf nehmen, ja, dass sie gerade einen aus den üblichen sozialen Zusammenhängen gefallenen Großstadtzausel wollen, wenn sie zu unseren Touren kommen. Der deutsche Berlin-Tourenbesucher bildet somit seinerseits eine Art verschrobene Minderheit. Das würde auch erklären, warum selbst an einem wirklich guten Tag nur 15 bis 20 Leute zu den deutschen Touren kommen, zu den englischsprachigen aber über 50. Und das, obwohl der Anteil der Deutschen am Berlin-Tourismus mindestens dreimal so hoch ist wie der aller Ausländer zusammen.

Wie begibt man sich in die Hand eines Großstadt-Spinners? Da sind, wie meist im Leben, Frauen und Männer ganz unterschiedlich.

Am Anfang einer Tour stehen die meisten Frauen mit erwartungsfrohem Gesicht da. Weil Frauen aus der Provinz zumeist erst einmal nett sind, und zwar, damit man auch nett zu ihnen ist. Ihre Begleiter stehen daneben und machen interessierte Gesichter, weil sie zeigen wollen, dass sie auch hier, in dieser befremdlichen Umgebung, alles verstehen und unter Kontrolle haben. Denn so sind die deutschen Männer (und wahrscheinlich alle anderen weltweit auch): Sie wollen alles unter Kontrolle haben, alles verstehen und im richtigen Moment einen blöden Witz reißen. Sie wollen was sehen, was erleben, was erfahren – unbedingt.

Unter dieser brisanten Voraussetzung arbeiten die Tour-Routen der meisten deutschen Radtour-Unternehmen voll gegen die Guides. Denn sie starten am Bahnhof Zoo. Trashiger geht es kaum. Der Bahnhof Zoologischer Garten ist so ziemlich das Letzte, was man im Urlaub sehen will: Dreck, Zigarettenkippen, zerborstene Bierflaschen, übelriechende Penner, mürrische Pendler, die einen umrennen, besonders gerne Touristen, die ihnen im Weg stehen. Dazu die Bahnpolizei und Security-Proleten, die aussehen, als stünden sie bei Ersteren auf der Fahndungsliste, grölende Junkies, resignierte Straßenkehrer, kreischende Kita-Gruppen auf dem Weg zum Zoo, orientierungslose Rentner aus dem Umland auf Parkplatzsuche, aggressive Busfahrer … Vielleicht ist kein Ort typischer für Berlin als der Bahnhof Zoo. So gesehen ist er ein Muss für jedes Sightseeing. Aber muss das gleich am Anfang sein? Man fragt sich: Warum fangen die nicht an, wo es schön ist, sagen wir am Brandenburger Tor? Weil man da, wo es schön ist, keinen Laden anmieten kann, in den hundert Fahrräder passen. Außer man zahlt so viel, dass die Tour so teuer wäre wie ein Flug nach Buenos Aires.

Bahnhof Zoo also. Hier stehen nun Hans und Grete aus Gießen. Ich hechte von Hans zu Grete und von Grete zu Hans, um sie zu beschäftigen, vorausgesetzt, ich habe einen guten Tag und die Leute sind mir noch nicht auf den Sack gegangen. Am Anfang habe ich mich oft gefragt: Warum stellen sich alle Tourteilnehmer so weit auseinander, dass sie den gesamten Vorplatz zustellen? Ich habe darauf keine schlüssige Antwort. Sicherheitsabstand? Fluchtreflex? Letztlich ist es wahrscheinlich Orientierungslosigkeit. Es ist recht früh am Morgen, die Leute sind in einer völlig fremden Umgebung, ohne zu wissen, wo es hingehen wird, sie wollen sich mit dem Rad, das sie gerade erst bekommen haben, vertraut machen, sie wollen nicht doof aussehen, sie wollen nicht blöd im Weg herumstehen. Und schon stehen sie blöd im Weg herum.

Man könnte sich auch fragen, warum der Guide die Leute beschäftigen muss. Antwort: weil sie sich sonst selber beschäftigen. Und das ist im Zweifelsfall schlimmer. Sie fingern am Rad herum, verstellen Bremsen oder Gangschaltung, lassen das Rad irgendwo stehen und laufen weg (weil sie mal müssen, etwas kaufen wollen oder was weiß ich); oder sie klopfen doofe Sprüche oder fangen an, irgendetwas zu organisieren. Damit untergraben sie die Autorität des Guides – und das kann lebensgefährlich werden, jedenfalls für die Touris. Letztlich läuft alles auf eines hinaus: Guide ist Englisch und heißt »Führer«. Und das kommt von »führen«.

Endlich sitzen wir auf den Rädern. Wir fahren an der Station der Bahnpolizei vorbei, an der Unterführung, wo die Obdachlosen eine Art Zeltlager aufgebaut haben, und müssen danach auf einem schmalen Weg zwischen der ICE/S-Bahn-Trasse und dem Tiergarten hindurch. Es geht leicht bergauf. Für manche Touris – also solche, die selten Rad fahren – ist das eine Herausforderung, die ihre körperlichen und geistigen Energien voll in Beschlag nimmt. Sie geraten schon mal nach links. Was besonders prekär ist, wenn wir einem

Autonomen auf einem Speed-Cross-Bike begegnen, der gerade mal keine Pflastersteine wirft, sondern als Fahrradkurier arbeitet (die Strecke verbindet die Geschäftszentren Ost und West auf direktem Weg, entsprechend hoch ist der Kurierverkehr). Die meisten Fahrradkuriere sind ausgesprochen mürrische, wortkarge, politisch extrem denkende, engstirnige Menschen, die mit Marx glauben, dass das Sein das Bewusstsein bestimmt. Deshalb bestimmen sie das Sein für den Rest der Menschheit, um sie in ihrem Sinne zu verändern. Sie blaffen uns an, wenn wir im Weg sind. Dann gehen wir weg. So einfach ist das, wenn man seinen Hegel vom Kopf auf die Füße stellen will.

Leider treffen die Kuriere bei ihrer einsamen Tätigkeit selten auf gesellschaftskritische Geister, sondern meist auf geschniegelte Assistentinnen in Prada-Schuhen, die heutzutage keine »Tippsen« mehr sind, sondern nach ihrem *Master of Business Administration*-Studium in London ihre ersten Schritte ins Berufsleben machen, in der Hoffnung auf schnellen finanziellen Aufstieg und auf der Suche nach einer statuskräftigen Partie, und locker das Fünffache dessen verdienen, was der ölverschmierte, verschwitzte Outlaw auf zwei Rädern kriegt. Nicht nur deswegen hat der Fahrradkurier in aller Regel schlechte Laune, sondern auch, weil er immer zu spät dran ist und ihm alle im Weg stehen und die Auftraggeber reiche Schweine sind und er die Weisheit mit Löffeln gefressen hat. Nun fegt er uns wie ein Engel der Finsternis in seinen schwarzen, zerfetzten Klamotten auf mattschwarzem Bike entgegen und würde nichts lieber tun, als einen Touristen im Vorbeifahren zum Kentern zu bringen.

Ich schärfe den Touris also ein: »Fahren Sie bitte rechts!« Und damit sie auch einen Anreiz haben, mir Folge zu leisten, ergänze ich: »Von da können Sie einen Blick ins Nilpferd-Gehege werfen.« Es ist mir lieber, sie betrachten die Nilpferde beim Pipimachen als die Obdachlosen auf der anderen Seite der Strecke.

Natürlich fährt immer irgendein Blödmann, der ganz unkonventionell (links-liberal-alternativ-unangepasst-still crazy) sein will, nicht rechts, sondern trudelt auf der anderen Seite rum – und schon naht einer der Highspeed-Marxisten. »Alda! Vapissda!«, schallt es dann lieblich über den Radweg. Die Herren aus dem Kuriergewerbe berlinern gern, auch wenn sie aus Niedersachsen stammen. Sie halten das wohl für eine Art Solidarisierung mit den proletarischen Massen. Unser Outlaw, also der Touri, blickt auf, sieht das mattschwarze Bike mit dem Piloten in mattschwarzer Kluft und stechendem Blick auf sich zurasen wie einen Tarnkappen-Bomber und schaltet auf bürgerlich: »Hey, das ist ein ….«

SCHRUMM – vorbei ist der Kurier.

Der Touri strauchelt. Manch einer ist schon gefallen.

Ich warte.

Der Kurier hinterlässt einen Kondensstreifen und durchbricht mit einem Knall die Schallmauer, denn nun wird seine Strecke abschüssig, auf dem letzten Kilometer bis zu den großen Wirtschaftsanwaltskanzleien am Kurfürstendamm.

Ich helfe meinem Touri nicht, weder beim Aufstehen, noch dabei, über die Mischung aus Zorn, Scham und Empörung hinwegzukommen. Es soll allen eine Lehre sein! Ich sagte: rechts fahren. Ich meinte: rechts fahren. Es wird ab jetzt: rechts gefahren!

Und rechts geguckt, wie der Guide gesagt hat. Gut, dass sie nicht nach links sehen, denn da gibt es umsonst Obdachlose zu gucken. Und was für welche. Alkoholismus in Deutschland äußert sich in prügelnden Ehemännern und pöbelnden Fußballultras oder in Obdachlosen, die sich von Trinkspiritus ernähren und diesen in Papierkörbe pissen. Die Haare dieser Leute gleichen speckigen Putzlappen, die Fingernägel Autoreifen. Hat ihr Lallen einen osteuropäischen Klang, dann sieht man in ihren Gesichtern Abgründe: häusliche Massaker, trostlose Kinderheime, drakonische Straflager, Armeegefängnisse und Prügelstrafen. Da gucken die Touris besser gepflegte Tiere an.

Wenn wir diesen ersten apokalyptischen Kilometer hinter uns gebracht haben, sind wir im Großen Tiergarten. Da ist es für jemanden aus der Provinz eigentlich langweilig, denn es sieht so aus wie bei ihm zu Hause: alles grün. Also fahren wir auf dem Radweg Richtung Siegessäule. Da sieht man wenigstens die vierspurige Straße des 17. Juni. Wenn die Siegessäule erreicht ist, kann ich durchatmen, denn dann haben wir das glänzende Ding über uns und das Brandenburger Tor vor uns, und die Touris vergessen, dass die Anfahrt weit und ziemlich trashig war.

Nun wird es für mich Zeit, erstmals Wissenswertes kundzutun. An der ersten Station, dem Sowjetischen Ehrenmal, gebe ich meinen Auftakt. Wer sich nun fragt: *Bleiben die nicht an der Siegessäule stehen?* , dem sei gesagt: Nee, wir bleiben nicht an der Siegessäule stehen, denn das Ding sieht zwar gut aus, aber es ist höllisch schwer zu erklären, wofür es steht und warum es gebaut wurde. Das ergäbe ein historisches Proseminar mit ungefähr folgendem Titel: *Die erzwungene Reichseinigung. Bismarck und die fingierten Konflikte zwischen Dänemark und den Staaten des Deutschen Bundes um Schleswig. Mentalitätswandel und Pragmatismuspolitik.* Ich hab das ein Mal gemacht, und es war der gähnende Horror.

Viel schöner ist es, um das Ding rumzufahren und nach oben zu zeigen. Man muss als Guide nämlich auch wissen, wo man besser die Klappe hält und seine Stadt für sich selbst sprechen lässt.

Das Sowjetische Ehrenmal kurz vor dem Brandenburger Tor bietet sich schon eher für Erklärungen an. Ich erzähle von verängstigten Hitlerjungs und von hartgesottenen Sowjetsoldaten, die die Jahre des Kämpfens gegen deutsche Schlächterhorden überlebt haben. Ich erzähle von brennenden Dörfern und den Konzentrationslagern, die sich diesen jungen Russen, Kasachen, Ukrainern und Sibiriern in Hirn und Seele gebrannt hatten, als sie endlich in der Hauptstadt der Hölle ankamen. Ich erzähle von zerschossenen und zerbombten Straßenzügen, vom abgeholzten Tiergarten, vom wahnsinnig gewordenen Hitler, der Luftlinie ein, zwei Kilometer von hier entfernt in seinem Bunker saß und Armeen verschob, die es längst nicht mehr gab. Ich zeige auf die Straßenlaternen und erzähle, dass die SS Deserteure daran aufhängte. Ich weise auf die beiden russischen Panzer und erkläre, dass hinter dem riesigen Soldatendenkmal ein Friedhof für Tausende von erschossenen Sowjetkämpfern liegt.

Damit habe ich die Leute. Immer. Denn nun wissen sie: Der Spaß ist vorbei. Sie wissen, dass sie keinen Fehler gemacht haben, als sie sich beim Frühstück für das Angebot unseres Flyers entschieden haben. In ihren Augen und an ihren offenen Mündern kann ich sehen, dass sie zu Hause von mir erzählen werden.

Natürlich ist der Effekt billig. Die Sonne scheint, der Tiergarten liegt satt und grün da, und ich erzähle von Tod und Angst. Es ist wie eine Fernsehdoku, nur dass die Leute hier am Ort des Geschehens stehen. Es wirkt authentisch; sie glauben, sie seien dabei. Sie sind sich sicher, dass sie etwas erleben, was nicht jeder erlebt. Sie haben *mich* gefunden. Ihren Guide, dem sie folgen, wohin er sie auch lotst. Darum geht es. Wenn ich meine Schäfchen so weit habe, sind sie Wachs in meiner Hand. *We can be heroes, just for one day.* Das ist mein täglicher Sport: Touristen zu verzaubern. Sie davon zu überzeugen, dass meine Tour der Hammer ist.

Grundausstattung für jeden Guide

Für alle, bei denen dieses Buch den unbändigen Wunsch weckt, selbst Guide in Berlin zu werden, hier eine Liste der überlebensnotwendigen Grundausstattung:

- Wasserflasche
- Regenjacke
- Kapuzenjacke
- Tempotaschentücher
- Aspirin
- Pflaster
- Flickzeug und Ersatzschlauch nebst Werkzeug
- Kugelschreiber
- Halstuch/Kopftuch

Nicht notwendig sind (obwohl viele Guides es mithaben):

- fotokopierte Bilder von früher (Wer es nicht schafft, mit Worten zu fesseln, reißt mit DIN-A4-Zetteln auch nichts raus.)
- Reiseführer (haben die Leute selbst)
- Stichwortzettel mit Daten und Fakten (Kein Schwein interessiert sich für Daten und Fakten, die Leute sind im Urlaub! Sie wollen Storys, Geschichten, Anekdoten, Lügen, Entertainment.)

Wie man Provinzler einseift

Als Guide ist man nicht immer gut drauf. So wie heute. Ich bin heute schlechtgelaunt. Denn ich würde heute lieber an meinem Roman schreiben. Noch lieber säße ich im Ocelot am Rosenthaler Platz (Geheimtipp!), wo es die charmantesten Buchhändlerinnen von Berlin-Mitte gibt, oder im Manolo am U-Bahnhof Eberswalder Straße (Geheimtipp!) und mich bewundern lassen von verstohlen guckenden Damen und so tun, als merkte ich es nicht. Die meinen Roman gelesen haben und leider keine Eintrittskarte für meine ausverkaufte Lesung neulich im Deutschen Theater bekommen haben.

Aber so ist es nicht. Ich muss Touristen durch die Stadt führen, und zwar gegen Geld und gegen eine noch viel wertvollere Währung: Selbstachtung. Denn ohne Arbeit ist der Mensch nichts, zumindest der deutsche Mensch, zumindest der deutsche Mittelklasse-Nachkriegskind-Mensch.

Es sieht nach Regen aus. Trotzdem sind ein paar Leute aufgetaucht und haben sich Flyer genommen. Ich habe sie angesprochen, ich Bordsteinschwalbe des Fremdenverkehrs. Sie sind wieder gegangen. Wiedergekommen ist niemand. Und es ist nun Viertel nach zehn.

Rund zwanzig riesige Reisebusse stehen auf dem Parkplatz am Bahnhof. Besuchermassen stauen sich am Eingang zum Zoo. Sightseeing-Busse laden Leute ein. Das luxuriöse Waldorf Astoria sticht ungerührt in den Himmel über Pennern und Pendlern, Junkies und gehetzten Praktikanten. Vor dem McDonalds rotten sich Schüler auf Klassenfahrt zusammen. Und mittendrin ich: ein Führerchen und Teilzeit-Historiker.

Soll ich nicht besser zurück in die Provinz gehen? Kann

man eigentlich auch mit über vierzig noch eine Lehre als Schreiner beginnen?

Aber vielleicht kommt ja noch einer.

Weil die Tour um halb elf anfängt, kommen die meisten Leute (vor allem die Deutschen) schon um Viertel nach zehn. Zur Sicherheit, für den Fall, dass es zu voll ist. Oder damit man nicht zu spät ist. Oder einfach so. Doch jetzt ist es fünf vor halb. Ernie steht neben mir und sagt: »Das wird heut nix.« Ernie hat eine gebuchte Tour, der Glückliche. Irgendeine Schulklasse, die er mit einer seiner Acht-Stunden-Touren malträtieren wird.

Ernie hat wahrscheinlich recht, das wird nichts. Ich werde zurück in die Staatsbibliothek schleichen und an einem Text arbeiten, den nicht mal mein bester Freund lesen wird. Ich fühle mich echt Bahnhof Zoo.

»Moin.« Sechs Gestalten schieben sich an mir vorbei. Gäste! Touris! Hoffentlich wollen die nicht nur Räder leihen.

Sie laufen Ernie in die Arme.

»Ja, ja, ja.« Wenn man zu Ernie etwas sagt oder ihn fragt, erwidert er die ganze Zeit »Ja, ja, ja«, wie ein Automat. Das ist nicht böse gemeint; ich glaube, er redet lieber, als dass er zuhört. Was die »Gespräche« zwischen uns Guides immer eher zu Faktenschlachten als zum Austausch von Sätzen macht. Besonders Sascha kann das super. »Aber Friedrich hat die Maulbeer-Plantagen erst nach seinem zweiten Schlesischen Feldzug begonnen, weil er im Feldlager einen Obristen getroffen hat, der war in Istanbul einem Seidenhändler begegnet …« Blablabla. Sascha hubert mich und alle anderen immer mit einem Zeug zu, dass es einer Sau graust.

Also schnell die sechs Gäste von Ernie abziehen und in meine City-Tour stecken, Räder unter den Hintern und den ganzen grauen Alltag vergessen. Das Gute an der Arbeit – an jeder Arbeit – ist, dass man darüber sein Leben vergisst. Heißt es nicht: Der Deutsche lebt, um zu arbeiten? Stimmt. Weil der Deutsche zu schwermütig ist, um das Leben zu ertragen, arbeitet er, um die Schwermut zu übertünchen.

»Hallo, Sie wollen bestimmt zur City-Tour!?«, rufe ich.

»Äh«, entgegnet die Frau.

Der Mann guckt verblüfft, zwei Kinder im knapp vorpubertären Alter machen auf gelangweilt, das Pärchen neben ihnen geht auf Distanz.

»Also, wir wollten fragen, was so Räder kosten, wenn man die leiht«, sagt die Frau.

»Ich verrate Ihnen was: Die Räder zu leihen ist für Sie als vierköpfige Familie fast teurer, als wenn sie die Räder nehmen und eine Tour machen.« Dann wende ich mich an das Pärchen: »Und Sie wollen auch die Tour machen?«

Er guckt nichtssagend, sie muss zurücklächeln, denn ich zeige ihr meine Zähne. »Ähh.«

Ähh ist immer gut. Ähh heißt, sie sind verwirrt.

Ich kann zuschlagen. »Also, bei einer so kleinen Gruppe können wir genau das machen, was Sie wollen, was Sie interessiert, was Sie noch nicht gesehen haben!«

Wenn das Stu wüsste. Aber wir machen das alle so. Wenn wir die Gäste aus der Provinz nicht bei dieser ganz speziellen deutschen Provinzhaftigkeit packen und einseifen würden, dann würden diese deutschsprachigen Touren gar nicht stattfinden. Denn mit diesem »Hi you folks will have a great wonderfulbestofBerlininoneDay«-Scheiß, den sie den Amis servieren, würde man jeden Deutschen vertreiben. Jeden! Also sagen wir ihnen immer, dass wir etwas ganz Besonderes machen werden.

Machen wir ja auch. Ernie macht aus vier Stunden acht, Ulf macht aus einer Freizeitaktivität eine Nabelschau und stellt sein Minderwertigkeitsgefühl (kein Studienabschluss) aus wie ein Pfau seinen Arsch, Andrea lässt ihre Attac- und Antifa-Gesinnung auf die Leute los, Arthur probiert alles aus, was er in den Didaktikseminaren an der Uni gelernt hat, um der besttrainierte Gymnasialreferendar von Berlin-Brandenburg zu werden, und ich treibe an den Leuten Sozialstudien und lasse sie meine innere Leere füllen.

Und skrupellos bin ich – auch bei den jetzt vor mir Stehenden. Natürlich habe ich sie überfahren und überrumpelt, indem ich so tue, als ob sie die Tour machen wollten, und je länger sie nichts sagen, desto schwerer wird es für sie, aus der Nummer herauszukommen, und das auch, weil ich weiß, dass ich verblüffend nett, unterhaltsam und zuvorkommend auftreten kann, wenn ich will.

Ich quatsche also los: »Das ist der perfekte Tag, den Sie sich da ausgesucht haben. Wir können ganz gemütlich durch die Stadt gondeln, uns alles ansehen, was Sie wollen, dann essen wir irgendwo was in einem urigen, preiswerten Lokal, wenn Sie wollen. Wollen Sie? Und dann sind Sie so gegen drei wieder hier und haben noch richtig was vom Tag.« Letzteres ist natürlich glatt gelogen, denn die meisten Leute sind nach der Tour platt wie Flundern, schlurfen in ihr Hotel und schlafen wie die Sackratten im Zölibat. Außerdem sind wir erst um vier wieder da. Aber so klingt es besser.

Beim Reden bin ich aus dem Laden herausgegangen, und weil der deutsche Provinzler nicht unhöflich erscheinen will, sind sie mir alle gefolgt und stehen nun, ohne dass sie wüssten, wie ihnen geschah, vor den Fahrrädern, die ich schwuppdiwupp in ihrer Sattelhöhe eingestellt und ihnen hingeschoben habe, so dass jetzt jeder unversehens mit einem Fahrradlenker zwischen den Krallen dasteht.

Nun folgt die Charmeoffensive. Ich wende mich an Gattin und Freundin und sage: »Ich hol Ihnen mal einen Spanngurt, dann können Sie Ihre Taschen hinten befestigen.« Ich springe los, bevor einer was dagegen sagen kann. Jetzt stehen sie bereits so tief in meiner Schuld, dass sie sich keinen Rückzieher leisten können, und ich bin ja auch so einer netter Kerl, und außerdem bin ich schon wieder da und habe Spanngurte und sogar Regenponchos für *jeden* dabei – ich Schakal der Bauernfängerei.

Während ich so werkele und fuhrwerke, frage ich: »Und ihr? Wo kommt ihr so her?«

Brav antworten sie, dass sie aus Pusemuckel oder so sind und seit Donnerstag hier und schon oft in Berlin und so weiter. Sie sagen eine Menge, und ich höre nicht zu, sondern lächle und nicke und benehme mich wie ein Herrenschneider, der einen Anzug anpasst, warte auf den richtigen Moment für den nächsten Schritt, denn der kommt bestimmt – und schließlich sind sie unversehens auf meiner Tour und können nicht mehr weg.

Und ich muss nicht in die Staatsbibliothek.

Die Tour selbst ist so wie jede andere. Ich vergesse alles, sofort. Manchmal denke ich beim Weiterfahren: *Hast du gerade wirklich fünf Minuten gequatscht und dabei an etwas völlig anderes gedacht?*

Zur Mittagszeit führe ich den Tross gerne zur Kantine des Berliner Ensembles. Die Provinzler stehen im Pulk vorm Essensausgang. Ich habe ihnen gesagt, dass sie hier vielleicht jemanden sehen, den sie kennen, etwa Martin Wuttke. Aber sie haben Hunger. Sie stehen vor dem Loch in der Wand und wissen nicht, ob sie Seehechtschnitte, Rinderroulade oder Dinkelbratling nehmen sollen. Das dauert. Ich bin schon lange fertig, habe der Chefin mein Essen gezeigt, damit sie es verbucht (ich kriegs umsonst) und habe mich gesetzt.

Ich bin der einzige der Guides, der mit der Chefin hier klarkommt. Wenn man Guide werden will, ist es wichtig, dass man mit Leuten klarkommt. Das klingt selbstverständlich, kann aber nicht oft genug wiederholt werden. Fremdenführungen sind eine Dienstleistung, mit Dienst und Leistung. Okay, die BE-Kantinenchefin ist simpel gestrickt. Sie ist Berlinerin. Man muss ihr das Gefühl geben, dass sie immer recht hat und dass sie wirklich die Chefin ist. So ist das bei allen Berlinern: Gibst du ihnen das Gefühl, du seist schlauer als sie, bist du unten durch. »Bringen Sie mich sonst in die Prinz-Albrecht-Straße?«, frage ich gerne, wenn mir ein Berliner blöd kommt. Natürlich wissen die wenigsten, was das heißt, deshalb kann man sie damit gut provozieren. In der Prinz-Albrecht-Straße befand sich das Gestapo-Hauptquartier mit seinen Folterkellern. Wissen die nicht, aber es reicht, dass du etwas weißt, was sie nicht wissen, denn dann fühlen sie sich als das, was sie sind, nämlich als kleine Pinscher, und das mögen sie nicht. Also, willst du smooth durch Berlin reiten, dann gib den Einheimischen das Gefühl, sie seien der Chef und allwissend. Willst du hingegen die Antifa-Sau rauslassen, dann gib Widerworte.

Die Chefin der Kantine vom BE kriegt von mir keine Widerworte. Dafür hab ich keine Zeit. Sie gibt das Futter, ich geb ihr ein Berliner Gefühl.

Die Touris stehen immer noch da. Hinter ihnen stauen sich die Angestellten aus den Büros, Komparsen und Regieassistenten und sehen ihre wertvollen Pausenminuten verrinnen. Das Pärchen aus Kamp-Lintfort, das mich gefragt hat, ob sie den Rabatt aus der WelcomeCard mit dem Rabatt wegen der vom Hotel mitgebrachten Räder (die sie dort umsonst leihen!) kombinieren können, diskutiert.

Sie: »Ich glaub, ich nehm Fisch.«

Er wollte die Roulade nehmen, denkt jetzt aber wahrscheinlich, dass sie abends noch essen gehen wollen, und dann will er natürlich Fleisch essen. Also jetzt doch die Dinkelschnitte?

Ich verputze meine restlichen Kartoffeln, stelle den Teller in den Rückgabewagen und mich an den Getränketresen: »Na, Chefin? Kann ich Kaffee haben?«

»Ja, logisch.«

Des Führers spätes Erbe

Sonntagmorgens zur Tour fahren, durch den vermüllten Mauerpark, an den Zombies vorbei, den Vampiren und Werwölfen, den bleichen Mädchen und blutäugigen Jünglingen, die zwischen leeren Flaschen und abgebrannten Einweggrills hocken und die aufgehende Sonne verfluchen. Da kann man seine Seele baumeln lassen, tief in den vergifteten Brunnen der Geschichte.

Ich bin dem Hitler dankbar. Also nicht richtig dankbar, aber er hat ein paar Sachen gemacht, die waren gar nicht so schlecht. Damit meine ich nicht die Autobahnen und auch nicht den VW Käfer. Was ich meine, ist die aus der Nazizeit und ihrer Nachbearbeitung rührende Mischung aus braver, pflichtschuldiger Demokratieverliebtheit und Kadavergehorsam, die fast allen deutschen Männern der Jahrgänge

1940 bis 1955 innewohnt. Wenn man die zu bedienen weiß, dann kriegt man sie immer.

Beispiel Günther. Günther ist ungefähr Jahrgang 1947. Er hat seine Outdoorjacke (Karstadt-Eigenmarke) bis obenhin zugezogen. Die Schuhe, Trekking-Standardmodell von Meindl, sind neu und blitzsauber. Seine Frau trägt mehr oder minder das gleiche Outfit, nur aufgelockert durch einen (falschen) Burberry-Schal, der nicht so recht mit dem Mintgrün ihrer Quechua-Jacke harmonieren will.

Günther ist ein Diplom-Ingenieur-Typ. Vermutlich arbeitet er bei einem mittelständischen Betrieb, der als Hidden Champion gilt. Darauf ist er unheimlich stolz. Ich sehe ihn an und weiß, es ist am besten, in TOPS (Tagesordnungspunkten), Bullet-Points und im Stile einer mittelmäßigen PowerPoint-Präsentation zu sprechen, wenn ich ihn für mich gewinnen will.

Und das muss ich auch. Denn in den Jahrgängen 1940 bis 1955 schlummern viele Querulanten.

Wieso? Ganz einfach: Der Führer hat sie (beziehungsweise ihre Väter, Lehrer, Ausbilder, Professoren, Schichtleiter und natürlich auch ihre Mütter) Konkurrenz, Auslese, das Recht und die Pflicht des Stärkeren über den Schwächeren gelehrt. Bebildert hat das die geniale Leni Riefenstahl, eingebrannt haben es die Russen, Briten und Amis in Schützengräben, Bombennächten und Kriegsgefangenenlagern, ebenso die kleinen unschönen KZ-Filmchen, die man sich nach dem Krieg ansehen musste, in denen gezeigt wurde, was der Führer wirklich gemeint und dann auch gemacht hatte. Wenn man diesen Jahrgängen nicht gleich klarmacht, wer das Sagen hat, hat man ständig einen Wadenbeißer in der Gruppe.

Ich sage also: »Morgen! Wir machen das so. Ich gebe Ihnen die Räder, und wir richten sie gemeinsam ein. Wenn alle zufrieden sind…« – das ist das Zugeständnis an den nach dem Krieg verordneten Demokratismus, »… dann fahren wir los, und ich erzähle Ihnen alles über Berlin, was Sie wissen müssen.«

Diese kategorischen Behauptungen sind natürlich Quatsch. Richtig wichtig ist aber nicht der Inhalt der Sätze, sondern der Tonfall, der keinen Widerspruch duldet. Wenn man zudem ein paar hilfreiche Keywords verwenden will, dann ist es immer gut, ins Militärische, aber nicht Kriegerische zu gehen.

Beispiel: Man werfe einen abschätzenden (nicht: abschätzigen!) Unteroffiziersblick über (nicht: in!) die Runde. Dann sagt man: »Gut!« (Pause) »Wir sind heute Morgen zwölf Mann.« Wichtig sind »heute Morgen« und »Mann«. Das Ganze muss tief im Inneren unserer neuralgischen Jahrgänge rüberkommen wie ein Zählappell beim Militär oder besser noch in der Volksschule, deren einziger Lehrer der kriegsversehrte einbeinige Dr. Trechel war. Das »heute Morgen« gibt dem Ganzen den Anschein, als habe man schon seit längerem und noch für ziemlich lange Zeit den Oberbefehl über die Gruppe, und zwar verliehen von einer höheren Gewalt (Gott, die Siegermächte, Adenauer, das schlechte Gewissen gegenüber der Weltöffentlichkeit oder so).

Um nicht doch den Widerspruchsgeist der Männer zu provozieren, empfiehlt es sich, von Zeit zu Zeit unwichtige Entscheidungen zur demokratischen Entscheidung zu stellen. Wer genau wissen will, wie das geht, schlage nach beim großen demokratistischen Führer Konrad Adenauer oder sehe in die Zeitung, denn Frau Merkel kann das auch ganz gut: Finanzmärkte macht sie selbst, Elterngeld darf das Parlament. Man darf aber keineswegs ankündigen oder in Aussicht stellen oder auch nur andeuten, dass die Teilnehmer irgendetwas mitentscheiden dürfen, denn das verunsichert vor allem die Frauen unserer Jahrgänge und reizt die Männer selbst zum Widerspruch. Denn wenn der Führer nicht richtig führt, ist er nicht der richtige Führer, und wenn er nicht der richtige Führer ist, dann ist er gar kein Führer und muss ersetzt werden durch einen richtigen Führer. Und man mag sich lieber nicht vorstellen, was geschähe, wenn einer dieser Diplom-Pimpfe die Führung übernähme.

Als zweckmäßig hat sich erwiesen, diesen Jahrgängen zu verordnen, dass sie etwas entscheiden *müssen*. Und zwar aus heiterem Himmel. Dann werden sie plötzlich ganz klein mit Hut. Auch hierbei gibt es zu beachten, dass das Ganze so vorgetragen wird, dass jeder Widerspruch im Keim erstickt wird.

Ungefähr so: »An dieser Stelle der Tour entscheiden die Tour-Teilnehmer über den weiteren Verlauf. Jetzt gleich Mittagsessen oder erst noch das Jüdische Waisenhaus in der Großen Hamburger Straße ansehen? Das liegt ganz bei Ihnen.«

Daraufhin breitet sich meist große Ratlosigkeit, Verwirrung, Bestürzung im Auditorium aus. Psychologisch gesehen ist das einfach: Man zwingt die Leute aus ihrer Deckung. Irgendeiner muss jetzt etwas sagen. Aber wer? Entweder es opfert sich einer, oder ich sage schließlich: »Na gut, dann entscheide das eben ich.« Und alle Männer sind peinlich berührt, weil sie sich nicht getraut haben. So bleibt man der Führer. Ganz einfach.

Umgang mit Frauen

Hat man es mit reinen Frauengruppen zu tun, wird es schwer. Frauengruppen sind schlimm: unklare Führungsstrukturen mit einer Dynamik, die die Zuständigkeiten ständig wechseln lässt. Alles ist im Fluss. Nie weiß man, mit wem man reden muss, damit alles klappt. Da hilft nur ausgewählte Freundlichkeit; selbst öliger Charme wirkt hier Wunder.

Fünf vor elf: Eine Frauengruppe hat sich angemeldet. Ich setze sie auf die Räder. Nun könnte es losgehen, wäre es nicht eine Frauengruppe.

»He, Sie, gucken Sie noch ma?«, fragt eine resolute Endvierzigerin, Kurzhaarschnitt, »originelle« Brille, praktische Kleidung. Sie könnte ebenso Krankenschwester sein wie Buchhalterin.

»Sicher.« Ich fummle an ihrem Sattel herum. Verdammt, Hände an der Sattelstange verschmiert. Ich frage mich, wieso Stephan, der Werkstattgott, immer so viel Fett da drauf schmieren muss. »Stephan liebt Fett«, meint Zack dazu, als sei das eine hinreichende Erklärung.

»Können Sie noch mal gucken?«

»Aber sicher.«

»Haben Sie Fahrradkörbe?«

»Nee«, sage ich. »Aber Spanngurte.«

Spanngurte sind der erste Schritt zum Trinkgeld – sofern es sich um deutsche Stämme handelt, die den Brauch des Trinkgeldgebens pflegen. Dazu zählen leider nicht alle deutschen Stämme.

Ich stiefele in den Laden und nehme exakt drei Spanngurte vom Halter. Auf dem Halter hängen ungefähr fünfzig. Ich könnte locker zehn nehmen. Aber ich nehme nur drei.

Dafür gibt es einen Grund: Die Damen, denen ich Gurte gebe, halten sich fortan für etwas Besonderes. Das würden sie nicht, wenn sofort jede einen kriegte. Außerdem kann ich, nachdem ich einer Dame einen Gurt ausgehändigt habe, noch ein weiteres Mal in den Laden gehen, um einer weiteren Dame einen Gurt zu holen, wieder nur für sie. Ich gehe lieber noch mal, noch mal und noch mal in den Laden, für jede der Damen extra, als ihnen das Gefühl zu geben, sie seien alle gleich.

Die Frauengruppe quakt los: »Gibt's hier eine Toilette?«

»Ich will lieber ein Fahrrad mit Rücktritt.«

»Quak, quak, quak.«

Verstehe: Es wird Zeit, dass es richtig losgeht.

»Halt! Stopp! Alle mal herhören!«, rufe ich.

Der Haufen verstummt. Acht Augenpaare – drei davon hinter Sonnenbrillen, obwohl es bewölkt ist – starren mich an.

»Schönen guten Morgen. Willkommen bei Colorful Bike Rides. Ich bin Christian, euer Guide. Ich bin Historiker. Wir machen heute gemeinsam eine Fahrradtour durch Berlin.«

Das sind meine Worte. Mein Tonfall aber sagt: Ihr hört zu, ihr haltet die Klappe, ihr macht, was ich sage. Für die nächsten viereinhalb Stunden seid ihr in meiner Hand. Und ich weiß, dass es euch gefällt.

Sie lächeln. Sie lächeln tatsächlich. Und nachher, um halb vier, werden sie glückselig sein. Man muss die Leute nicht immer glücklich machen, aber man sollte sich darum bemühen. Denn der Weg ist bei diesem Job wirklich das Ziel.

Was geht, was fährt, was schwimmt

Es gibt nun nicht nur Radtouren und Segway-Touren, wenngleich man im Stadtbild oft den Eindruck gewinnt, sie machten den größten Anteil an den Fremdenführungen aus. Es gibt Touren mit allem, was sich bewegt oder jemanden bewegt, der sich selber nicht bewegt. Ein Bus zum Beispiel.

Es ist windig, es nieselt. Die Touren fallen alle aus. Natürlich nur die deutschsprachigen. Die englischen finden mit einer Handvoll hartgesottener Engländer und Kanadier statt und die spanischsprachigen sowieso. Wahrscheinlich denken die Spanier, das Wetter sei hier immer so beschissen, und hoffen gar nicht auf Sonnenschein. Vielleicht gehört der Regen für die Iberer zum Berlin-Trip wie für unsereinen nasse Klamotten zur Wildwasserbahn oder zur Orca-Show auf Teneriffa.

Anyway, meine Tour fällt aus. Ich begebe mich daher mal wieder in mein »Großraumbüro« in der Staatsbibliothek. Es ist Viertel vor eins, Mittagessenszeit. In der Cafeteria-Ecke neben den ratternden Getränke- und Snackautomaten sitzen Examenskandidaten aller Studienrichtungen in Zweiergrüppchen – meist Männlein und Weiblein. Blasse Gesichter, Sweatshirts, Brillen. Sie stochern alle (alle!) in Tupper-Näpfen, in denen sie ihr Mittagessen mitgebracht haben.

Ohne meinen Schritt zu verlangsamen und ohne dass man es mir anmerkt (hoffe ich jedenfalls) checke ich die Anwesenden. Fast alle sind mindestens um die dreißig. Das heißt, die Leute mit den Tupper-Näpfen sind Doktoranden. Was wiederum bedeutet, dass sie bereits seit gut zehn, zwölf Semestern studieren – fünf, sechs Jahre. Und jetzt sitzen sie unter Neonlicht, stochern in Plastiknäpfen herum und schieben sich kalte Nudeln in den Mund, und wenn sie nach Hause kommen, blicken sie in die Briefkästen und finden Rechnungen, Fachzeitschriften und wieder keine Antwort auf den beantragten Forschungsaufenthalt in Italien oder auf das Elite-Stipendium.

Grundgütiger! Was für arme Schweine.

Und ich? Bin ich besser dran? Ich sitze mitten unter ihnen, mit meinem blöden Roman, von dem ich nicht mal weiß, ob ich ihn selber lesen würde.

Nachdem ich im Lesesaal einen freien Platz gefunden und ein paar Minuten auf den blinkenden Cursor geglotzt habe, beschließe ich, dass es Zeit zum Mittagessen ist. Gut ist dafür (Geheimtipp!) die Cafeteria des Grimm-Zentrums.

Das Grimm-Zentrum ist nicht etwa das Institut für Aggressions- und Frustrationsforschung, sondern die Universitätsbibliothek der Humboldt-Universität zu Berlin (kurz: die Cafete der UB der HU). Der Name kommt von … genau: den Brüdern Grimm.

Das Essen ist ganz gut, das Ambiente ganz nett, und die anderen Gäste sehen zum Teil legendär aus. Jedenfalls dann, wenn man auf Studentinnen und modebewusste Menschen steht. Die männlichen Essenden hingegen sind eher blass. Würde selbst Jerome sagen, glaube ich.

Ich hole mir ein überbackenes Baguette, das nur halb

überbacken ist. Die andere Hälfte ist eiskalt, ebenso wie der Nudelsalat mit Preiselbeer-Dressing. (Tipp zum Geheimtipp: Am besten Abgepacktes nehmen, da kann das notorisch stümperhafte Personal der öffentlichen Berliner Einrichtungen nichts falsch machen.)

Während ich so da sitze und meinen Facebook-Account checke, höre ich eine monotone, leiernde Stimme aus ein paar Lautsprechern blechern. Neugierig stehe ich auf und suche die Quelle der Stimme. Fündig werde ich im angrenzenden UB-Foyer zwischen dem Gebührenautomaten der Bibliothek und dem Treppenhaus zum WC-Trakt im Keller (noch ein Geheimtipp: Dort finden sich die zweitbesten öffentlichen Toiletten im Touri-Sektor nach denen im Zeughaus, dem Historischen Museum). Dort, im Foyer, sitzt ein alter Mann, der aus einem Buch vorliest, auf einem roten Kunstledersessel vor geschätzt sechs Zuhörern. An einer Säule klebt ein Plakat: *14. internationales literaturfestival berlin*. Natürlich ist alles kleingeschrieben – das ist Siebziger-Retro.

Der arme, alte, kleine Mann ist also ein Schriftsteller. Er kann nicht ganz unberühmt sein, sonst wäre er nicht zu diesem »festival« eingeladen worden. Und er liest in einem Zentrum, das nach den Brüdern Grimm benannt wurde – während ungefähr sechzig desinteressierte Studierende ihr Futter verdrücken und sich entweder dabei unterhalten oder auf ihren Smartphones rumwischen (oder beides gleichzeitig).

Das ist also das Schriftstellerleben. Vielleicht werde ich doch lieber hauptberuflich Guide? Aber soll ich mein Leben lang auf zwei Rädern rumfahren? Ganz unanstrengend ist das ja auch nicht. Ich könnte es mal mit Bussen oder Booten versuchen, denke ich.

Mal langsam kommen lassen, mal schnell kommen lassen

Oft genug habe ich neidisch die motorisierten Kollegen an mir vorbeidonnern sehen und wurde mit schwarzen Wolken aus einem anderen technischen Zeitalter vollgequalmt, während ich die zitternden Touris auf ihren Segways die Linden runterführte. *Bus-Guide – warum eigentlich nicht? Dann wär ich da oben und nicht hier unten*, fuhr es mir dabei durch den Kopf.

Als ich eines Augusttages vor einem spätsommerlichen Platzregen Schutz unter dem Dach eines Doppeldeckerbusses suche und ein spontanes Bewerbungsgespräch beginne, habe ich Glück: Herr Bussigmeier (sic!) lässt mich eine Probetour machen. »Gucken wer mal, wat Se druffham.«

Endlich mal einer, der richtig berlinern kann, denke ich. Einer, der noch »icke« und nicht »isch« sagt wie die bei mir im Wedding.

Herr Bussigmeier ist Herr über ein halbes Dutzend uralter Doppeldeckerbusse. (»Halbes Dutzend, also sechse, weeste?«) Unter sich hat er ebenso viele Dauerstudenten, die Flyer verteilen und die Busse nicht betreten dürfen, sowie eine Enkelin namens Jasmin, die sich für wer weiß was hält, weil sie die Tickets für die Touren am Alex oder am Lustgarten verkauft.

Jasmin mustert mich prüfend, als ich mich an meinem ersten Tag einfinde, in schwarzer Jeans und einem weißen Hemd. Also in einer Art Kellnerdress. Das ist hier Vorschrift. Die Flyer-Studenten und Jasmin tragen hingegen rote T-Shirts mit dem Logo des Unternehmens. Ich trage aus Prinzip keine Unternehmens-T-Shirts, auch bei Colorful

Rides nicht. Schließlich bin ich – jeder soll es wissen oder wenigstens ahnen – Historiker. Mein verehrter Professor, der große Hans Mommsen, hat die Studie über den VW-Konzern in der NS-Zeit bestimmt auch nicht in einem T-Shirt geschrieben, auf dem *Sag doch einfach, wir fahrn Golf* stand.

»Ick teil dir ma Artschi zu. Hälsde der an den«, sagt Bussigmeier.

Archie – so heißt er – ist Ende zwanzig, klein, drahtig und das größte Filou, das man sich vorstellen kann. Eigenartigerweise berlinert er überhaupt nicht. Uneigenartigerweise ist das klar: Er stammt aus Gelsenkirchen. Und so spricht er auch: »Hömma, die Möhre muss getz ma wat saufen. Kommsse mit?« Er meint damit offenbar, dass er den Doppeldeckerbus betanken will. Ich nicke, springe auf und setze mich in die erste Reihe.

»Un selbs?«, fragt Archie.

Ich fasse meinen Lebenslauf zusammen.

»'n Studiertn, so«, lautet sein Kommentar.

Ich frage: »Und wie läuft's so?« Einfach nur, um ihn zum Reden zu bringen.

»Hm, ma so, ma so.« Im Pott gilt das schon als geschwätzige Antwort.

Solche Archies kenne ich aus meiner Studienzeit. Am besten quatscht man mit denen nicht viel. Aber sich nur hinsetzen und schweigen ist auch Mist.

»Scho ma Guide gewesen?«, fragt Archie.

Wie es meine Art ist, will ich zu einem längeren Vortrag ausholen und ihm alles über Colorful Rides, Fahrradstationen und die Segways erzählen, doch rechtzeitig rastet mein Ruhrpott-Relais ein, und ich sage: »Mim Farrad, drittes Jahr getz.«

Archie nickt und dreht am Lenkrad, als müsse er eine Gaspipeline nach Kasachstan öffnen.

»Servolenkung is nich, oder?«, sage ich.

»Is noch echte Handarbeit«, erwidert Archie, und wir gondeln mit grölendem Motor durch Moabit.

Moabit ist das Viertel, das direkt hinter dem neuen Hauptbahnhof und unweit des Kanzleramts liegt und von beiden niveaumäßig nicht weiter entfernt sein könnte. An sich ist Moabit eine Art Stadtteil von Duisburg, der sich neben dem Schloss Bellevue breitgemacht hat. Der Migrationsanteil in den Schulen liegt bei 99 Prozent, der der Kinder aus Haushalten, die von staatlichen Transferleistungen abhängig sind (also arme Leute ohne Aussicht auf Besserung), bei etwa 70 Prozent. Zwischen Graffitis befinden sich in loser Reihenfolge diverse Helal-Metzger (Helal ist das koscher der Muslime. In der Praxis bedeutet das, dass in der Schlachtfabrik in einem Glas-Kontor ein Imam sitzt und den ganzen Tag vor sich hinbetet.). Des Weiteren zieren Dönerbuden, Moscheen, Bordelle mit Russinnen und Thaimädchen den Stadtteil sowie Läden, in denen alles, was Kinder in China herstellen, verkauft wird. Dann gibt es so etwas wie Industriereste, also Lagerhallen, zerfallene Fabriken, ausgebrannte Werkstätten, in denen gelegentlich ein Auto umlackiert wird. Und noch etwas gibt es in Moabit: das Hells-Angels-Headquarter.

Archies Handy klingelt. Er geht natürlich in voller Fahrt ran: »Jau – jau – jau – hoffen wer ma – jau.« Er legt auf. »Der Chef. Solln fix machen.«

Er steuert auf einen Gewerbehof und stoppt den Bus am Ende einer Reihe von LKW und Bussen, die an einer Tanksäule warten. »Hömma, hassen Führerschein?«

Ich nicke.

»Schomma Bus gefahrn?«

»Nö.«

»Hier issas Gas, hier is Kupplung, is wie normal. Pass auf, dasser dir nich absäuft.« Er steht auf.

»Und was machst du jetzt?«, frage ich.

»Ich« – er zeigt rüber auf die andere Straßenseite, wo *Sweet Angel-Club 2* an einer Hauswand blinkt – »ich lass mir getz ma'n Kopp freiblasen.« Und weg ist er.

Ich sitze am Steuer eines Doppeldeckerbusses und fürchte mich vor dem Moment, an dem die Schlange vorrückt. Zum Üben lasse ich die Kupplung ein bisschen kommen und gebe Zwischengas. Es rumort und rumpelt unter mir. Gleich macht der Doppeldeckerbus vermutlich einen Satz.

Wie es immer so ist: Wenn man wartet und ausnahmsweise einmal hofft, dass es *langsam* vorwärts geht, dann geht es erstaunlich schnell voran – das gilt auch fürs Betanken von Lastwagen. Der Truck vor mir zieht vor. Jetzt muss ich auch. Ein Blick in den Rückspiegel: Hinter mir ist keiner. Okay, dann bleibe ich erst mal so stehen. Müssen die so hetzen? Diese Lastwagen- und Busfahrer bewegen sich hier wie die Heinzelmännchen.

Da taucht hinter mir ein Laster auf. Mist.

Ich lasse die Kupplung kommen, gebe Gas, löse die Handbremse, ganz, ganz butterweich, und … abgewürgt. Verdammt! Durchatmen. Ich ziehe die Handbremse wieder an, starte. Nichts tut sich. Ich blicke schwitzend aufs Armaturenbrett: Hat der irgendeine elektronische …? Nein, hat er nicht, dafür ist der viel zu alt.

Mir fällt ein, wie ich einmal das Verdeck eines Renault Mégane nicht zugekriegt habe – immerhin mein Dienstwagen, als ich bei ProSieben Redakteur war. Es war am Hafen von Andratx. Aber das hilft mir jetzt auch nicht weiter.

Ich versuche, den Bus zu starten. Der Fahrer hinter mir orgelt mit der Lichthupe rum.

Dann geht die Fahrertür auf. Meine Fahrertür.

Archie steht da. »Rück ma rüber.«

Ein Handgriff, und das Ding ist an. »Betty war nicht da. Aber so'ne feiste kleine Schwatte, aber Mannomann, war die fix, anblasen, zureiten, ich komm mir vor wie Black Beauty. Willsse auch ma eben rüber? Die schafft dich au noch, bis wer hier durch sind.«

Danke, ich bin schon geschafft …

Einige Tage später geht es endlich los mit den Bussen und Archie. Draußen nieselt es. Zur Fahrradtour wäre kein Mensch gekommen, aber hier drinnen, im Warmen, sitzen ungefähr fünfzehn Leute. Das heißt, sie sitzen oben. Ich stehe unten bei Archie am Armaturenbrett, weil da das Mikro ist, in das ich sprechen muss. Ich könnte eigentlich hochgehen und ohne Mikro reden, aber Archie meint: »Hier issas Mikkro. Spul einfach den Text ab.« Dann hat er mir einen Schnellhefter mit eingetüteten, kopierten Texten zu den Sehenswürdigkeiten in die Hand gedrückt.

Der Bus zuckelt los. Die Windschutzscheibe ist bald beschlagen, und es ist außer dem Regen, den die alten Wischerblätter nur verschmieren, nichts zu sehen.

Ich lese tapfer vor: »Zur Rechten sehen Sie das Marx-Engels-Forum, eines der architektonischen Artefakte der untergegangenen DDR. An diesem Ort befand sich bis zur gewaltsamen Machtübernahme der Kommunisten das historische Altstadtzentrum Berlins. Obwohl man es hätte restaurieren lassen können, ließen es die neuen Herren in Stalins Satellitenstaat abreißen.«

Ich blicke vom Text auf und versuche zu erahnen, was die Leute da oben sehen: einen Bauzaun, ein paar Kräne. Von Marx, Engels und einem Forum ist mit Sicherheit nichts zu erkennen. Ich deklamiere weiter: »Wir kommen nun zum Wiederaufbau des historischen Hohenzollernschlosses. Der Erweiterungsbau von Andreas Schlüter, vom ersten preußischen König Friedrich I. errichtet, gehört zu den Artefakten des europäischen Barocks.«

Und so geht es weiter: hanebüchene Formulierungen, voll mit Artefakten und antikommunistischer Propaganda, die ich ablese, während draußen der Regen die Scheiben hinabrinnt und ich mich längst auf die Stufen des Vordereingangs gesetzt habe, weil das Kabel zu kurz ist, um damit einen richtigen Sitzplatz zu erreichen.

Am Ende der anderthalbstündigen Tour klettern die Touris kommentarlos die Treppe vom Oberdeck herunter und verlassen den Bus, ohne Trinkgeld zu geben. In mir breitet sich ein Gefühl aus, als hätte mich meine Freundin abserviert.

Archie sagt: »Du muss mehr Schau machen.«

Der Satz kommt mir irgendwie bekannt vor. Hat das nicht mal einer der Nachtclub-Besitzer zu John Lennon gesagt, nach dem ersten Auftritt der Beatles auf der Reeperbahn?

Archie drückt mir eine Tabelle in die Hand. *Berliner Schnauze* steht drauf. Ich überfliege sie:

Kanzleramt – Waschmaschine
Haus der Kulturen der Welt – Schwangere Auster
Kita des Bundetages – Titty Twister
Fernsehturm – Telespargel oder Rache des Papstes

Und so weiter und so fort. Mich schaudert. Kein Mensch benutzt diese Begriffe mehr, seit Günther Pfitzmann und Harald Juhnke über den Ku'damm sind. Vielleicht ab und an die Lokalpresse, aber ich habe so etwas noch nie aus dem Mund eines Berliner Bürgers gehört. Wobei ich zugeben muss, dass ich mich selten in Wilmersdorf oder Tegel aufhalte, wo das Westberlinerische noch Schutzreservate besetzt halten soll.

Aber ehe ich Schwangere Auster sage …

Ich sehe, wie Bussigmeier und Archie miteinander reden. Als ich aussteige, macht Archie sich schnell aus dem Staub. Bussigmeier schlendert auf mich zu: »So, det war wohl nischt, wa?«

Ich denke: *Sie haben doch gesagt, ich soll mich an den Text halten*, halte aber die Klappe.

»Na, det wird schon, junger Mann. Alla Anfang is schwer.«

Dass ich ungefähr schon hundertmal den Fahrradguide gemacht habe, interessiert hier keinen. Nein, hier gilt das Gesetz der Busspur. Das ist ungeschrieben und mir noch ziemlich unbekannt. Wenigstens muss ich den Doppeldecker nach der Tour nicht an einem Haken an der Decke aufhängen.

Abends gehe ich zum Training. Immerhin – das schaffe ich nach einer Radtour nicht mehr.

Trotzdem: Nach ein paar Wochen muss ich einsehen, dass das mit mir und den Bussen nichts wird. Ich will mir weder den »Kopp freiblasen« lassen noch irgendetwas vom Blatt ablesen, was ich so nie sagen würde und was eh keinen interessiert. Ich will die Leute sehen, mit denen ich rede. Und ich will dahin fahren, wohin ich will.

Außerdem will ich mein Trinkgeld nicht teilen. Denn

Archie hat mich am Ende jeder Tour abgepasst, als wollte ich mit der Kasse türmen. Teilen war seine Devise. Das Problem: Er ging immer davon aus, dass ich ihn bescheiße. Das heißt, er unterstellte mir ein viel höheres Trinkgeld-Aufkommen, als tatsächlich vorhanden war. »Komm, dat issoch getz nich dein Earnst, ne?«, lautete sein Standardspruch.

Ich, blöd, wie ich bin, hielt ihm die Münzen hin, die man mir gegeben hatte, und die auch nur deswegen, weil ich mich dermaßen penetrant am unteren Treppenabsatz hingestellt hatte, dass man mich fast umrennen musste – da begriffen selbst die Doofsten, dass die komische Stimme nicht vom Band, sondern aus mir herauskam und ich vielleicht ein bisschen Kleingeld brauchen könnte. Man ist halt ein Bettler, ein Dieb, ein Vagabund und ein Lügenbaron in diesem Gewerbe.

Archie grabschte sich jedesmal meine Kröten, während ich dastand wie ein Schuljunge. Er zählte. »Dat issoch nich wah!« Daraufhin steckte er alle Münzen in seine Hosentasche und sah mich fordernd an. Ich kam mir vor wie eine der Bordsteinschwalben auf der Oranienburger Straße, wenn der Lude zum Abkassieren kommt.

»Mehr war nich.«

»Komm getz«, insisierte Archie jovial.

Ich fragte mich, ob ich ihm sagen sollte, dass ich einen Braungurt im Karate habe.

»Und ich sach noch: Mach mer Schau! Dann isser Bus au nich so leer!«

Ich bin mir sicher, dass kein Zusammenhang zwischen dem Inhalt meines Vortrages, der Art des Vortrages und der Anzahl der Teilnehmer besteht, weil die Entscheidung, an der Bustour teilzunehmen, gänzlich ohne mein Zutun, ja, ganz ohne meine Anwesenheit fällt. Außerdem verstehe ich nicht, wie ich unten Schau machen soll, wenn die Gäste *oben* sitzen und mich gar nicht sehen.

Mir reichts. Ich will wieder an den Fernsehturm oder den Bahnhof Zoo, wo ich die Leute gleich anquatschen und für mich einnehmen kann, wenn sie vor dem Fahrradladen auftauchen und schüchtern in den Flyer blicken.

Archie schnaubt: »Ey, hab ich gedacht, du hätts mehr drauf.«

Ich hebe schweigend eine Augenbraue. Den Rhetoriker trennt vom Schwätzer das Schweigen im rechten Moment.

Das war's. Bussigmeier lässt seine Tochter oder Schwester oder Schwägerin noch ein paarmal auf meine Mailbox quatschen, dann lassen sie's gut sein.

Allerdings: Die Busspur wird man nie mehr ganz los …

Zehn Tage nach meinem Abschied. Ich bin müde. Die letzte Tour war doof. Nicht die Leute, die waren wie immer: sieben Westdeutsche, interessiert, fit, Trinkgeld 7,20 Euro (wie immer knauserig, wenn niemand aus Baden-Württemberg oder der Schweiz dabei ist). Auch das Wetter war gut.

Aber es war trotzdem doof. Ich war nicht bei der Sache. Mein eigenes Geschwätz hat mich gelangweilt. Ich kam mir wie ein unanständiger Leichenfledderer vor, weil ich mit dem Leid von Kriegsopfern, Sozialfällen und Idioten Geld verdiene. Meine persönliche Horrorschau – aber der Zirkusdirektor hat Skrupel. So sollte es eigentlich nicht sein.

Ich sitze missmutig auf meinem Roller und fahre vom Bahnhof Zoo Richtung Mitte, passiere die Siegessäule und stehe an der Ampel vor dem Brandenburger Tor. Da hupt ein Bus. Ich erkenne den Fahrer: Es ist Archie. Er winkt: Ich soll rüberkommen. Und was mache ich Idiot? Fahre tatsächlich rüber zur Haltestelle der Tourbusse links vom Brandenburger Tor.

Archie begrüßt mich wie einen alten Freund. Oder wie ein Lude sein entlaufenes Mädel. Oder ein kleiner Dealer seinen entschwundenen Stammjunkie.

»Alles am Staat?« (Er meint Start.)

Ich antworte mit dem Standardsatz: »Muss, ne?«

»Und, wie isst Geschäft?«

Oh, Monsieur gibt sich eine Blöße, denke ich. »Wie immer«, sage ich, um ihn zum Reden zu bringen.

»Machsse nich mehr Busse?«

Na, der scheints ja nötig zu haben, denke ich. »Komm ich nich zu«, sage ich.

Er nickt.

Jetzt kommt es drauf an, wer das Schweigen länger aushält. Knicke ich ein und erkläre, was ich alles so mache oder auch nicht mache und warum ich das mit den Bussen drangegeben habe? Oder kommt er aus der Deckung?

»Machsse da pro Schicht?«, fragt Archie. (Er möchte wissen, was ich pro Tour bei den Rad-Anbietern kriege.)

»Kommt drauf an«, antworte ich und lege eine Kunstpause ein. »Wenn Schweizer dabei sind …«

»Quatsch keine Opern!« Archie wird direkt. Die Straße greift mit ihrer stinkenden Kralle nach mir.

»Achtzig, manchmal hundert«, lüge ich.

Archie nickt. »Soll ich ma mit Bussigmeier sprechen?«

»Braucht ihr Guides, oder was is los?«

»Alles Nulpen.« Archie nickt. Alles klar: Sie haben also keine Guides, die den Mist machen. Oder die, die sie haben, sind unzuverlässig.

»Nur, wenn ich oben stehen darf und sagen, was ich will.«

»Hmm.« Archie nickt.

»Ich muss los«, sage ich, schwinge mich auf den Roller und bin weg. Ich weiß: Der ruft nie im Leben an.

Käpt'n Bimmel

Ich bewerbe mich bei einem Bootstour-Veranstalter – und so lerne ich Käpt'n Bimmel kennen. Das ist ein Typ, der am Spreeufer in der Innenstadt steht und eine Glocke schwenkt, Touristen anlockt, Auskunft gibt, Flyer verteilt und bei alldem viele doofe Sprüche klopft. Sein Lieblingsspruch ist der Reim auf seinen angeblichen Namen: Käpt'n Bimmel mit dem dicken … »Hals«, ergänzt er dann immer. Unheimlich originell.

Die Guides, die hier »Reiseleiter« heißen, lieben ihn alle heiß – oder gar nicht. Denn obwohl Käpt'n Bimmel nichts anderes ist als ein Flyer-Verteiler, spielt er sich auf wie der Geschäftsführer der Berliner Tourismusbehörde. Er quatscht leidenschaftlich auf die Mädels ein, die die spanischen Touren leiten. Anna ist sein bevorzugtes Opfer. Sie spricht kein Wort Deutsch, studiert Philosophie und will ihre Masterarbeit über Heidegger schreiben. Wie sie das hinkriegen will ohne Deutschkenntnisse, weiß ich zwar nicht, aber sie ist wild dazu entschlossen. Nun ja, vielleicht versteht man Heidegger auch besser, wenn man kaum Deutsch kann. Wenn man ihn überhaupt verstehen will.

Anna ist, wie viele Spanierinnen in Berlin sind: ganz süß, weil sie jung ist, aber in wenigen Jahren ist der Lack ab, denn sie raucht wie ein Schlot, treibt keinen Sport und ernährt sich vor allem von Kuchen und Kaffee mit viel Zucker. Übrigens sind die meisten Spanier in Berlin gar keine echten Spanier, sondern Katalanen. Für uns sind sie natürlich Spanier, so wie Hessen für uns Deutsche sind. Aber die Katalanen selber sind hundertprozentig davon überzeugt, dass das Katalanische eine eigene Sprache ist. Das mag linguistisch stimmen, für alle Nichtkatalanen ist es nicht mehr als ein komischer Dialekt. Obwohl das gesamte Alltagsleben der Katalanen in ihrer Mundart stattfindet, behaupten sie, sie würden unterdrückt. Nun gut, Unterdrückung ist ein subjektives Gefühl; die Mädchen auf meinem Gymnasium haben in den Achtzigern auch stets behauptet, sie würden unterdrückt, während sie uns Jungs herumschikanierten.

Anna ist also Katalanin, aber mit mir spricht sie netterweise spanisch. Englisch – sagt sie – könne sie auch. Deutsch kann sie gerade mal lesen.

Anna wird von Käpt'n Bimmel geradezu verfolgt. Er quatscht unablässig auf sie ein, sobald er sie sieht, als sei sein Berliner Dialekt eine Abart des Katalanischen (er kann kein Spanisch). Anna lächelt dann stets, nickt und sagt: »Si, si.« Was ungeschickt ist, weil Bimmel dies als Ermutigung begreift, hemmungslos weiterzutexten.

Mir tut das Mädchen leid, aber manchmal glaube ich auch, dass die Szene ein schlimmes Schlaglicht auf das Geschlechterverhältnis wirft. Männer quatschen Frauen zu, Frauen sagen »Si«, denken sich ihren Teil und tun nichts dagegen. Oder sie denken gar nicht, was eine Art Übung in Meditation wäre. Es wäre in etwa so, wie wenn Käpt'n Bimmel auf Baskisch auf mich einquatschen würde und ich nur lächele, nicke, »Si« sage und dabei unbeeindruckt an etwas ganz anderes denke.

Käpt'n Bimmel mit dem dicken Krawattenknoten und ich wurden keine Freunde. Anna habe ich auch bald aus den Augen verloren. Aber dafür hatte ich mit ganz vielen lebenden Tote zu tun: den Bootstour-Teilnehmern. Wenn man die überhaupt so nennen kann, denn teilnahmsloser habe ich Leute nie eine Fremdenführung erdulden sehen.

Ich habe nur wenige Bootstouren absolviert. Noch weniger als Bustouren. Mir sind dabei ein paar Fragen gekommen:

1. Warum sitzen die Leute selbst bei beschissenstem Wetter in Nieselregen, Fahrtwind und Dieselrauchschwaden draußen auf dem Oberdeck?
2. Warum gibt es einen Live-Erklärer, wenn die Leute weder zuhören noch sich wirklich für den Kram interessieren und darüber hinaus die Erklärungen kaum mehr beinhalten als das Offensichtliche? (»Sie sehen zur Linken den Reichstag.«)
3. Warum läuft während der ganzen Tour das Radio im Hintergrund?

Es gibt hierauf keine wirklich sinnvollen Antworten. Boote sind für Tote. Und damit nichts für mich.

ÖPNV

Ganz schlimm sind Touren mit öffentlichen Verkehrsmitteln. Okay, einige Touren, vor allem die zu Fuß, funktionieren nicht, ohne dass man mal für ein kleines Stück die S-Bahn, die U-Bahn oder den Bus nimmt. Das sind dann zwangsläufig Linien, die ohnehin voller Touristen sind.

Manche Touristen wollen aber unbedingt ganz viel sehen und mit dem ÖPNV hin- und herfahren. Es gibt geradezu echte ÖPNV-Freaks. Mir ist das fremd, aber in den Schaukästen auf den S-Bahnsteigen hängen Plakate, die bewerben Führerstand-Videos. Das sind keine Aufnahmen von Onkel Adolf bei der Gymnastik, sondern Filme, die aus dem Cockpit von S-Bahn-Zügen während der Fahrt aufgenommen worden sind – geordnet nach Linien natürlich. Also kann man sich zum Beispiel kaufen *S1, Heinersdorf nach Wannsee*. Echt spannend: Eine Stunde lang sieht man Schienen vor sich, links und rechts ziehen mal Häuser, mal Kiefernwäldchen, mal Kleingartenanlagen vorbei. Früher, als ich noch Haschisch geraucht habe, hätte mich so etwas begeistert. Jetzt kenne ich nur eine einzige Person, die auf so etwas steht: meinen Neffen. Der ist acht. Und kennt den gesamten S- und U-Bahn-Plan von Berlin auswendig. Das ist normal – Kinder lernen ja die merkwürdigsten Dinge auswendig, einfach, weil sie sich für etwas interessieren und weil sie so leicht auswendig lernen. Ich selber konnte mit sieben die Basisdaten aller Flugzeugträger der Welt auswendig.

Es gibt also erwachsene (!) Menschen, die den öffentlichen Personennahverkehr lieben. Das ist legitim. Sie bezahlen schließlich dafür – für den Guide und auch für den Fahrschein. Sie würden nie im Leben schwarzfahren. Leute aus der Provinz haben viel zu viel Angst davor, dass alle sie anglotzen, wenn es heißt: »Darf ich mal ihren Fahrschein sehen?«, und sie murmeln müssen: »Hab keinen.« Den allermeisten Berlinern ist das hingegen scheißegal. Schwarzfahren ist in Berlin ein Volkssport – im Idealfall mit einer offenen Flasche Sternburg Pils in der Hand. Berliner fahren dauernd schwarz. Außer, sie haben eine Monatskarte, die hier *Umweltkarte* heißt und meist vom Arbeitgeber oder der Uni bezahlt wird.

Manche Gäste sind geradezu versessen darauf, zwischen normalen Berlinern Bus, Tram, U-Bahn oder S-Bahn zu fahren. Wenn sie sich dabei auch benehmen würden wie Berliner, würde es gehen.

Der normale Berliner steigt in ein öffentliches Verkehrsmittel ein und schafft es, ohne Hinzugucken freie Plätze zu orten und ohne die Mitreisenden anzusehen herauszufinden, ob die Plätze frei sind oder nicht und ob von den anderen Insassen einer S-Bahn-Sitzgruppe eine Gefahr ausgeht oder nicht. Wie das geht, weiß ich nicht, ich kann es aber auch.

Normalerweise ist einem als Berliner nichts richtig peinlich. Das ist für die meisten Menschen der Hauptgrund, in diese Stadt zu ziehen. Weil niemandem etwas peinlich ist, gibt es Auswüchse aller Art. Es gibt alle erdenklichen sexuellen Spielarten. Es gibt alle Musikstile. Es gibt Restaurants aller Geschmacksrichtungen, sogar welche, in denen totale Dunkelheit herrscht (die sind bei Touris recht beliebt). Es gibt Technopartys, die von sechs Uhr morgens bis zehn Uhr abends gehen und »Pre-Hour-Party« oder »Frühclub« heißen. Es gibt Geschäfte für Schwarzwald-Wurst, Erzgebirgs-Schnitzwaren und Gemüse aus Bangladesh. Man kann in Berlin nackt herumlaufen oder, noch schlimmer, so wie viele Berliner Szenefrauen, die aussehen, als müssten sie die alten Sachen ihrer Mütter aus den frühen Siebzigern auftragen.

Nein, dem Berliner ist fast nichts peinlich. Aber man würde lieber nackt in der S-Bahn fahren, als mit einer Gruppe von blitzsauberen, ordentlich in Outdoorkram gewandeten, mit Reiseführern versorgten Mittvierzigern und Mittfünfzigern in selbiger gesehen zu werden. Ständig möchte ich vor Scham im Boden versinken. Ich versuche schon beim Einstieg so zu tun, als gehörte ich nicht dazu. Aber das funktioniert nur etwa 30 Sekunden. Dann quakt Henni aus Unna: »Christian, ist das da das Kanzleramt?«

In mir schreit mein anderes Ich: *Du dusselige Schnepfe aus Werweißwo, hast du das dämliche Ding nicht schon zehntausendmal in deinen elenden Acht-Uhr-Nachrichten gesehen?* Mein Guide-Ich hingegen nickt und sagt: »Das ist die Nordfassade. Leider nimmt der Fassadenstein das Wetter stärker an, als von den Architekten beabsichtigt.«

Die Truppe hat sich sofort um mich geschart wie eine Kindergartengruppe um eine Palette Überraschungseier. Ich kann durch die Wand von Outdoortextilien das genervte Schnauben der Berliner Fahrgäste hören.

»Dat müssen die ma orendlich sandstrahln«, meint irgendeiner meiner Touris.

Oh Gott, denke ich.

Wenn man sie auf Fahrräder setzt, hat man sie unter Kontrolle. Man kann mit ihnen an Straßenecken halten, wo sie keinen belästigen. Man kann sie in Schach halten. Aber hier? Sie belästigen in Wort und Präsenz wehrlose Berliner, die arbeitende Bevölkerung. Von solchen Leuten gibt es hier eh schon zu wenig. Man sollte diese dauerlabernden, neunmalklugen Volksbelästiger nicht aus dem Touristenghetto rauslassen.

»Da! Da ist der Potsdamer Platz!«

»Da, das ist die Siegessäule.«

Nee, das ist der Dildo von Friedrich dem Großen!

Sieht man einen Touristen in seinen ordentlichen Klamotten in einer normalen S-Bahn, überkommt einen das gleiche Gefühl wie beim – sagen wir – Anblick eines Flamingos auf einem Kinderspielplatz. Man denkt: Der gehört hier nicht hin; ruf irgendwo an, der soll hier weg.

»Nächste müssen wir raus«, sage ich. Natürlich wollen Jens und Franziska widersprechen, denn sie stehen schon seit Minuten vor dem großen ÖPNV-Übersichtsplan. Aber ich dulde keinen Aufstand. »Raus hier!«

Als wir am Hackeschen Markt aussteigen, geht's wieder. Und zwar, weil es die Station Hackescher Markt ist. Sonst geht's nicht. Denn meine Gäste steigen meist aus der S-Bahn aus und bleiben dann sofort stehen. Es ist wie in Disneys *Dschungelbuch*-Film in der Szene, in der die Elefanten hintereinander marschieren und der Panther brüllt: »Kompanie, Halt!« Der erste Elefant bleibt stehen, und alle anderen rennen auf den Vordermann rauf – Massenkarambolage. So etwas passiert, wenn Touristengrüppchen in Berlin aus einem öffentlichen Verkehrsmittel aussteigen. Es passiert übrigens auch, wenn sie etwas betreten, etwa eine Dönerbude. Sie kommen rein, bleiben sofort stehen, sehen nach links und rechts. Keiner kommt an ihnen vorbei. Was erwarten sie von einem Geschäft, über dem »Döner-Center 3« steht? Eine Feinkost-Theke?

Nur am Hackeschen Markt regt sich kaum einer auf, wenn andere Leute im Weg rumstehen. Denn alle, die da rumlaufen, sind selbst Touristen. Und die, die dort nicht Touristen sind, leben vom Tourismus. Deshalb sind sie zwar nicht freundlich, aber sie halten die Klappe. An den Stationen davor und danach, also Alexanderplatz und Friedrichstraße, sieht das schon anders aus. Beides sind Mega-Umsteige-Bahnhöfe für die Arbeitenden und Studierenden. Wer hier sinnlos in der Gegend rumsteht, kann froh sein, wenn er nicht einfach weggerempelt, umgerannt und platt getreten wird. (Tipp: Gehen Sie der arbeitenden Bevölkerung Berlins aus dem Weg, wenn diese auf dem Weg zur Arbeit oder nach

Hause ist. Sie nimmt sich das Recht einer in Panik geratenen Büffelherde heraus.)

Ginge es nach mir, dann würde ich meine Gäste machen lassen, was sie wollen. Aber sie sind meine Gäste. Und weil ich meine Messdiener- und Pfadfinder-Erziehung nicht verleugnen kann und deswegen die Welt ein kleines bisschen besser hinterlassen muss, als ich sie vorgefunden habe, erkläre ich: »Geht den Leuten aus dem Weg!« Und schiebe gedanklich noch ein *Ihr bescheuerten Provinzdeppen* hinterher.

Extratouren

Manche Leute kennen schon ganz Berlin, haben jede mögliche Tour besucht und kommen trotzdem wieder – und machen Touren! Da muss man sich was Besonderes einfallen lassen …

After-Terror-Tour

Die Terrorangriffe der islamistischen Ballaballas verschonen auch Europa nicht. Zuletzt hat es *Charlie Hebdo* in Paris erwischt. Es ist Mitte Januar, aber das Wetter glaubt, es sei Mitte März. Das hat »Franzien« dazu bewogen, eine Tour für ihre 11. Klasse zu buchen. *Francine,* wie ihr Name in ihrer Geburtsurkunde sicher geschrieben steht, ist okay. Die Schüler auch. Bescheuert sind, wie immer, die mitreisenden Eltern. Was sind das überhaupt für Leute, die freiwillig eine Woche mit ihren pubertierenden Blagen nebst jenen anderer Leute eine Städtetour machen? Vielleicht sind sie in die Lehrerin verliebt. Was ich verstehen könnte.

Fast-Anschläge hatten wir in Deutschland schon einige: Sauerland, Siegerland und sonstige. Aber in der Nacht vor unserer Tour hat die Polizei wegen der Pariser Geschehnisse einen Großeinsatz gemacht, europaweit. In Brüssel haben sie massenhaft islamistische Blödmänner festgenommen, auch in Wedding-Gesundbrunnen (wo ich wohne) zwei. Darunter einen selbsternannten Emir.

Ich sage zu den Schülern: »Das ist ein guter Tag, um Adolf Hitler zu verstehen.«

Die Schüler gucken erst verblüfft. Dann nickt einer und erwidert: »Das war auch nur so einer, der hat, na ja, der hat ja nicht so richtig was auf die Kette gekriegt, als er jung war, und das hat ihn dann irgendwie aufgestachelt zum Hass auf irgendwen. Und dann hat er dafür die Juden genommen, und die mussten dann dran glauben.«

Ich erzähle ihnen von den Festnahmen und dem Emir.

»Emir ist fast dasselbe wie Führer«, sagt ein Mädchen mit Kopftuch trocken, und alle nicken.

Aha. Wir verstehen uns und gondeln gemütlich drei Stunden durch Mitte, immer vorbei an den ganzen Beamtinnen der Bundespolizei, die an jeder Ecke stehen und auf uns aufpassen. Meine Provinzschülerinnen machen große Nasenlöcher, und meine Provinzschüler starren die Polizistinnen an. So etwas haben sie zu Hause nicht.

The-Führer-Tour

Vor mir stehen Dieter und Frida, beide Ende fünfzig. Und hundertprozentig neureich.

Woher ich das weiß? Mir reicht der Anblick.

Sie: rote *Barbour*-Steppjacke, Armani-Jeans, Ray-Ban-Brille, Bogner-Turnschuhe. Alles funkelnagelneu.

Er: Steppweste von Bogner, trendy zerrissene Jeans, aber ganz sauber und in der exakt korrekten Länge, so dass sie auf seinen Bogner-Segelschuhe (aus Stoff – im Oktober!) aufsitzt und eine richtige Falte wirft. Und auf der Nase natürlich auch Ray Ban.

In der Pause werden sie einen Cappuccino bestellen, das weiß ich jetzt schon – »aber mit einem extra Shot Milch«. Neureiche haben immer gewisse Strategien beim Essen und Trinken, die beweisen sollen, wo sie schon überall gewesen sind (oder was sie sich aus *Der Feinschmecker*, *Landlust* und anderen Magazinen angelesen haben).

Die beiden behaupten, dass sie »so gut« Englisch können (implizit: *besser als du*), dass sie auch die englische Segway-Tour mitmachen können. Da stehen sie nun zwischen den ganzen Dans und Staceys und Karens und Herbs und Ians und Bridgets und wundern sich, dass sie kein Wort verstehen. Das liegt nicht an mir. Meine Ansprachen sind in bestem Schulenglisch, selbst ein Franzose könnte ihnen folgen. Leider haben es meine beiden Neureichen aber mit ein paar ganz besonders wissbegierigen Ausländern zu tun, und die stellen Rückfragen. Das habe ich so noch nie erlebt, ist aber interessant, vor allem, weil sich Neil aus Indiana als Geschichtslehrer mit kurländischen Wurzeln entpuppt und Dori aus Connecticut auf der Suche nach ihren deutschen Vorfahren ist. Die beiden werfen sich in schnellstem Amerikanisch ihre angelesenen Kenntnisse an den Kopf, und schließlich lasse ich sie den Großteil der Erklärungen bestreiten.

Nachdem Dori und Neil die Geschehnisse um Hitlers und Eva Brauns Selbstmord detailverliebt geschildert haben, kommt Herr Bogner zu mir und raunt: »Sa ma, issas okeh, wenn wer uns vom Acker machen?«

Ich nicke: »Ich sach im Lahn Bescheid, ne? Bringter die Räer bis acht rein, ne?«

»Geht klah.«

Ruhrgebietsdeutsch können sie besser als Englisch. So viel steht schomma fess.

Als sie weg sind, führe ich die Gruppe zur Bunkerbaustelle: »Wir lüften Berlins bestgehütetes Geheimnis!«, erkläre ich. Das Geheimnis lüften wir nur für Ausländer. Deutsche glauben es nicht. Sie denken, wir fantasieren uns da was zusammen und hätten zu viele Verschwörungstheorien gelesen.

Auf die Frage, was da bei der sogenannten U-Bahn-Baustelle wirklich gebaut wird, hat mich Yeon Jeong gebracht. Yeon Jeong ist eine Doktorandin aus Korea, mit der ich gelegentlich Mittag esse – sie schreibt in der Staatsbibliothek an ihrer Dissertation. Yeon Jeong hat mich neulich gefragt, ob ich wüsste, wofür Berlin eine U-Bahn-Linie brauche, die parallel zu ganz vielen Bussen und S-Bahnen durch Mitte fahren solle. Sie meint damit jene unselige U55, die mit viel Aufwand unterhalb von *Unter den Linden* gebaut wird. Erstaunlicherweise habe sie eine Diskussion darüber in noch keiner Zeitung oder im Internet gefunden. Sie als Ausländerin erlebe die Deutschen sonst immer als sehr diskussionsfreudig, aber hier?

Sie hat recht: Alles wird diskutiert. Was mit dem Tempelhofer Feld geschehen soll. Was mit der leerstehenden Schule am Vinetaplatz geschehen soll. Was mit dem Stadtbad, mit der Kastanienallee, dem Flughafen Tegel (wenn er je geschlossen werden sollte) passieren soll. Aber hier: nada!

Yeon Jeong ist ein schlaues Mädchen, dem ich eine große Zukunft als Professorin für Germanistik und deutsche Landeskunde in Seoul voraussage. Es stimmt: Man findet nichts in den Medien über den U-Bahn-Bau. Die Presse, die sich sonst selbst über die Schnürsenkel von Bürgermeistern auslässt, schweigt zu einem Milliardenprojekt, dessen Sinnlosigkeit für jeden offensichtlich ist.

Diese Sinnlosigkeit mache ich jetzt auch zum Bestandteil meiner Tour. »Berlin, die Stadt, die niemals wird«, erkläre ich (auf Englisch). Wir stehen mittlerweile vor dem Bauzaun am so genannten Marx-Engels-Forum. Ich widme mich nun sozusagen den Kriegen der Zukunft. Schweigen.

»Dies ist die U-Bahn-Baustelle. Aber eigentlich ist es der Regierungsbunker, der hiermit getarnt wird.«

Interessierte Gesichter. Dori fragt, wieso man davon nichts wisse.

Ich ziehe eine Augenbraue hoch: »Überlegt doch mal.«

»Klar«, sagt ein anderer und nickt wissend. Aber mehr sagt er nicht.

Ich leiere die Fakten runter: »Parallel zu ungefähr drei Buslinien und mehreren S-Bahn-Linien wird eine sündhaft teure U-Bahn gebaut. Und die S-Bahn und die Busse sollen nicht etwa eingestellt werden. Sie sind auch nicht ständig überfüllt. Es ist eigentlich alles in Ordnung. Kein Mensch weiß, wofür eine U-Bahn vom Kanzleramt zum Alexanderplatz nötig ist.«

Dann fahren wir die Linden runter und sehen uns die beiden U-Bahnhöfe an, die schon fertiggestellt sind: den am Adlon und vor allem den zwischen Kanzleramt und dem Abgeordnetenhaus, dem so genannten Band des Bundes. So heißt nicht die Station – die heißt *Bundestag* – nein, Band des Bundes ist die Bezeichnung für den Gebäuderiegel, der sich über die ehemalige Ost-West-Grenze erstreckt.

Meine Truppe staunt. Man kann die Feldbetten förmlich auf den Stufen der U-Bahnhöfe stehen sehen, die fetten Stahltore geschlossen, drinnen die Bundestagsabgeordneten und irgendwo ganz tief unten im Bauch der Reichshauptstadt

Frau Merkel und ihr Innenminister, Kriegsministerin von der Leyen und der Generalstab, allesamt im frisch eingeweihten Kriseneinsatzzentrum. Denn darum handelt es sich hier: um die getarnte Baustelle für den Kanzler- und Regierungsbunker. Das wird nun auch meinen Gästen klar.

»Gut, dass Frau Merkel schon verheiratet ist«, sagt Glenn.

»Stimmt«, nickt Stacey. »Schon zum zweiten Mal.«

»Wieso?«

»Weil schon mal ein Kanzler im Bunker geheiratet hat. Und das ist nicht gut ausgegangen.«

Die Nichtsehenswürdigkeiten-Tour

Natürlich interessieren sich nicht nur Ausländer für Adolf und seine Schergen. Wir Deutschen machen das selbst schon auch. Das heißt bei uns dann aber nicht *Walk through Berlin's darkest history* wie bei den Kollegen von Berlin Walks, sondern *Mauer-Tour*. Da man die Mauer nicht versteht, wenn man nicht weiß, was ein antifaschistischer Schutzwall ist, und weil man nicht begreift, was Antifaschismus ist, wenn man nicht weiß, was Faschismus ist, muss man also beim Faschismus anfangen. Und schon ist man wieder bei dem österreichischen Bärtchenträger und seinen Spinnereien.

Es heißt bei meinen Touren übrigens auch nicht *The old Jewish quarter*, wie man anbiedernd bei einem anderen Anbieter schleimt, sondern bei uns heißt es *Mauer, Stalin, Stacheldraht* – wir kommen also frontal mit dem ganzen Scheiß der Geschichte. Ich fange immer so an: »Also, die Geschichte ist düster, brutal, gemein und fies. Aber ich kann Ihnen eins garantieren: Es gibt ein Happy End.«

Das stimmt die Leute, glaube ich, ganz gut ein. Anschließend fahre ich mit ihnen zum Sowjetischen Ehrenmal und erkläre ihnen alles über Häuserkampf, Kindersoldaten und verreckende Deserteure. Nachdem sie sich so richtig gegruselt haben, fahren wir zur Brücke vor dem neuen Hauptbahnhof; dort haben wir das gesamte Panorama des Neuen Berlins vor uns und sehen, woraus nichts geworden ist: aus Germania, Hitlers und Speers Alptraum von einer Reichshauptstadt. Davon ist nichts, aber auch gar nichts zu sehen, und doch stehen wir genauso da wie seinerzeit Hitler und Speer und sehen in unserer Phantasie die Kuppelhalle, die bis in die Wolken reichen sollte, die monströse Siegesallee, auf deren geplanter Kreuzung zur Straße des 17. Juni heute das Sowjetische Ehrenmal steht, die Ruhmeshalle, den Triumphbogen. Wir könnten Stunden da stehen. Es ist tatsächlich der längste Stopp auf all meinen Touren. Ein Ort, an dem wir sehen, was wir Gott sei Dank nicht sehen müssen.

Die bedeutendste Nichtsehenswürdigkeit ist natürlich die Mauer – einfach deswegen, weil sie fast nirgends mehr zu sehen ist. Nachdem das in der Woche vor dem zwanzigsten Jahrestag des Mauerfalls (2009) auch dem Senat aufgefallen war, hat man schnell einen alten Wachturm in den Mauerstreifen an der Gedenkstätte Bernauer Straße gestellt. Als ich damals mit einer Gruppe vorbeikam, war der Sattelschlepperkran gerade dabei, die Teilelemente zusammenzusetzen.

»Da! Sie bauen die Mauer wieder auf!«, rief einer der Teilnehmer entsetzt.

Dabei müsste man das gar nicht. In den Köpfen existiert die noch mehr, als man denkt.

Im-Eimer-Tour

Heiner, Gunnar, Frank und Sven haben alles schon durch. Auch einander, wahrscheinlich in allen Paarungen. Die vier Buben kommen angefedert wie Gazellen und finden die Räder »Oma«. Bis ich sage, dass diese Fahrräder »camp« sind. Dann geht's. Es hilft eben, wenn man Susan Sontag gelesen hat und Judith Butler und Michel Foucault. Kann man auf jeder Fahrradtour gebrauchen. Na ja, auf fast jeder.

Die vier intimen Freunde kennen »aaaalles schon«. Ich solle mir also etwas einfallen lassen. Ich überlege, wie ich diese vier blasierten Schwuletten zufriedenstellen kann mit einer Fahrradtour.

Da sagt auf einmal einer von ihnen: »Sag mal, du: Wo war eigentlich der Eimer?«

Für alle, die nicht ganz so berlinbewandert sind wie unsere vier Trendies: Der Eimer war eine Art Kneipen-Club-Location in der Rosenthaler Straße. Dort residieren heute stattdessen massenhaft Klamotten- und Bagelläden, die sich an zahlungskräftige Touristen aus Übersee richten und in denen man mit Deutsch nicht weit kommt.

Ich sage: »Kommt mal mit!«

Wir radeln also los.

Die ganze Tour wird ein einziges Ratespiel.

Wer kennt den ersten Tresor? Wo war der?

Wer weiß noch, wo White Trash Fast Food war?

Wo war das VEB?

Wo lief die Mauer lang?

Wo stand das Hotel *Unter den Linden*?

Wo war der Klub der Republik?

Wo stand das Stalin-Denkmal?

Wir radeln und radeln und rätseln und rätseln.

Und wo war jetzt der Eimer?

Sie finden ihn nicht, aber wir haben riesigen Spaß, denn unterwegs erzählen sie mir alle Geschichten aus den Neunzigern. Wie sie sich verliebt haben; von dem süßen Typ aus Stralsund, der nur ein Wochenende in Berlin war, aber unvergesslich ist; von den Freunden aus Australien, von denen einer an Aids gestorben ist, obwohl er sicher war, dass ihn in letzter Minute noch ein neues Medikament retten würde; von Martin, der jetzt mit einer Frau verheiratet ist; von so vielen Jungs und so viel Leben in einer Stadt, die es so nicht mehr gibt. Und wir merken, dass es uns so auch nicht mehr gibt, und das tut ein bisschen weh.

Es ist nicht camp, es ist nicht Oma, es ist super.

»Und du?«, fragt irgendwann einer der vier.

Ich erzähle vom Kohlenkeller im dritten Hinterhof in Mitte, wo meine Frau und ich uns im Rauch von Cannabis und im Gewummer von Techno-Bässen zum ersten Mal geküsst haben.

»Seit ihr immer noch zusammen?«, fragt Sven.

Ich nicke. Sie sind gerührt.

Am Ende werde ich mit Küsschen verabschiedet – und ich radle auf Wolke sieben heim.

Jagd-Tour

Ich habe Bernd, Detlef, Gerda und Sibylle aus Detmold instruiert: »Jetzt stehen die gleich wieder auf den Radwegen. Bitte klingelt JETZT!«

Eigentlich müssten alle Radtourenanbieter zusammen Security-Firmen beauftragen, die uns die Radwege freischießen, weil die bescheuerten Spanier, Amerikaner und Japaner finden, die Radwege seien Wegmarken, auf denen man an der seligen Mauer entlanggehen solle. Nein – es sind Radwege, nicht Gehwege! Wenn das so weitergeht, setze ich irgendwann ein Kopfgeld aus für die meisten umgenieteten Touristen. Immerhin springen sie lustig zur Seite, wenn wir sie jagen.

Ich kriege neulich eine Gruppe von Australiern ab, weil irgendeiner unserer englischsprachigen Guides nicht rechtzeitig aus dem Bett gekommen ist. Preußen wie ich sind immer zur Stelle – schön doof. Nun stehe ich Steve, Larry, Carl, Heather, Rocky, Karen, Trixie und noch ein paar anderen mit merkwürdigen Namen gegenüber. Alle Mädchen haben Sommersprossen. Und alle Typen haben rote Köpfe. Bald wird mir klar, wieso: Sie sind besoffen, und zwar nicht immer noch, sondern schon wieder, denn sie haben in Good Old Germany das lustige Wort »Frühschoppen« gelernt, und zwar auf einem »Pub-Crawl«. Ein Pub-Crawl bedeutet wörtlich übersetzt »Kneipenkriechen«. Und genau darum geht es: Man streift mit einem Guide durch fünf bis sieben angesagte (oder dafür bezahlende) Lokale der Innenstadt und trinkt in jedem ein Freigetränk (und gegen Bezahlung auch gerne mehrere Getränke). Am Ende der Tour soll man nicht mehr gerade gehen können. Der Schwachsinn ist sehr beliebt. Die Aussies, die nichts Besseres zu tun haben, als um die halbe Welt zu fliegen, um sich zuzusaufen, haben den Pub-Crawl absolviert. Und ihr liebenswerter Guide, Marke Kollegenschwein, hat sie angesoffen zum Frühschoppen geschickt und von da direkt zu uns. Idiot!

Die Typen stinken wie eine vergammelte Brennerei, und die Weibsen sind noch immer grün im Gesicht vom Kotzen.

Ich bräuchte eine Gasmaske für den Fall, dass sie mir zu nah kommen.

Anyway, ich wäre kein erfahrener Guide, wenn ich mit so etwas nicht klarkäme. Ich erkläre also den Suffköppen, was ein Radweg ist, wer da drauf herumlaufen darf und wer nicht. Dann fahren wir zur Bernauer Straße, wo die ganzen Schulklassen verpeilt auf den Radwegen rumlatschen – und halten drauf.

Das ist was für die besoffenen Aussies. THIS is good FUN! YEAH!

Die benebelten Kängurus stoßen mit den Rädern vor wie die Landeboote am D-Day auf den Strand der Normandie. Sie fallen über die Fußgänger her wie Stukas vom Himmel. Blut muss fließen. Das Wimmern der Gören und Bengel erbaut mich, das Zetern der Lehrer spornt mich an.

Kiezdeutsch-Tour

»Samma, kannssu dat?«, fragt Ralf aus Herne, der kein Trinkgeld geben wird. Leute aus dem Ruhrgebiet geben kein Trinkgeld, weil sie Proletarier durch und durch sind und diese patriarchale Geste nicht draufhaben.

»Wat?«, erwidere ich.

»Der is abba au nich von hier, ne?«, grinst Gabi.

»Nee«, sag ich. »Der hat in Bochum studiert.«

»Ahhhh.« Man zeigt mit dem Finger auf mich.

»Gut. Was also soll ich können? »

»Na, Kiezdeutsch.« Darüber hat Ralf letztens was im Fernsehen gesehen.

Ich schleppe sie in die Humboldt-Box. Die Humboldt-Box

ist eine Kopie der roten Info-Box, die in den Neunzigern ein Publikumsmagnet an der Baustelle der »Hochhäuser« vom Potsdamer Platz war, ebenso wie das Bauwerk, das man von ihr aus besichtigen kann: das Stadtschloss. »Humboldt-Box« heißt das Ding, weil das Schloss nicht Schloss heißen darf, sondern »Humboldt-Forum«, was natürlich Quatsch ist. So wie die meisten offiziellen Bezeichnungen in Berlin totaler Mumpitz sind.

In der Humboldt-Box rechtfertigen sich, kurz gesagt, alle Beteiligten für die Tatsache, dass sie ein Schloss wiederaufbauen, dass außer dem ersten König von Preußen (Friedrich I., †1713) und dem letzten (Wilhelm II., †1941) keiner bewohnt hat. Ein Schloss, das Ort keines einzigen wichtigen historischen Ereignisses war und von dem man nicht weiß, wie man es nutzen soll. Das so gesehen mit einigem Recht von den Ossis gesprengt wurde im Jahre 1950. Sein Wiederaufbau ist eine Idiotie, die dem Bau der am Schloss vorbeiführenden U55 in nichts nachsteht.

Es gibt in der Humboldt-Box unter anderem eine ausführliche Darstellung über die schlimmen Folgen der Ausrottung von essbaren Fröschen in Westafrika. Es gibt Boote, die irgendwer den Eingeborenen von Polynesien abgeluchst hat. Es gibt auch Videos von Voodoo-Ritualen. Was das mit dem Schloss zu tun hat, weiß ich nicht, aber solche Sinnfragen stellt man in dieser Stadt eher selten und meistens erfolglos.

Was es ebenfalls gibt, ist ein Kurs in Kiezdeutsch, der auf Fernsehern läuft, die in eine abgefahrene Sofa-Landschaft eingebaut sind. Dort bringe ich meine Truppe hin. Hier lernt man den Unterschied zwischen *jo, Dicker* und *jo, Dikka* (Letzteres ist Arabisch und bedeutet *Empore*). Man lernt Superlative wie *voll Killer, Bombe, voll böse, Psycho* und *mies gut*, darüber hinaus Redewendungen wie *Übertreib ma deine Rolle nich* und *Schieb ma nich so Filme hier.*

Das gefällt Ralf und den anderen gut. Für den Rest der Tour ist alles Bombe, und ich werde entweder *Moruk* (Alter), *Lan* (Kumpel) oder *Dikka* gerufen.

Wofür ein preußisches Schloss doch alles gut ist. Übelst gut, Alter!

Türkisch-für-Anfänger-Tour

Es hat den ganzen Morgen schon genieselt. Jetzt, da unsere Pause im Biergarten auf dem Programm steht, gießt es aus Kübeln.

»Also«, sage ich, »Biergarten ist nicht. Was wollt ihr stattdessen?«

Ratlose Gesichter.

»Ihr könnt frei wählen«, sage ich. »Das hier ist Prenzlauer Berg.«

»Aber wir wissen doch gar nicht, was es alles gibt.«

»Es gibt alles«, sage ich. »Das hier ist Prenzlauer Berg. Hier gibt's alles.«

Anstatt jetzt irgendetwas Exotisches zu sagen, sagen sie nichts.

Schließlich traut sich ein ungefähr Fünfzigjähriger: »Gibt's hier was typisch Berlinerisches?«

»Oh ja«, antworte ich. »Dürüm Döner komplett.«

Wir fahren den Weinbergsweg hinab zum Rosenthaler Platz, peinlichst darauf achtend, mit den Reifen nicht in die berüchtigten Straßenbahnschienen zu geraten, denen die Radler hier regelmäßig zum Opfer fallen. Der Rosenthaler

Platz ist das urbane Zentrum von Mitte und Prenzlauer Berg. Nicht der Hackesche Markt, denn da sind nur Touristen. Nicht der Alexanderplatz, den da sind nur arbeitslose Ossis und Straßenkinder aus der Provinz. Nicht die Friedrichstraße, denn da sind nur Leute mit Geld. Am Rosenthaler Platz aber versammelt sich die ganze Berlin-Mischpoke, von der man stets in *Spiegel*, *Zeit* und *Stern* liest: die Werber, die Künstler, die Internet-Heinis, die Studentinnen auf Retrofahrrädern, die Schwulen, die Musiker, die Eltern, die Bauarbeiter, die Galeristen. Alle!

Und alle in Bewegung. Wie die Irren hetzen sie, ohne nach links und rechts zu gucken, über eine der vier Fußgängerampeln, die eine Grünphase von maximal sechs Sekunden haben. Ein Tourist ist noch gar nicht losgegangen, da springt die Ampel schon wieder auf Rot. Wenn ungefähr 50 Leute pro Grünphase über die Straße wollen, führt das folgerichtig dazu, dass die meisten bei Rot rübergehen.

Meine Gäste machen große Augen. »Das ist aber kurz.« Gut erfasst.

Es wird grün. Wir schieben die Räder los, sind mitten auf der Straße, und schon kommen die Autos, Dutzende, in jedem Wagen nur ein einziger Mensch. Alle haben es eilig. Alle wollen möglichst schnell diesen Chaos-Knotenpunkt passieren. Es wird rot. Meine Touris verfransen sich mit den Rädern im Getümmel. Ich stehe schon auf der anderen Seite und schaue mir an, wie sie sich schlagen.

»Na? Kleines Abenteuer?«, frage ich die etwas dralle Sabine in meinem Alter, die es schnaufend auf die andere Seite geschafft hat.

Sie nickt eifrig und ist stolz auf sich. Nun steht meine Gruppe im Pulk vor dem Aufzug zur U-Bahn und versperrt einer sonnenbebrillten »Kreativen« mit Retrokinderwagen den Weg. Die Kreative zetert. Ich tue so, als gehöre ich nicht dazu.

Die Touris schließen ihre Räder ab und lassen die Blicke schweifen.

Was sehen sie?

Sie sehen Berlin im Chaos. Denn zu den Fußgängern und zu den rücksichtslosen Radfahrern, die wie Jagdbomber durch den Verkehr stoßen, gesellen sich hier die asozialen Transportheinis in ihren Lieferwagen und die Taxis mit stahlharten Weddinger Türken. Sie sehen vier Hostels, eine Apotheke, drei Spätkaufläden (die praktisch rund um die Uhr aufhaben), eine Pizzeria, einen Schnell-Asiaten, zwei Dönerbuden, zwei Currywurstbuden, ein Café namens St. Oberholz, in dem vor allem Amerikaner und Erasmus-Studenten verkehren, sowie einen Selbstbedienungs-Backshop. Sie sehen Unmengen von Plakaten, die für Konzerte und Tanzveranstaltungen werben, die am selben Tag stattfinden, weshalb die Plakate immer taufrisch aussehen, denn sie hängen ja erst seit höchstens zwei Stunden hier. Gleich wird einer kommen und seine Plakate drüberkleistern. Dann müssen die, die die überklebten Plakate geklebt haben, wiederkommen und die neuen überkleben. Bald schon ist die Schicht von Plakaten an einem Stromkasten mehrere Finger breit.

»Da!«, ruft einer meiner Touris und weist auf die No-Retro-Imbissbude namens *Fleischerei*.

Die war damals relativ neu. So wie *No-Retro* – ein Konzept, das immer mehr um sich greift. Nachdem jahrelang *Retrodesign* in war, also Kneipen und Bars einfach mit alten Möbeln vollgestellt wurden, für die sich unsere Großeltern geschämt hätten, kam schließlich auch Retroküche auf: In den Läden, die aussehen wie zu Omas schlechtesten Zeiten, werden heute auch Sachen nach Rezepten aus Omas Zeiten angeboten, also Käsekuchen oder Bienenstich. Von da aus war es nur ein kleiner Schritt zum *No-Retro*. Das heißt, dass sämtliche ironischen Verweise auf alte Zeiten wie blinkende Madonnen, Nierentische, Pril-Blumen oder Honecker-Postkarten komplett wegfallen und die Läden einfach so aussehen wie normale Geschäfte. Die Hippheit der Fleischerei war von außen nur noch daran zu erkennen, dass sie nicht etwa *Fleischerei Krüger und Sohn* heißt, sondern nur *Fleischerei* und dass in dem Laden Jazz oder Dub oder irgendwas Angesagtes lief. Was man von außen nicht sah: In den hinteren Räumen – den ehemaligen Kühl- und Produktionskammern – befand sich eine angesagte Bar, deren Eingang man nur fand, wenn man von ihr wusste. Ansonsten war das Ganze schlicht ein sauguter Currywurst-Laden. Was alleine wohl leider nicht gereicht hat. Denn schon seit Frühjahr 2015 ist die Fleischerei wieder zu. Aber wahrscheinlich hätte auch mehr Werbung nichts genutzt, denn die Ladenmieten in dieser Gegend steigen gegenwärtig exponential. Mit Wurst und Suppe und selbst mit Drinks und Musik ist da kein Staat mehr zu machen, wenn irgendein Edelklamottenladen dagegenhält, der geringere Personalkosten (eine Verkäuferin) und zahlungskräftigere Kundschaft (gut situierte Hobbyberliner, reich liierte Russinnen und ähnliche Geldmenschen) aufweist.

Aber zurück zu unserer Tour. »Nee. Hier.« Ich zeige auf den Imbiss hinter mir.

Das *Rosenthaler Grill und Schlemmerbuffet* ist die 24-Stunden-Abfütter-Station für *alle*, vom Früharbeiter bis zum Nachtschwärmer. Man kann morgens um sieben Döner essen und

Bier trinken. Man kann mit Kind dahin gehen, mit der neuen Liebe oder mit Geschäftspartnern. Und immer stehen dieselben Typen hinterm Tresen.

»Also, Freunde, ich erklär euch jetzt mal, wie man in Berlin Dürüm Döner bestellt.«

»Was ist Dörüm?«

»Dürüm ist wie ein Wrap so ein dünnes Fladenbrot, nicht so ein dickes Sandwich wie bei euch. Da.« Ich zeige drauf.

Sie nicken. Den Männern läuft die Spucke aus den Mundwinkeln.

»Also. Ihr sagt: ›Einmal Dürüm Chicken‹ oder ›Lamm‹. Erste Option. Dann fragt er: ›Soße?‹ Dann sagt ihr (zweite Option): ›scharf‹, ›Knoblauch‹ oder ›Kräuter‹. Dann fragt er: ›Salat alles?‹ Dann sagt ihr entweder ›ja‹ oder ›ohne Zwiebeln‹. Dann fragt er: ›Einpacken?‹ Dann sagt ihr: ›Nee, auf die Hand.‹ Ich mach euch das mal vor.«

Gesagt, getan. Als ich meinen Döner schon lange in den Händen halte, sind die Touris immer noch beschäftigt. »Was gibt's noch mal für Soßen?«, fragt Kerstin den Dönermann.

Ich schlendere ein wenig den Gehsteig auf und ab. Am *Mein Haus am See*, einer 24h-Trash-Bar, die sich an Touristen aus dem »Traveller-Milieu« richtet und offenbar nach einem Peter-Fox-Song benannt ist, wirbt ein Plakat für eine Ausstellung: *Heroin Kids. Art is like fucking a thirteen year old girl.* Mir bleibt der Döner im Hals stecken. Die Szene in Mitte ist manchmal wie die Kotze, die hier am Rosenthaler Platz frühmorgens den Boden ziert.

Geheimtipps

Richtige Geheimtipps sind nicht nur geheim, sie sind auch für Nichtberliner völlig uninteressant. Oder zu laut. Oder zu dreckig. Oder zu schäbig. Oder verstörend. Oder zu spät in der Nacht. Oder zu früh am Morgen.

Hier ein paar Beispiele:

- Uninteressante Geheimtipps: Kostenlose Kinderbetreuung bei IKEA; warmes Essen bei den Franziskanern; kleine Seen im Umland.
- Zu laute Geheimtipps: Billige Erdgeschosswohnungen an den Ausfallstraßen; super Liegewiesen zum Sonnen im Park in der Einflugschneise; Kleingarten an der Güterzugtrasse nach Stralsund.
- Zu dreckige Geheimtipps: Toiletten bei Ali-Baba-Döner in der Danziger Straße; indisches Essen bei Buddha in der Kalkstraße, Ecke Tucholskystraße; Toilette im Döner-Center am Rosenthaler Platz.
- Zu schäbige Geheimtipps: Alexa-Einkaufszentrum am Alexanderplatz; Potsdamer-Platz-Arkaden-Einkaufszentrum, Leipziger-Platz-Einkaufszentrum, Schönhauser-Allee-Einkaufszentrum, Fernsehturm am Alexanderplatz.
- Zu verstörende Geheimtipps: Cuccis-Coffee-Shops auf den S-Bahnhöfen; Eltern-Kind-Cafés im Prenzlauer Berg.
- Zu späte Geheimtipps: Das gesamte angesagte Berliner Nachtleben wird erst ab etwa zwei Uhr morgens interessant.
- Zu frühe Geheimtipps: Im angesagten Berghain (eine Art Großraum-Darkroom und Tanz-Fabrik für alle Gender und Orientierungen) wird es erst ab sechs Uhr morgens interessant.

Meine Geheimtipps (für Nichtberliner):

- Open-Stage-Abende: Gibt's wahrscheinlich in jeder Stadt, in der es mehr Künstler als Zuhörer gibt. Konzept: Wirt schreibt Open-Stage-Abend aus, Musiker kommen und konsumieren. Besonders beliebt an toten Tagen (die es in Berlin nicht gibt). Interessante Open Stages in Berlin: Wedding-Gesundbrunnen, Kugelbahn, Grüntaler Straße. Hier stößt man fast ausschließlich auf *Expats* (nicht zu verwechseln mit den in der Gegend wohnenden Flüchtlingen, Asylanten, Asylbewerbern, Sinti und Roma, Türken, Russen, Vietnamesen, Afrikanern und Arabern). Diese Expats musizieren in einer Qualität für umsonst, dass es einem die Ohren und die Seele streichelt oder weghaut – je nachdem.
- Vernissagen für lau mit Models und gratis Weißwein: Jeden Freitag gegen 19 Uhr rund um die Torstraße und den Rosenthaler Platz in Mitte. Zig Galerien zeigen hier, was sie haben. Sie müssen nur so tun, als hätten Sie, was Galeristen wollen: Geld. So viel Geld, dass man es Ihnen schon nicht mehr ansieht. Es gibt Leute, die sehen arm aus, weil sie arm sind. Dann gibt es Leute, die tragen Markenklamotten, weil sie nur Sachen kaufen, auf denen Markennamen stehen. Es gibt Neureiche und Yuppies, die tragen Marken, von denen sie glauben, sie seien etwas Besseres (die Marken). Dann gibt es Wohlhabende, die zeigen müssen, dass sie nicht nur Geld haben, sondern viel Geld; die tragen richtig teure Sachen. Und dann gibt es solche, denen alles egal ist oder die Angst vor Entführungen haben. Deshalb sieht man ihnen ihr Geld nicht an. Das sind die, auf die die Galeristen fliegen. Also: Ziehen Sie die Outdoorjacke aus und irgendwas anderes

an. Hauptsache, es sieht aus, als seien Sie gerade aus dem Bett gefallen – dem Bett, in dem Sie *mit* dem Kleidungsstück am Leib genächtigt haben. Wenn Sie unsicher sind, gehen Sie in einen Secondhandshop in Friedrichshain oder Prenzlauer Berg. Denken Sie nicht darüber nach, ob die Sachen zusammenpassen. Das ist unwichtig, solange die Klamotten Ihnen passen. Und gucken Sie reich, also freundlich, aber an allem völlig desinteressiert. Anders gesagt: Bleiben Sie cool. (Tun Sie nichts, was Daniel Craig auch nicht tun würde.) Betreten Sie eine Galerie, vor der sich eine Traube Menschen gesammelt hat. Nehmen Sie sich ein Glas. Wenn Sie wollen, gucken Sie sich die Bilder an (oder was sonst so herumliegt). Wenn Sie keine Lust dazu haben, ist das nicht schlimm – kein Mensch geht wegen der Kunst auf Vernissagen. Wenn Sie die Kunst nicht finden, fragen Sie die bestaussehende junge Frau, wo die Kunst zu finden sei und ob es eine Preisliste gebe. Diese Frau ist mit ziemlicher Sicherheit die persönliche Assistentin des Galeristen oder der Galeristin. Gehen Sie, bevor Sie zu besoffen sind, um Ihre Tarnung aufrechtzuerhalten.

- Agam Baklava: Türkische Süßigkeiten, Stettiner Straße 10, Stadtteil Gesundbrunnen. Können Sie mit einem Besuch der Bornholmer Brücke (Maueröffnung!) kombinieren. Hier gibt's nicht irgendwelchen billig zusammengematschten Kram. Nein, die wissen hier, was ihre Baklava (orientalisches Blätterteig-Honig-Gebäck) wert sind. Kilopreis: 17 Euro aufwärts. Selbst die Mürbekekse (fünf Stück für 2,50 Euro) sind ein Gedicht.
- Die anderen Geheimtipps sind im Buchtext verborgen – viel Erfolg bei der Suche.

Kampfzone Berlin

Berlin ist Himmel und Hölle, Hure und Heilige. Wer mehr als die Oberfläche sehen will, der wende sich an seinen Guide oder die VLB.

VLB steht wofür? *Verzeichnis lieferbarer Bücher? Verein der Landwirte Berlins? Viele lange Bärte?*

Nein, in diesem besonderen Fall steht es für *Viele lange Baustellen* oder *Verkehrslenkung Berlin.*

Verkehrslenkung bedeutet theoretisch, dass alle Menschen und ihre Beförderungsmittel sinnvoll durch die Straßen der Hauptstadt gelenkt werden sollen. Praktisch bedeutet sie, dass Jasmin mit dem Segway über eine Kabelbrücke fällt, weil die auf dem hübschen ockerfarbenen Rollsplit steht. Der Rollsplit harmoniert wunderbar mit den sandsteinfarbenen Steintapeten der neuen Geschäftshäuser *Unter den Linden.*

Wer nicht weiß, was Steintapeten sind: Der Berliner Bausenat hat in den Nullerjahren verfügt, dass die Neubauten Berlins mehr Stein als Glas aufweisen müssen – das heißt »Steindoktrin«. Weil heutzutage aber nicht mehr mit Steinquadern gebaut wird wie im alten Ägypten, sondern mit Stahl, Beton und Glas, hängen die durchtriebenen Architekten hauchdünne Steinplatten vor die Fassaden ihrer Kreationen, ebenjene Steintapeten. Sollten sich die Zeiten und der

Geschmack des Bausenats ändern, kann man die Dinger flugs abnehmen und hat einen hübschen zeitgemäßen Glas- und Stahlpalast.

Die Steindoktrin bekommt Jasmin jetzt zu spüren. Sie rollt über den Split und fällt von einer Bordsteinkante direkt vor einen Bagger, der auf seiner Schaufel fette Sandsteine geladen hat. Wäre der rumänische Familienvater nicht so ein umsichtiger Baggerführer, wäre Jasmin jetzt Matsch und ihr Blut würde hübsch mit den roten Flaggen auf dem Kulturkaufhaus Dussmann korrespondieren.

Ich hechte zu Jasmin und bette ihren Kopf auf mein Knie. Lang ist er her, der Zivildienst beim Deutschen Roten Kreuz Kreisverband Lüdenscheid, aber die Rettungssanitäterausbildung war hilfreich. Jasmin ist ansprechbar, ihre Augen folgen meinem Finger, sie kann Hand und Fuß spüren. Ich sage ihr, dass sie liegen bleiben soll, und dirigiere ihre Freundin zur Satteltasche meines Segways, wo ich ein Erste-Hilfe-Päckchen mit mir führe.

Jasmin wird verarztet. Doch wie behandelt der VLB die Stadt und ihre Einwohner?

Die Behörde wurde 2004 aus »Fachkräften« der Polizei und des Tiefbauamtes gegründet, um den Verkehr der Stadt zu optimieren. Die Erfolge dieser Behörde können wir jetzt – zehn Jahre später – genießen: Baustellen, Baustellen, Baustellen und Baustellen.

Der Senat, der so etwas wie die Verwaltung des Landes Berlin ist, kann freilich nichts dafür. Denn für die allermeisten Baustellen (außer dem Flughafen, aber der ist nicht weiter störend) ist nicht der Senat zuständig, sondern die Bezirke. Die Bezirke sind so etwas wie andernorts Regierungsbezirke, Kreise und kreisfreie Städte. Man stelle sich also vor,

Dortmund, Bochum und Essen beschließen gleichzeitig, ihre Durchgangsstraßen zu reparieren und sie deshalb in drei aufeinanderfolgenden Jahren zu sperren. Es entsteht, die übliche Verzögerung eingerechnet, ein sechsjähriger Dauerstau auf der wichtigsten Ost-West-Achse Europas. Alle litauischen Laster, die nicht die Autobahn befahren dürfen, rollen durch die Innenstädte. Alles ist verstopft. Immer.

Das ist der Dauerzustand in Berlin. Da müssen wir täglich durch.

Was auf dem Schlachtfeld Bombentrichter und Schützengräben, sind in der Kampfzone Berlin die Baustellen. Sie bauen überall. Ich weiß, das sagen alle über alle Städte. Aber in Berlin stimmt es. In der Staatsbibliothek, wo die Jura-Studentinnen mit den Perlohrsteckern und den hellblauen Blusen zu den khakifarbenen Chinos für ihr erstes Staatsexamen büffeln, zersägt eine Schleifmaschine die Stille. Vor dem Gebäude stehen Baucontainer, die Fassade wird sandgestrahlt. Am Brandenburger Tor riecht es nach Teer, weil die Straße des 17. Juni mal wieder ausgebessert wird, auf der Leipziger staut sich alles, weil am Potsdamer Platz das größte Kaufhaus Deutschlands, nein, Europas, ach, der Welt gebaut wird. Sie bauen, bauen und bauen. Dazwischen zieren Lastwagen, Betonmischer, Tieflader mit Anhänger, Mega-Trucks aus Weißrussland das Straßenbild, außerdem Doppeldeckerbusse, die sechzig Stundenkilometer, Touristenbusse, die fünfundvierzig, und City-Tour-Busse, die gefühlte fünf Stundenkilometer fahren. Nicht zu vergessen Taxis und Blutkonserven-Kuriere im Tiefflug, dazwischen Fahrradkuriere, die sich wie Fledermäuse in der Dämmerung durch den Verkehr stürzen, Rikschas, behäbig wie auf dem Basar, Segways und natürlich ich mit fünfzehn Gästen mittleren Alters dazwischen.

Das wäre auch ohne die Baustellen ein Himmelfahrtskommando, aber wenn sich vor der Staatsoper der ganze Wahnsinn um siebzehn Uhr dreißig von drei Spuren pro Richtung auf eine Fahrspur verengt, hilft nur noch ausweichen. Der Klügere gibt nach, und das gilt in jedem Fall. Auch bei den Wachhunden der Hauptstadt, an die man unweigerlich auf den Schleichwegen gerät: den Security-Heinis.

Es gibt die Security-Heinis in männlich, weiblich, jung, alt, bullig und klapperdürr. Aber es gibt sie in nur einer inneren Verfasstheit: als schlicht, gelangweilt, inkompetent und unterbezahlt. Sie sind leichte Beute für meine Charmeoffensive.

Wir umfahren den Abschnitt *Unter den Linden* vor der Oper und landen auf der Rückseite des Kronprinzenpalais. Weil sie da eine Statue von Schinkel hingestellt haben, heißt der Platz neuerdings Schinkelplatz. Auf eben diesem Schinkelplatz geruht einer unserer wichtigsten Konzerne, die VW AG, den neuen Beetle zu präsentieren. Schon bei der Anfahrt über die Behrenstraße schneiden uns mehrere VW-Bullis mit schwarzgetönten Scheiben und WOB-Kennzeichen die Vorfahrt. Bullis ist für diese Super-VIP-Busse sicher der falsche Terminus, aber im Prinzip *sind* das Bullis. VW ist nun mal nicht Bentley.

Die Straße, die ich entspannt mit meinen Gästen entlangfahren will, ist gesperrt – mit einem provisorischen Einfahrtverboten-Schild.

»Da ist gesperrt!«, ruft Günther aus Kamp-Lintfort.

»Ich guck mal«, beschwichtige ich.

Der Security-Heini mir gegenüber ist alt und grau und klein und dünn. Er trägt eine schwarze Bundfaltenhose aus Polyester und ein schwarzes Hemd mit der Firmenbezeichnung *Securitas*. Wie originell. Ich halte an und setze mein Lächeln auf.

»Ham Se denn det Schild nich jasehn?«, sagt er.

»Doch.«

»Sehn Sa? Hier is zu.«

»Hmmm«, mache ich; womit der Ball wieder in seiner Hälfte liegt.

Ich weiß, der Mann langweilt sich. Er kriegt vielleicht gerade mal den Mindestlohn, also mehr als ich, aber weniger, als er zu verdienen glaubt. Der Mann sieht das ganze Brimborium für dieses bescheuerte Auto, mit diesen bescheuerten Autohändlern und diesen bescheuerten verhungerten Models und den bescheuerten aufgeblasenen Journalisten und diesen ganzen bescheuerten Dummwichsern, die ihn behandeln, als sei er der allerletzte Arsch. Er fühlt sich tatsächlich wie der allerletzte Arsch – und jetzt kommen wir.

Er hat die Macht. Er ist der Security-Heini.

Ich blicke ihn flehend an. »Sehen Sie, ich habe da diese fünfzehn Gäste. Die muss ich irgendwie sicher zum Schlossplatz bringen. Und vor der Oper, da kann ich mit denen nicht durch. Und …«

Er holt tief Luft. »Aba Schritttempo, klar?«

»Vielen herzlichen Dank.«

Ich drehe mich um und brülle so laut, dass alle es hören können, also auch die Arschlöcher vom VIP-Event: »Der Mann hier ist so freundlich und lässt uns durch. Vielen Dank!«

Der Security-Heini und ich nicken uns zu.

Ditte läuft, wa?

Zweirädrig im Verkehrsgemetzel

Fritz und Helga, Hubert und Gerda sind zwei Ingenieurehepaare aus dem Schwäbischen. Die Männer sind schon mal auf einem Kongress Segway gefahren, und ihre Frauen müssen jetzt mitmachen. Natürlich würden die Damen lieber Geld auf der Friedrichstraße lassen und dann gemütlich einen Spritz auf dem Gendarmenmarkt inhalieren, aber das interessiert die Herren nicht, und die Gattinnen stellen sich lieber auf einen Segway, als dass sie einen Ehekrach riskieren.

Die Damen stellen sich geschickt an. Die Frisuren sind kein Problem, die Handtaschen auch nicht. Die Damen sind cool. Problem sind, wie immer im Leben, die Männer. Hubert und Fritz meinen, *sie* müssten ihren Gattinnen den Einführungskurs geben, nicht ich – was aber nicht geht und nicht funktioniert, weil ich den Einführungskurs schon aus rechtlichen Gründen selber machen muss und weil Fritz und Hubert es längst nicht so gut draufhaben, wie sie dachten; sie sind nämlich wie die meisten, die vollmundig tröten, schon Segway-Erfahrung zu haben, gerade mal drei Minuten schnurgerade über eine abgesperrte Fläche auf einer Messe in Hannover oder Osaka gezuckelt und keineswegs durch den öffentlichen Straßenverkehr – schon gar nicht einen, den die VLB lenkt oder zu lenken versucht oder zu lenken vorgibt.

Ich muss also mit rhetorischem Fingerspitzengefühl dafür sorgen, dass die beiden Kerle mir

a) nicht dazwischenquatschen und

b) nicht schon lospreschen, bevor sie ordentlich geübt haben.

»Wir wollen auch richtig fahren!«, tönt Fritzhubert. (Ich kann die beiden kaum auseinanderhalten, sie sehen gleich aus und benehmen sich gleich. Man stelle sich einen AUDI- oder BMW-Kombi als Mann vor – so sehen sie aus.)

»Das werden wir, da können Sie sicher sein«, sage ich, dem Kunden vordergründig immer recht gebend.

Als wir irgendwann fertig sind mit der Einführungsprozedur, folgt das Segway-Intro. »Wir wollem et de Maua sehe, no« oder so etwas Ähnliches sagt eine der Frauen auf dem mir nicht geläufigen Schwäbisch. Vermutlich will sie zur Mauer.

»Abba net desswo all sann.« Fritzhubert will bei seiner Mauerbetrachtung offenbar nicht von anderen Touristen gestört werden. Diese Haltung tritt bei den deutschsprachigen Segway-Tour-Teilnehmern regelmäßig zutage: Wenn ich schon 75 Euro pro Nase zahle, will ich hinterher nicht mit irgendwelchen Billigheimern vor ein und derselben Sehenswürdigkeit stehen. Als könnten die Sehenswürdigkeiten was dafür, wer wie viel zahlt.

Ich kann mit den vieren schlecht die Schönhauser Allee rauffahren, um zum Mauerpark zu kommen. Da ist es zwar nicht so touristisch, und die Infos sind historisch gesehen korrekt, zudem steht man bei der Bedenkung der Maueropfer nicht in Currywurstschwaden und muss weder spanischen Mädchen noch rußenden Bussen ausweichen. Aber man müsste eben die Schönhauser Allee hoch, und die hat selbst Herr Lange, der erste Vorsitzende der VLB, als »Hölle für Radfahrer und Busse« bezeichnet.

Ich mache in diesen Fällen das, was ich immer mache: Ich mache alles wie immer und tue so, als sei das was Besonderes. Wir gondeln also los vom Fernsehturm Richtung Neptunbrunnen, und schon ist Fritzhubert fast umgefallen, während Hubertfritz einen Obdachlosen aus Osteuropa niedermäht. Der Penner hat es nicht gemerkt, er ist gut betankt gewesen, aber die Gattinnen sind vor Schreck fast vom Segway gefallen, was am Alexanderplatz besonders ungemütlich werden kann, da mehr oder minder der gesamte Platz rund um den Fernsehturm mit Glasscherben übersäht ist.

Ich halte die Erklärung zum Neptunbrunnen und dem Roten Rathaus diesmal besonders kurz, denn Fritzhubert benimmt sich wie ein sechs Monate alter Welpe an der Leine: ER WILL LOS!

Aber zwischen uns und einer langen Fahrstrecke steht die VLB. Diesmal in Form der Bunkerbaustelle, also der Baustelle für den U-Bahn-Bau am Marx-Engels-Forum. Fritzhubert peitscht mit dem Segway auf die Baustellenabsperrung zu. Dort stehen noch ungefähr drei Dutzend andere Touristen. Aber die haben bestimmt nichts oder sehr viel weniger bezahlt als Fritzhubert, deshalb sind sie weniger wert.

Diese Fritzhuberts sind eigentlich der Grund, warum ich irgendwann mit den Segway-Touren aufhören werde. Fritzhuberts und die Baustellen. Es ist einfach zu krass, für ein so mickriges Honorar die Verantwortung für solche Leute zu übernehmen. Aber die Fritzhuberte der Welt fritzhubern weiter fröhlich durch Berlin, säbeln Fußgänger um und bevölkern die Rettungsstelle des Virchow-Klinikums. Zu allem Überfluss kann man Segways mittlerweile sogar ohne Guide ausleihen. Mancherorts auch ohne Helm.

Stellen Sie sich vor, jemand stellt Sie vor einen Besenstiel, an dem sich unten zwei Räder befinden und zwischen diesen beiden Rädern ein Brett. Er sagt Ihnen, das sei ein technisches Wunderwerk und »good fun«; Sie sollen ihm 60 oder mehr Euro geben, dann dürften Sie sich auf dieses Brett stellen. Anschließend fahren Sie durch eine Ihnen verkehrstechnisch völlig unbekannte Stadt, und zwar zur Rushhour, wenn die Lieferanten mit den kleinen Vans und die Trucker mit den großen Lieferwagen kurz vor Feierabend sind und es eigentlich nur noch eilig haben. Wenn die Vertreter, die in ihren Dienstwagen rauchen, telefonieren und Kaffee trinken (alles gleichzeitig), ihre mittlerweile achte Abfuhr eines unheimlich wichtigen Kunden eingefahren haben. Wenn die Mütter in den VW-Caddys dringend zum Hort müssen, weil sie sonst Stress kriegen mit der Geigenlehrerin (dem nächsten Termin ihrer vielbeschäftigten Tochter). Wenn die Studentinnen nach zwei Seminaren und anderthalb Litern Wasser von einem Stück Torte träumen, sich aber nur einen Salat gönnen. Wenn die ersten Luden ihre Mercedesse mit den roten Nummernschildern durch die Straßen jagen, um bei den Nutten die Kohle von der Frühschicht abzukassieren. Wenn sich die Fahrradkuriere wie immer benehmen, das heißt, wie Luke Skywalker den Haarnadelkanal des Todessterns durchrasen. Das Ganze in einer gänzlich unübersichtlichen und rücksichtslosen Großstadt, die eine einzige Riesenbaustelle ist, eine Kombination aus U-Bahn-Neubau, Fahrbahnsanierung, Opernrestaurierung, Staatsbibliothek-Umbau, Schloss-Neubau und Winzerfest auf dem Alex – und deren genaue Topographie sich täglich ändert. (Der Begriff *Topographie des Terrors* erhält hier eine ganz neue Bedeutung.)

Sie haben sich also dazu entschieden, ihren Hals zu riskieren und dafür auch noch Geld zu bezahlen? Dann bietet Ihnen die Segway-Schnuppertour das Beste vom Besten mit dem Besten der Besten, nämlich mir. Ich bin die Allzweckwaffe, wenn es um Parkettsicherheit geht. Hier sind eher keine Freaks, Lebenskünstler, Schreckschrauben und Besserwisser gefragt wie bei den Radtouren. Die Leute, die eine Segway-Tour machen, haben in aller Regel ein bisschen mehr auf dem Konto, und die sollte man mit kapitalismuskritischen Sprüchen nicht ab-, sondern mit Flagship-Stores auf der Friedrichstraße antörnen.

»Okay«, sage ich auf einer dieser Touren, »wir werden uns nun also durch den Berliner Dschungel merkeln.« (Lacher)

Dabei bräuchte man für Segways eigentlich einen Waffenschein. Und Selbstmordgefährdeten dürfte man sie auch nicht in die Hand drücken. Sollte mich meine Frau jemals verlassen (vielleicht mit einem gutverdienenden internationalen Wirtschaftsanwalt – man weiß ja nie), gründe ich ein eigenes Tour-Unternehmen: *Led Zeppelin Tours. Segway to Heaven. The Suicide Experience.*

Radfahren als Mutprobe

Unsere Touren gehen eigentlich immer am Checkpoint Charlie lang. Nur meine nicht. Ich lasse ihn fast immer weg, weil ich alles dort bescheuert finde. Freilich glauben viele, dass ihnen dadurch etwas entgeht. Denn die Leute denken, das Wachhäuschen in der Fahrbahnmitte stamme original aus dem Kalten Krieg und der russische und der amerikanische Soldat, mit denen man sich hier gegen Geld fotografieren lassen kann, seien echt – oder wenigstens ein bisschen echt. Dabei ist der Ami ein Russe und der Sowjet ist ein Libanese – aber das sagen sie natürlich keinem.

Der Checkpoint Charlie liegt in der Friedrichstraße. Auf der latschen die Touris gerne herum, zwischen Linienbussen,

Taxis, Sightseeing-Bussen, die mit der Schrittgeschwindkeit von Rentnern dahertuckern. Die Sightseeing-Busse sind original Fünfziger Doppeldeckerbusse, und die Abgase sind auch original Fünfziger. Zu alldem gesellen wir uns nun mit unseren Fahrrädern – auch ich, wenn ich mich ausnahmsweise doch mal mit meiner Gruppe dort hinbewege. Ich schärfe meinen Leuten ein: »So, Freunde, wir passieren jetzt den Checkpoint Charlie. Passt auf, der ist voll mit Besuchern aus aller Welt. Fahrt die nicht platt. Und dann sind da noch die Autos. Keine Angst, ihr seid Verkehrsteilnehmer wie die. Lasst Euch nicht an den Rand drängen. Bleibt dicht zusammen.«

Aufrecht, stramm und stolz gleitet meine Gruppe in die Friedrichstraße, wo gerade ein Malerlehrling in seinem Kastenwagen zu schreien anfängt. Ich winke ihm zu. Dann bedeute ich der Gruppe aufzuschließen. »Kommt, der lässt uns.«

Der Junge hinterm Steuer bricht zusammen. Aber er liebt es. Abends kann er vor seinen Kumpels angeben, dass er in Mitte »voll in die Touris reingeraten« ist. Und die anderen machen dann große Nasenlöcher. Früher haben sie Partisanen erschossen. Heute schneiden sie Ortsfremden die Vorfahrt.

Berlin ist nicht dafür bekannt, einfach zu sein. Aber muss es immer und überall gleich Probleme geben? Das Verkehrskonzept des Stadtbezirks *Mitte von Berlin* ist problematisch. Genauer gesagt, es existiert keines. Das ist insofern problematisch, als nahezu sämtliche Touristenattraktionen im Bezirk Mitte liegen.

Für die, die sich nicht so gut auskennen: Der Bezirk *Mitte von Berlin* geht vom Brandenburger Tor, reicht den Boulevard *Unter den Linden* mit Staatsoper, Bebelplatz, Kronprinzenallee, Schlossplatz und Museumsinsel entlang, zieht sich über Alexanderplatz und Fernsehturm und erstreckt sich auf Nikolaiviertel, Hackeschen Markt, Oranienburger und Friedrichstraße. Alles ist hier drin. Checkpoint Charlie und ein Teil des Potsdamer Platzes gehören auch dazu. Und das Holocaust-Mahnmal.

Auf dem Platz hinter dem Brandenburger Tor, dem Pariser Platz, zum Beispiel, tummeln sich, kein Wunder, Touristen ohne Ende. Dann, am Adlon und der Kreuzung Wilhelmstraße, beginnt das Verkehrschaos.

Ich fahre beherzt voran und denke: *Hoffentlich sind sie heute gut drauf.* Damit meine ich nicht die Touristen auf den Rädern, die wie Entchen hinter der Mama in meinem Schlepptau rollen, sondern die Autofahrer. Die Taxi- und Busfahrer sind harmlos, die leiden genauso unter dem Scheiß hier wie wir. Schlimm sind die Losgelassenen: die »normalen« Autofahrer, die es einmal in vier Wochen wagen, in die Innenstadt zu fahren, ohne zu ahnen, worauf sie sich da einlassen.

An der Friedrichstraße versperrt eine Baustelle den Busstreifen, den wir großzügig als Radweg nutzen. Drum schlängeln wir uns kreuz und quer zwischen Baugruben und sinnlos aufgestellten Absperrungen und halten neben einem Toyota, der auf BMW macht. Ein Feierabendfahrer starrt mich durch die Beifahrerscheibe an.

Ich tippe jovial an meine Schirmmütze.

Er starrt auf die Ampel. Sie ist gerade grün geworden.

Ich ziehe raus, er muss uns vorbeilassen, denn er kann uns ja nicht platt fahren. Meine acht Leute können vorbei und kommen bis zum Rolex-Laden an der nächsten Straßenecke. Der Toyota-Fahrer zieht genervt mit Vollgas an uns vorüber.

Am Armani-Store reparieren sie auch irgendetwas. Laut

Tagesspiegel vom Mai 2015 beziffert der Landesrechnungshof Berlin den Investitionsstau im Berliner Straßennetz übrigens auf 1,3 Millarden Euro. Das führt zu Stau. Hier zum Beispiel werden die Fußgänger über die Straße auf die andere Seite geschleust. Zwischen Bussen und Autos eingekeilt bleibt uns nur, den Fußgängern in den Weg zu geraten. Ich rufe ständig: »Danke schön, danke schön!«

Gott sei Dank sind die Fußgänger fast alle selber Touristen, die damit beschäftigt sind, den Weg zu finden, und sich nicht um die Radler scheren können. Aber leider sind auch immer Einheimische dabei, zum Beispiel aus Reinickendorf. Reinickendorf liegt im Norden von Westberlin. Bundesrepublikanischer und damit provinzieller als in Reinickendorf ist es nirgends in dieser Stadt. Als die Stadt nach dem Krieg aufgeteilt wurde, bekamen die Franzosen den schäbigen Rest, den die großen Drei nicht haben wollten: Wedding, Tegel und Reinickendorf.

Diese Reinickendorfer hier sind grau und in C&A gekleidet und brüllen uns an: »Ist das etwa ein Radweg?!« Und ich denke: *Sollen sie doch ins Bezirksamt Mitte gehen und rumbrüllen.*

Denn die haben es geschafft, Mitte quasi flächendeckend und zeitgleich mit Großbaustellen zu versehen: Überall rund um Staatsbibliothek, Oper und Schloss wird rumgebaggert, auch dank des so legendären wie sinnlosen U-Bahn-Baus. Segways, Mofas, Radfahrer, Rikschas, Busse, Taxis, Fußgänger, sogar Rollstuhlfahrer – alles drängt sich hier deswegen zusammen. Ich war noch nie in Kalkutta, aber schlimmer kann es da nicht zugehen.

Auf dem Rückweg zum Laden, nachdem ich die Tourteilnehmer eingehend für ihren Mut, ihre Ausdauer, ihre Großstadttauglichkeit gelobt habe, während sie fertig sind, ihnen die Zunge heraushängt und die Augen tränen und wir uns alle nach einem Getränk sehnen, müssen wir noch am Tiergarten entlang zurück zum Zoo. Gisela, Günther, Kerstin und all die anderen stehen an der Ampel am Tiergartentunnel, im Rücken das Sony-Center, vor sich die fette, breite, strahlend weiße, weil brandneue Markierung für den Radstreifen auf der Tiergartenstraße. Das ist eine der schönsten Erfindungen der Berliner Verkehrspolitiker: Sie nehmen eine völlig überlastete Straße wie etwa die Friedrichstraße, die Tiergartenstraße oder die Prinzenallee und pinseln auf die rechte Fahrspur bis zur Hälfte eine unterbrochene Linie nebst Fahrradzeichen. Fertig ist der »Fahrradweg« – und damit lassen sie uns allein.

Das halten Berliner Politiker für Verkehrsplanung. Sie malen ihrer Tochter wahrscheinlich auch ein durchgestrichenes Baby auf den Bauch und wundern sich dann, dass die Göre von der Klassenfahrt wiederkommt und schwanger ist. Aber was soll man von solchen Leuten anderes erwarten? Etwa von Klaus Wowereit, dem ehemaligen Regierenden Bürgermeister, der den armen und nicht besonders sexy Flughafen zu verantworten hat und nach seiner Abdankung erklärte, am meisten vermisse er nun den Dienstwagen mit Chauffeur. Dass der sich nicht für Verkehrsplanung interessierte, leuchtet ein. Wowereit residierte in dieser chaotischen Stadt vermutlich so wie wir im 5-Sterne-Hotel, wenn wir in irgendwelchen Entwicklungsländern Urlaub machen und in unseren Ressorts beim Cocktail sitzen, während draußen die Waisenkinder verrecken.

Gisela, Kerstin und alle anderen, so wie ich, benutzen diesen Streifen – und zwar genau ein einziges Mal. Und danach nie wieder. Warum? Man stelle sich vor, man teilt im Zoo im Löwenkäfig ein Drittel des Geheges mit einer weißen Linie ab und malt Bilder von Antilopen darauf, damit die Löwen sich fortan dort gefälligst nicht mehr reinbewegen. Etwa so gut funktioniert die Fahrradwegabgrenzung auf Verkehrsadern. Und wir sind die Antilopen.

Tipps für Nicht- und Neuberliner, die nicht auffallen wollen

1. Gehen Sie davon aus, dass nahezu alle Leute, die Sie in Mitte, Prenzlauer Berg, Friedrichshain, Tiergarten, Schöneberg und Kreuzkölln treffen, *nicht* aus Berlin stammen, sondern hierhergekommen sind, weil Sie so anders als die anderen sind. Ein großer Dichter hat es einmal sinngemäß so ausgedrückt, dass die allesamt aus ihren Provinzkäffern gekrochen sind, weil sie da so anders waren – und in Berlin merken sie dann, dass sie sind wie alle anderen.
2. Berlin ist immer ein Traum. Eine Stadt, die niemals fertig wird, wie es heißt. Und weil die Stadt so groß ist, hat jeder seinen eigenen Traum und spielt die Hauptrolle in seinem Film. Tun Sie einfach so, als sei die Stadt Ihre Kulisse und Sie der Star. Machen Sie, was Sie wollen. Es gibt für jedes Costume Design ein paar preisgünstige Secondhandshops, etwa in der Oderberger Straße in Prenzlauer Berg, nah am Mauerpark. Oder Sie gehen in einen der vielen Humana-Läden und tun dabei noch etwas Gutes. Aber: Tragen Sie Ihre Klamotten so, als wären sie der letzte Schrei (den natürlich nur Sie kennen). Und zeigen Sie nicht, dass Sie wissen, dass Sie cool sind – seien Sie einfach cool.

3. Zeigen Sie auf nichts mit dem Finger. NIEMALS. Nicht auf Essen, nicht auf Gebäude, schon gar nicht auf Leute. Berliner zeigen nicht mit dem Finger.
4. Zeigen Sie keine positiven Emotionen. Staunen Sie nicht. Zeigen Sie nicht, dass Sie sich freuen. In Berlin gelten übertriebene Gefühlsäußerungen als uncool.
5. Gehen Sie schnell – viel schneller als zu Hause! Seien Sie zielstrebig. In der U-Bahn gilt: Reingehen, hinsetzen. Nur Touristen betreten eine U-Bahn, eine Kneipe oder einen Hinterhof und bleiben danach erst mal stehen, um sich zu orientieren. Der Berliner weiß, dass hinter ihm noch zwanzig andere hereinwollen, und macht schnell den Eingang frei. Nur Touristen halten den Verkehr auf. Überlegen Sie sich also vorher, wo Sie hingehen. Wenn Sie sich nicht so schnell orientieren können, dann treten Sie zur Seite, stellen Sie sich mit dem Rücken zur Wand und gucken erst dann in der Gegend rum. Solange Sie in Berlin nicht im Weg herumstehen und gaffen, werden Sie die Berliner von einer ganz neuen Seite kennenlernen – als nett und zuvorkommend. Kaum zu glauben, aber wahr.

Straßenbahnschienen

Nicht nur die VLB macht Berlin zur Kampfzone, auch die einzelnen Verkehrsteilnehmer sind gut dabei. Zum Beispiel die BVG (Abkürzung für *Berliner Verkehrsbetriebe* – keine Ahnung, wofür das G steht). Wenn jemand mit einem Fahrrad in eine Straßenbahnschiene gerät, ist das meist kein schöner Anblick. Es erinnert ein wenig an Winnetou-Filme, wenn die Bösen angeschossen werden und samt Pferd einfach umfallen.

Meine Warnungen, bitte nicht zu nah parallel zu den Schienen zu fahren, verhallen meist ungehört. Ein paar Idioten, vor allem Schüler natürlich, müssen grad mit Absicht ausprobieren, wie dicht man da ranfahren kann. Zu ihrem Glück habe ich Pflaster dabei. Und eine Rettungssanitäterausbildung habe ich auch. Denn wenn ich Pech habe, ist es trotz Helm irgendwann bei einem Sturz mit einem Pflaster nicht getan.

Es heißt, nach und nach sollen immer mehr Buslinien durch Straßenbahnen ersetzt werden. Was natürlich einhergeht mit dem großflächigen Verlegen neuer Straßenbahnschienen. Abgesehen davon, dass man damit wieder neue Dauerbaustellen produziert (ein neues Gleis zu legen dauert in Berlin etwa so lange wie andernorts ein ganzes U-Bahn-System), gefährdet man die Knie der Schüler dadurch noch mehr. Und meine Nerven.

Der öffentliche Raum

Aber nicht nur der Verkehr ist Kampfzone. Auch die Geschichtserinnerung ist umstritten bis umkämpft. Allen voran natürlich das Holocaust-Mahnmal. Denn das Mahnmal ist marode. Schon wenige Jahre nach der Eröffnung platzen die Steine auf, es zeigen sich Risse, Teile sind schon herausgefallen.

Die Architekten sind blöd genug, zuzugeben, dass das Mist ist (anstatt zu behaupten, das müsse so sein, denn das sei Kunst). Eigentlich sollten die Stelen bis in alle Ewigkeit daran erinnern, was für Drecksäcke Adolf und seine Verehrer waren. Und dabei sollte es gut aussehen.

»Saren wer ma so«, sagt der Kollege mit dem einheimischen Dialekt. »Dat ham die Äjüpta bessa hinjekricht.«

Ja, das haben die Ägypter besser hingekriegt. Aber was niemand so gut hinkriegt wie die Deutschen – unter denen die Preußen und unter denen ganz speziell die Berliner –, das sind Gesetze und Verordnungen im öffentlichen Raum. Zum Beispiel Verbote.

Normalerweise gelten in Deutschland Verbote dann, wenn sie dem Bürger bekannt sind oder bekannt sein müssen. Wenn die Behörden nicht möchten, dass Radfahrer einen Park befahren, dann stellen sie gewöhnlich ein Schild auf, das ein Piktogramm zeigt, etwa ein Männchen auf einem Fahrrad, beides durchgestrichen. Zur Sicherheit werden Verbotshinweise gern in roter Farbe dargestellt und Gebote in grüner. Das ist recht einleuchtend. Zu erwähnen ist, dass es auch Parks gibt, die ausdrücklich befahren werden dürfen, zum Beispiel, weil sie Teil von touristisch oder völkerverständigungsmäßig wichtigen Radwege sind, etwa des Berlin-Kopenhagen-Radwegs. Der dient der touristischen Anbindung Skandinaviens an die Hauptstadt Deutschlands. Völkerverständigend ist der Radweg, weil kein Schwein außer den Dänen Dänisch spricht und sich auch keiner die Mühe macht, das zu lernen.

In Berlin ist aber auch das anders, so wie fast alles. Hier kann es Ihnen passieren, dass Sie mit Ihrem Leihrad in eine öffentliche Grünanlage radeln und eine Stimme ruft: »He, Sie, junger Mann?« Die Anrede »junger Mann« wird von allen Urberlinern (nicht zu verwechseln mit Zugezogenen) für Männer zwischen 14 und 80 gebraucht. Auch ich, der ich die vierzig längst überschritten habe, werde IMMER mit »junger Mann« angesprochen. Für Frauen gilt bei gleichen Begleitumständen »junge Frau«, wobei ich nicht weiß, ob das nicht mitunter sarkastisch gemeint ist im Sinne von »Ey, du olle Schaluppe«.

»He, Sie, junger Mann?«, schallt es also durch den Park.

Sie bleiben stehen und erblicken einen Ordnungshüter.

»Ditte is hier vabotn«, sagt er mit einem vorwurfsvollen Blick auf ihr Rad.

Sie werden rot. Sie regen sich auf, Sie entschuldigen sich, Sie erklären: »Oh, das Schild hab ich wohl nicht gesehen.«

Mit einer Jovialität, die nur Urberliner draufhaben, also einer unvergleichlichen Herablassung blickt der Ordnungshüter an Ihnen vorbei und knurrt: »Für heute issas ma juut. Für heute!«

Jetzt grübeln Sie darüber nach, welches Schild Sie übersehen und was Sie falsch gemacht haben. Haben Sie etwas falsch gemacht? Jein. Haben Sie ein Schild übersehen? Nein.

Denn es gibt kein Verbotsschild.

Wieso nicht? Weil die Schilder vor einiger Zeit vom zuständigen Amt des Bezirks Mitte abmontiert worden sind. Der Grund: Jeder Blödmann kann sich heutzutage für kleines Geld eine große Kiste Aufkleber drucken lassen. Und diese Blödmänner können es natürlich nicht ertragen, dass der Karton mit ihren bescheuerten Aufklebern in ihrem öden Zimmer vor sich hin schimmelt. Und weil Blödmänner keine Freunde haben und auch sonst keiner ihre Aufkleber haben und verkleben will, machen sie das eben selber. Und wo sieht man Aufkleber besser als auf Hinweis- und Verbotsschildern, wo die Leute sowieso hingucken? Also kleben die Blödmänner, die ihre kryptischen Tags, Bandnamen,

Graffiti oder sonstigen Scheiß auf Aufkleber verewigen lassen, diese Dinger auf die Schilder. Und als dem Bezirk die dauernde Reinigung der Schilder zu teuer wurde, wurden die Schilder abgeschraubt, und so war das Problem »jelöst«.

Zumindest für den Finanzsenator. Der sich – ein willkommener Nebeneffekt – darüber freut, wenn der Ordnungshüter Ihnen, dem arglosen und unkundigen Radfahrer, ein Bußgeld abknöpft. In dieser Stadt ist man eben kreativ – auch, wenns ums Schröpfen der Bevölkerung geht.

Die Senatsfreaks

Die Kampfzone Berlin wäre nichts ohne ihre Kombattanten: die Straßenbahnfahrer, die Guides, die Touris, die Ordnungshüter und die Verrückten, denen man täglich auf dem Schlachtfeld begegnet. Manchmal glaube ich, dass all diese Wahnsinnigen, die wir täglich auf den Straßen der Innenstadt sehen, vom Senat bezahlt werden. Irgendein Stadt-Marketing-Spezialist hat sich wahrscheinlich kurz nach der Wende angesehen, was den Mythos der Metropolen der Welt ausmacht, und dabei sind ihm diverse Filme in die Hände gefallen – vermutlich so etwas wie *Die Liebenden von Pont Neuf* mit Juliette Binoche als blinde Bettlerin, *König der Fischer* mit Robin Williams als Obdachloser in New York oder *Sweeny Todd* mit Johnny Depp über London. Da hat der Stadtmensch sich gesagt: »Wir brauchen Freaks. Ohne Freaks keene Weltstadt.«

Und weil Harald Juhnke und Rolf Eden nicht überall sein konnten, hat man Verwirrte und Verlotterte aus allen Bundesländern zusammengekarrt und in Berlin als Statisten angestellt. Da stehen sie nun – zum Beispiel als Propheten für den Weltfrieden auf dem Bebelplatz. Als sabbernde Greiner schlurfen sie über den Hackeschen Markt, als rempelnde Finsterlinge lungern sie am Rosenthaler Platz herum und sorgen dafür, dass sich die Touris wundern. Deshalb kommen die ja hierher. Und ich frage mich, ob Jerome, Ernie und ich uns wirklich sehr von diesen Senatsfreaks unterscheiden.

Rosenverkäufer

Vielleicht denkt einer, er könne der Kampfzone irgendwo entkommen. Zum Beispiel durch die Flucht in ein Restaurant. Weit gefehlt.

Zum Mittagessen geht es bei meinen Touren oft in ein uriges, aber preiswertes Lokal. Teure Restaurants sind nicht urig. Denn urig ist eine Unterkategorie von Gemütlichkeit, und die passt nicht zu hohen Preisen. Die Mauer-Tour kehrt in der Regel in einem Biergarten namens Prater ein, der an der Kastanienallee liegt. Den gibt es schon ewig, und der fühlt sich authentisch an. Es gibt Gegrilltes unter Kastanienbäumen, süßen Senf, der nicht süß ist, und scharfen, der nicht scharf ist. Man sitzt gut und ruhig, und wenn man vor dem Klogang bestellt, ist das Nackensteak nach dem Pinkeln und Händewaschen und Gesichtwaschen und Durchatmen und Beine vertreten durch. Gut ist auch die Maultaschensuppe. Der Laden ist kulinarisch völlig Berlin-untypisch – es gibt schwäbische Maultaschen, Leberkäs mit süßem Senf und bayerisches Bier –, aber das weiß außer den Guides keiner.

Die City-Tour kehrt normalerweise im BE ein. BE heißt *Berliner Ensemble* – das ehrwürdige Theater von Brecht,

Helene Weigl und so, heute bespielt von Claus Peymann, Leander Haußmann und anderen Theatergrößen. Auf den Berliner Bühnen stehen Helden des deutschsprachigen Mimentums, manche sind sogar Fernsehstars.

Es besteht also die Chance, in der Theaterkantine des BE, wo wir mit den Touris essen gehen, den einen oder anderen Schauspieler zu sehen. Allerdings selten die aus dem Fernsehen bekannten Stars. In der Kantine laufen eher Leute herum, die zwar das gesamte klassische Repertoire draufhaben und schon an anderen namhaften Theatern waren und mit vielen wichtigen Leuten gearbeitet haben. Aber meine Gäste haben dort noch nie einen der Schauspieler erkannt – weil sie sie nicht aus dem Fernsehen kennen. Gott sei Dank, muss ich sagen. Es wäre zu peinlich, wenn sie die Schauspieler beim Essen belästigen würden. Wer weiß, wie lange diese Kantine dann noch öffentlich zugänglich wäre.

Während der Theaterferien im Sommer ist die Kantine leider nicht zugänglich, denn da hat sie zu, so wie der Rest des Theaters auch. Ich könnte mit den Leuten dann natürlich die Mensa der Hanns-Eisler-Musikhochschule aufsuchen. Aber damit würde ich mir meinen eigenen Geheimtipp versauen, denn dort esse ich gerne selbst, wenn ich an meinem Roman schreibe. Da möchte ich nicht über Guides und Touris stolpern.

Ich könnte auch einen meiner Metzgerimbisse vorschlagen, aber das wäre irgendwie nicht urig. Obwohl Metzgerimbisse das Typischste sind, was man in Berlin finden kann, neben Dönerbuden oder Eckkneipen. Bei Letzteren muss ich als Zugezogener passen. Immerhin kenne ich die Tiergarten-Quelle. Die liegt auf dem Weg unserer Touren, aber leider gleich am Anfang, und es wäre selbst für uns komisch, wenn wir vor der allerersten Erklärung schon zur Mittagspause einkehren würden. Obwohl manche Teilnehmer damit wohl kein Problem hätten. Man könnte so etwas als Alternative zu den Pub-Crawls verkaufen: Snack-Hopping – von einem Futterplatz zum nächsten. Vielleicht sollte ich das mal vorschlagen.

Oft genug landen wir bei einem provinziellen Italiener in der Nähe des Hackeschen Marktes. Provinziell insofern, als er aussieht wie aus dem Katalog von Luigi Cantina aus Catania bestellt: quadratische Tische, rotweiße Tischdecken, Kellner mit Stutzerbart, die die ganze Zeit mit »die Pfefferemülle« herumfuhrwerken. In den Wandregalen stehen Olivenöl und Nudeln, die man fürs Doppelte des Ladenpreises (es gibt sie auch bei Kaiser's) erstehen kann. Auf der Karte tummeln sich Pizzi und Pasti von Margaritha bis Funghi und Carbonara bis al Forno. Kurz bevor das Essen serviert wird, macht es aus der Küche BING. Das ist nicht die Klingel, mit der der Koch den Kellner ruft, sondern die Panasonic-Mikrowelle, die den Koch darüber in Kenntnis setzt, dass sein Werk getan ist.

Kaum sitzen wir dort, kommt ein Rosenverkäufer rein. Weder im Biergarten noch im BE trifft man einen solchen, aber hier traut er sich rein. Der Rosenverkäufer hat wie immer einen großen Strauß Rosen im Arm und hält sie uns kurz hin. Alle gucken ihn mitleidig an.

Heike aus Groningen meint: »Schlimm, oder? Wahrscheinlich hat der einen Abschluss in Medizin in dem Land, wo er herkommt, und der wird hier nicht anerkannt.«

»Ja«, bestätigt Ulli, Typ Sozialkundelehrer. »Und das bei dem Fachkräftemangel …«

Sie studieren die Karten. Mit Sicherheit suchen sie etwas Typisches. Etwas, das der Koch von seiner Mutter gelernt hat. Etwas, von dem sie zu Hause erzählen können. Problem: Es gibt hier nur Typisches – aber nichts, was der Koch von seiner Mutter gelernt hat. Denn das wäre etwas mit Maniok, afrikanischer Süßkartoffel oder Couscous. Das wiederum passt nach landläufiger Meinung nicht zum Italiener. Wobei es originell wäre, wenn man in Groningen erzählen könnte: »Du, die Italiener in Berlin sind kulinarisch gesehen ein unheimlich findiges Völkchen. Die kriegen ja die ganzen Bootsflüchtlinge aus Afrika rüber, und schon siehst du die verrücktesten Sachen auf den Speisekarten. Genauso hat Marco Polo ja letztlich die Nudeln aus China mitgebracht.«

Ich gehe zur Toilette, und als ich wiederkomme, fragt mich jemand, ob ich hier eine Spezialität empfehlen könne.

»Nein«, sage ich, »leider nicht. Ich esse immer Pizza Napoletana.«

Sie fragen den Kellner, und er schwatzt irgendetwas Orientalisches mit viel italienischen Einsprengseln, was mich an einen Song von Spliff oder einen Witz von Loriot erinnert. Fünf Outdoorjackenbesitzer nicken wissend mit ihren halben Brillen und nehmen dann: Pizza Funghi, Lasagne al forno, »nur einen Salat«, Pizza Salami und Spaghetti Bolognese. Gut, dass wir drüber geredet haben.

Der Rosenverkäufer ist zu diesem Zeitpunkt schon längst abgezogen. Verkauft hat er nichts. Gestört hat ihn das nicht. Jedenfalls sah es nicht so aus. Ich habe noch nie einen Rosenverkäufer gesehen, der traurig darüber war, dass niemand seine Rosen kaufte. Allerdings gebe ich zu, dass ich früher, als ich dumm, jung, naiv und ein gutverdienender Medienmanager war, immer mal wieder so eine Rose gekauft habe – für fünf Mark. (Die gabs damals noch.) Und ich war noch nicht verheiratet. Jedenfalls waren diese Rosenverkäufer danach immer ganz zufrieden mit sich und der Welt. Und die Rosen waren stets frisch.

Ich finde das sehr rätselhaft: Wie überlebt man als Rosenverkäufer, wenn man fast keine Rosen verkauft? Schließlich kann ich mit meinem Geld nicht überall sein und auch nicht ewig jung und dumm bleiben. Ich werde der Sache auf den Grund gehen.

In den nächsten Wochen halte ich die Augen auf, aber wir kehren entweder woanders ein, oder der Rosenverkäufer kommt zu einer anderen Zeit als ich mit meinen Gruppen. Jedenfalls dauert es eine Weile, bis ich herausfinde, was da wirklich läuft. Eines Tages komme ich aus der Staatsbibliothek. Ich habe in fünf Stunden anderthalb Seiten geschrieben, und die sind schrecklich. Mich beschleichen Zweifel, dass ich als Romanautor meine zweite Lebenshälfte werde bestreiten können, wenn ich fürs Guide-Dasein zu klapprig bin.

Während ich solchermaßen grübelnd an der Ampel stehe, hält neben mir ein Mercedes, und zwar kein 08/15-Modell, sondern ein tiefergelegtes Sportding, wo man nur wegen des Sterns vorne drauf erkennt, dass es ein Mercedes ist. Fenster runter, Arm raus, am Steuer ein mediterraner Hintergründler Anfang zwanzig. Die Musik düdelt mit reichlich Vierteltonschritten – vulgo Muselman-Moll.

Auf dem Beifahrersitz sitzt ein Typ, der gerade auf seinem Smartphone herumtippt. *Den kenn ich*, denke ich.

Dann zieht die Karre mit quietschenden Reifen los. Und mir fällt ein: Der Typ auf dem Beifahrersitz, das war der Rosenverkäufer! Was, zum Kuckuck, macht der in dem fetten Muselman-Benz, mit einem teuren Smartphone in der Hand?

Am nächsten Tag sitze ich mal wieder mit einer Gruppe beim Provinz-Caruso, und wir essen alles von Arrabiata bis Zabaione. Herein kommt der Rosenverkäufer. Und wenn mich nicht alles täuscht, dann ist sogar der Blumenstrauß in seiner Hand der von neulich.

Ich versuche, den Rosenmann im Auge zu behalten. Und was sehe ich? Er geht an den Tischen vorbei. Er hält seine Rosen den Leuten hin. Und sein Mund formt dabei leise Worte. Seine Augen springen von einem zum anderen.

Natürlich verkauft er nichts.

Er nickt den Kellnern zu.

Und ich frage mich, wieso der überhaupt hier hereindarf und rumbetteln?

Als er wieder draußen ist, empfehle ich mich, hüpfe raus auf die Straße, zücke mein Handy, als müsste ich telefonieren, und folge dem Rosenverkäufer um die Ecke.

Da ist er! Die Blumen legt er gerade vorsichtig auf den Rücksitz des großen Mercedes, der auf ihn wartet. Ich spähe. Irgendwie ist das alles nicht koscher. Warum sitzt der Rosenverkäufer mit einem eigenen Fahrer in so einem teuren Auto? Wer bezahlt das Auto? Einem Typ Anfang zwanzig?

Und dann fällt der Groschen: Der verkauft gar keine Rosen! Der zählt die Leute durch und simst die Anzahl der Gäste an den Mafioso, dem der Laden als Geldwaschanlage dient. Das ist ein Kontrollsystem vom Mafioso, damit ihn die Kellner nicht bescheißen!

Ich gehe wieder rein. Und frage mich, wie Stu uns wohl kontrolliert.

Ordnungshüter

Dass die Polizei dein Freund und Helfer ist, ist in unserem Metier mehr als wahr. Abgesehen von den tollen Motorradstaffeln gibt es noch die lustigen Leute vom Ordnungsamt, die in Berlin eine Art Polizeiuniform tragen. Warum das so ist, weiß ich nicht. Was man allerdings sofort weiß, ist, ob ein Polizist oder eine Politesse für einen zuständig ist. Denn dann sieht er oder sie einen durch den Wald von Schildern, Autos, Passanten und Gebäuden hindurch durchdringend an und ruft: »Juten, darf ick ma Ihre Personalien sehen?« Oder etwas in der Art. Und das ist wichtig in der Kampfzone B.

Der Polizist im öffentlichen Raum Berlins, den man sieht, bevor ER einen sieht, ist nicht für einen zuständig. Der, den man nicht sieht, weil ER einen zuerst sieht, ist zuständig. Wenn ein Polizist oder ein Mensch vom Ordnungsamt NICHT zuständig ist, dann ist er das so gründlich und total, wie es nur die preußische Polizei kann. Wenn der Berliner Polizist zum Beispiel auf Falschparker angesetzt ist, kann man mit und auf dem Fahrrad auf dem Gehweg fahren und gegen den Verkehr und überhaupt machen, was man will, er wird ungerührt weiter nur den Parkraum beobachten. Da kann man als Guide viel draus machen.

Karin, Heike, Sabine und Gerd (der Bruder von irgendeiner der Frauen) sind aus Ludwigsburg. Während des Herumgondelns erblicken wir plötzlich zwei Ordnungshüter. Ich erkenne den kleinen Parkraumüberwachungscomputer, der so aussieht wie die Dinger, die die Eisenbahnschaffner seit ein paar Jahren dabeihaben, und winke meiner Gruppe, hinter mir herzufahren. Ich überquere eine Fußgängerampel bei Rot, kachele auf dem Gehsteig weiter und drehe mich schließlich nach meiner Gruppe um. Sie steht außer Hörweite an der Ampel; Gerd und eine der Frauen gestikulieren konspirativ mit den Armen und wackeln mit ihren Frisuren. Sie meinen die beiden Ordnungshüter. Ich zucke die Achseln und winke ihnen, dass sie kommen sollen. Sie trauen sich nicht. Direkt neben den Polizisten steige ich auf dem Gehweg in Sattel und Pedale und fahre zurück zu meiner Gruppe.

»Warum kommt'n Ihr nicht?«, frage ich.

»Nur, wenn Sie das Strafmandat bezahlen!«

»Das is do illegal.«

»Des machmer net.«

So schnattern sie durcheinander, während an uns Dutzende von Radfahrern über den Fußgängerüberweg fahren, die meisten bei Rot, an den Polizisten vorbei, denn es ist der kürzeste Weg, auch weil der Radweg von einer Baustelle und einem Lieferwagen, für den sich die Ordnungshüter ebenfalls nicht interessieren, blockiert wird.

Ich sage: »Ich bin der Führer, es wird nichts passieren.«

Sie wollen wieder anheben zu schnattern.

Da schnauzt ein Fahrradkurier uns von hinten an. »Könnt er ma euern Arsch wegbewegen, Ihr habt se wo nich alle!«

Empörung in schwäbischer Mundart wird laut. Ich zucke mit den Achseln. »Der macht auch nur seinen Job. Genau wie die.« Ich deute auf die Ordnungshüter und erkläre ihnen den Sachverhalt.

»Ach, wo.«

»Nee, schau.«

»Ischo wor?«

So oder so ähnlich klingt ihr Erstaunen. Sie wackeln mit den Köpfen. Schauen verstohlen nach links und rechts. Zwinkern einander verschmitzt zu. Und schließlich haben sie sich so weit abgesichert, dass der Erste sagt: »Jo, wenn descho so isch.«

Das ist der Startschuss für die wahrscheinlich anarchischste Aktion im Leben meiner Gäste. Sie suchen die Gefahr. Sie schreien nach Ordnungshütern, Handschellen und Wasserwerfern. Sicher, sie zweifeln an der Sache, schließlich ist es gegen das Gesetz, aber nun fahren sie kreuz und quer in der Gegend herum, so lange, bis einer der Brüder fast von einem Doppeldeckerbus mitgeschleift wird. »Augen auf!«, brülle ich. Hier muss ich Autorität beweisen – auch ohne Uniform.

Bärte

Bärte sind *das* Ding in der Kampfzone Berlin. Vielleicht auch im Nahen und Mittleren Osten. Aber hier sind sie das *Dis-tink-tions-merk-mal schlecht-hin*. Drum gilt: Wenn man wissen will, wer und was ein Mann ist, dann schaue man sich seinen Bart an.

Ich zum Beispiel habe keinen besonders dichten oder starken Bartwuchs und mache aus der Faulheit eine Tugend: Ich bin ein falscher Bartträger. Mein Dreitagebart hält locker zwei Wochen und sagt nicht mehr aus, als dass ich weder Beamter noch Banker bin. Er unterscheidet mich also von all den Spießern, denen der Arbeitgeber vorschreiben darf, was sie anzuziehen haben: Polizisten, Soldaten, Models, Schauspieler, Rockstars, Kassiererinnen. Alles unfreies Gesocks in den Augen eines richtigen Berliner Bohemiens. So wie wir in den Augen der Dresscodeverpflichteten Gesocks sind, licht- und arbeitsscheu.

Richtige Bartträger gibt es nur dreierlei: Dissidenten, alte Männer und Hipster.

Dissidenten tragen Vollbärte, seitdem man mit Haar- und Bartwuchs gegen etwas protestieren kann. Friedrich der Große protestierte per Frisur gegen seinen Vater, den Soldatenkönig. Schiller protestierte mit langen Haaren gegen den Absolutismus und die Zensur. Schinckel protestierte gegen die Spießer und Schwulenhasser. Rainer Langhans protestierte aus Spaß.

Unter den heutigen Vollbartträgern gibt es weiterhin die alten Männer à la Wolfgang Thierse (wobei der auch ein Dissident wäre, hätte er nicht zur richtigen Zeit an der richtigen Stelle in einer Berliner Diskussions-Sit-In-für-eine-andere-DDR gesessen). Lothar de Maizière ist auch so ein Halbdissident, ebenso Reinhold Messner.

Schließlich gibt es noch die Hipster. Die haben einen Vollbart, der sich von dem der Dissidenten nicht unterscheiden lässt. Einen Dissidenten von einem Hipster zu unterscheiden wird auch modisch immer schwerer, seit die Hipster die Mode der amerikanischen New-Folk-Bands der mittleren siebziger Jahre für sich entdeckt haben (Kris Kristofferson, Creadance Clearwater Revival und so, sprich Holzfällerhemden und überteuerte Vintage-Jeans). Wie so oft liegt der Unterschied in der inneren Haltung. Ein Vollbartträger trägt einen Vollbart, weil er einen Vollbart tragen will. Ein Hipster trägt einen Vollbart, weil er weiß, dass das so aussieht, als trüge er einen Vollbart, aber er weiß, dass die anderen wissen, dass er eigentlich gar kein Vollbartträger ist, sondern ein Hipster. Wer das nicht versteht, ist – kein Hipster.

Hipster

Hunderte von Abiturienten und andere Nichtswürdige kommen jährlich nach Berlin und suchen ihr Glück. Manche wollen sogar Guides werden. Die meisten werden nach einem Versuch wieder aufgeben.
Da junge Leute in Berlin aber nicht aufgeben dürfen, werden sie sich »umorientieren«, »re-booten«, »neu ausrichten« oder so. Während dieses Prozesses werden sie sich unweigerlich in Hipster verwandeln. Die Stadt wird sie in die Halsschlagader beißen und aussaugen – so wie Berlin das noch mit jedem Neuankömmling gemacht hat. Manche laufen schnell wieder weg, viele werden langsam, aber sicher zu Berlinern.
Auf dem Weg zwischen Biss und Berliner-Sein gab es zu jeder Zeit diverse Zwischenstadien. In den Sechzigern war man in diesem Übergangsstadium ein Gammler oder Hippie, in den Siebzigern ein Sponti, Punk oder Spießer, in den Achtzigern ein Öko, Popper oder Gruftie, in den Neunzigern ein Grungie oder Techno-Jünger. Dann kamen langsam die Nerds und eine Art Renaissance des Poppertums, genannt Preppies, das sich nun langsam in einer Bewegung auflöst, die alles Bisherige kopiert und kopiert und kopiert. Die einzig originelle Gruppe sind die Hipster. Berlin ist voll von ihnen. Deshalb hier eine kleine Typologie des Hipstertums:

- Der literarische Hipster liest nur, was wenig andere Leute lesen, und verachtet alle Leute, die rein kommerzielle Bestseller schreiben oder lesen.
- Der musikalische Hipster kennt die neuesten Tracks, und zwar welche, die außer ihm nur ein paar Dutzend Eingeweihte kennen. Alle anderen verachtet er wegen ihres schlechten Geschmacks.

- Der cineastische Hipster geht nur in kleine Programmkinos, liebt Filme im Original und in Schwarzweiß. Er betreibt einen Blog über Filme, die nur wenige Leute sehen und den nur sehr wenige Leute lesen.
- Der philosophische Hipster sitzt gern herum und liest Philosophen, die keiner kennt. Oder er liest Philosophen, die jeder kennt, kommt aber dabei auf Gedanken, die bisher noch niemand hatte. Die interessieren aber nur wenige Leute, meistens sogar nur ihn selbst.
- Der politische Hipster findet Politik im herkömmlichen Sinne überholt, undemokratisch und autoritär und arbeitet an einer Politikform, die jedem und jedweder Lebensform Raum gibt. Alle, die das nicht verstehen, verachtet er. Er verachtet am meisten Menschen, die andere Menschen verachten (sagt er jedenfalls).
- Der journalistische Hipster ist nur noch selten anzutreffen; er ist kurz vor dem Ende der Mutationsphase und kriegt sich gerade wieder ein.
- Der technische Hipster hat alles von Apple, modifiziert aber auch alle möglichen anderen Geräte für seinen persönlichen Gebrauch. Er ist eigentlich ein verkleideter Nerd und von allen Hipster-Typen wahrscheinlich der erträglichste. Er wird nach Abschluss der Mutationsphase auch einer der wenigen mit einem ordentlichen Einkommen sein.
- Der modische Hipster ist der Prototyp des Hipstertums und schneidert im besten Fall selbst. Im schlimmsten Fall hat er alle seine Sachen neu gekauft, und zwar an einem Wochenende.
- Der sekundäre Hipster wohnt nicht in Berliner, hat im Urlaub oder im Fernsehen aber Berliner Hipster gesehen

und versucht sie zu kopieren, wenn er da ist. Er ist also ein falscher Hipster. Er hat seine saisonale Hoch-Zeit zu Semesterbeginn (wenn die Abiturienten aus der Provinz kommen und sich innerhalb von zwei Tagen als Hipster einkleiden). Es gibt ihn auch als Teilzeit-Hipster, zum Beispiel für die Dauer einer Klassenfahrt.

Wir haben zwei Bartträger bei Colorful Rides: Ernie und Lonny. Ernie ist Guide, Lonny ist Shoppy. Ernie spricht unverständlich, Lonny spricht unverständlich. Ernie Ostdeutsch, Lonny irgendeinen irischen Dialekt des Englischen – vielleicht Ostirisch. Beider Bart reicht fast bis aufs Brustbein. Beide tragen Pudelmützen und Holzfällerhemden, beide sind sie vollkommen in ihrer eigenen Welt gefangen, und außer der Arbeit bei CR gäbe es in dieser Stadt und wahrscheinlich auf diesem Kontinent keine Erwerbstätigkeit mit Kundenkontakt, die man ihnen zutrauen würde, denn selbst für den Justizvollzug ist Ernie zu nett und Lonny zu schmächtig.

Ernie und Lonny sind totale Kundenschrecks. Lonny kann man beim besten Willen nicht verstehen, er ist nie freundlich, und wenn man ihn fragt, wie es ihm geht, reagiert er mit einem kaum sichtbaren Achselzucken. Allerdings: Wenn man bei ihm ein Fahrrad mietet, kriegt man einen ultraschnellen, perfekten Service. Dann reißt sich Lonny für die Leute ein Bein aus. Dabei verkörpert er echtes Lokalkolorit. Er ist ein echter Hipster, ein Freak, von dem man zu Hause erzählen kann: »Mann, die haben da einen Typen …« Und genau darauf kommt es an.

Ernie ist ein Typ, der genauso aussieht, wie man sich einen waschechten Bürgerrechtler vorstellt. Der Unterschied: Lonny ist ein Hipster und Ernie ist ein Vollbartträger.

Wie unterscheidet man nun einen Hipster von einem Dissidenten? Man denke an einen Menschen, der weiß, dass er beobachtet wird. Man merkt das an kaum beschreibbaren Kleinigkeiten. Dieses Sichbeobachtetfühlen unterscheidet den guten Schaupieler vom schlechten Großstadtdarsteller. Ein Vollbart-Hipster hat den Bart, damit die anderen den sehen und sich was dabei denken (was auch immer ein Berliner Hipster denkt, was man sich bei seinem Anblick denken solle). Ein Typ wie Ernie hingegen, der einfach bärtig vor sich hinlebt (und das seit 1975 unverändert), wäre erstaunt, wenn man ihm sagen würde, dass man ihn beobachtet. Er würde wahrscheinlich rot und sagen, dass es ja wirklich Interessanteres gebe, etwa die Häuserfassaden, die alte Gitarre oder die Stolpersteine, die an die jüdischen Bewohner bestimmter Häuser erinnern. Ein Typ wie Ernie ist in einer unerschütterlichen Weise authentisch, dass jeder Hipster nur davon träumen kann. Natürlich tut der Hipster so, als sei er hip und Ernie nicht, aber insgeheim muss er sich eingestehen, dass er niemals so bei sich selbst ankommen kann wie ein Mann, der dermaßen selbstverständlich und selbstvergessen seinen Vollbart trägt wie Ernie.

Das ist alles sehr, sehr kompliziert. Aber Männer mit Bärten waren schon immer kompliziert.

Pfandjäger

Leute, die Pfandflaschen in Parks sammeln oder sie aus Papierkörben fischen, um sich vom Pfandgeld was zu essen oder zu trinken zu kaufen, gibt es überall. In der Kampfzone

Berlin ist alles aber ein paar Nummern größer. Hier gibt es Pfandjäger.

Eigentlich sind die Grünen schuld daran, dass Christoph und Beate die Kinnlade runterfällt. Wir sind ganz gemütlich zu einer privaten Tour aufgebrochen – Silberhochzeit. Ich und die Segways sind das Geschenk der Silbergattin an den Silbergatten. Die beiden kommen irgendwo aus Hessen und sind bisher noch nicht unangenehm aufgefallen. Wir werden vermutlich einen entspannten Herbstnachmittag miteinander verbringen. Die Lindenblätter werden über die Boulevards wirbeln, die Doppeldeckerbusse werden vorbeiziehen wie dicke gelbe Wolken, und Berlin wird sein Bestes geben, um als hübsches Geschenk in Erinnerung zu bleiben.

Unsere erste Station ist heute das Wasserspiel am Sockel des Fernsehturms. Das wird selten nachgefragt. Eigentlich zu Unrecht, denn besonders als Foto-Hintergrund ist choreographiertes Wasser nicht zu verachten.

Während ich die beiden auf ihren Segways knipse, verändert sich ihr Blick. Von freundlich, fröhlich, silberhochzeitig zu ungläubig, staunend, angeekelt, befremdet. Ich nehme die Kamera herunter und drehe mich um.

Da sehe ich, was sie sehen: den zerlumpten Bettler, der aussieht wie aus einer Oper oder einer Dickens-Verfilmung. Er hat seinen fingerlosen Wollhandschuh ausgezogen und streckt seinen Arm tief in einen der ganz neuen, chromglitzernden Mülleimer. Dann fällt sein Blick auf eine Zigarettenkippe auf dem Pflaster. Er hebt sie auf, blickt sie prüfend an – und steckt sie in die Manteltasche.

Ich drehe mich wieder um und zucke mit den Achseln.

Wir fahren ein paar Dutzend Meter weiter und halten am Neptunbrunnen. Der ist ebenfalls umgeben von den neuen

Mülleimern. Irgendwie fühle ich mich verpflichtet, zu erklären, was da läuft: »Pfandsammler. Die leben von dem Geld, das sie für die Flaschen und Dosen kriegen. Das heißt, sie leben eigentlich von der Armenspeisung der Franziskaner und der diversen Tafeln oder was weiß ich. Vom Dosenpfand kaufen sie sich ihren Alkohol.«

»Hmm«, macht Christoph und will nicht missbilligend klingen.

»Jeder braucht seinen Spaß«, sagt Beate. Recht hat sie …

Da kommen zwei Männer mit einer langen Stange, die sie irgendwie so passend zurechtgebogen haben, dass sie als Werkzeug dient – als Werkzeug zum Öffnen der unter dem Mülleimer verborgenen Containergruft. Denn das Müll-Aufkommen am Alexanderplatz ist so hoch, dass ein normaler Mülleimer nicht reicht. Unter jedem Eimer befindet sich ein kleiner Container, etwa wie jene, die man sich im Herbst gemeinsam bestellt, um das Laub zu entsorgen. Die Dinger sind für unsere gewieften Neuberliner eine Fundgrube, im wahrsten Sinne des Wortes. Die beiden hebeln den Deckel auf, klappen ihn mitsamt Mülleimer nach oben, und einer steigt in die Grube hinab. Zahlreiche Pfandflaschen reicht er nach oben, ebenso Zigaretten und noch dies und das. Dann nehmen sie den nächsten. Dabei werkeln die zwei so ungerührt und professionell, als würden sie vom Senat dafür bezahlt.

Christoph hat begonnen, heimlich Fotos zu machen. Und ich sage: »Das tut mir jetzt leid, wo Sie doch einen Ausflug …«

Aber Beate unterbricht mich: »Nee, nee. Wenn Sie nach Thailand oder sonstwohin fliegen, sehen Sie so was ja auch.« *Hat sie auch recht*, denke ich.

Lesesaal oder The German Angst

Im Krieg und in der Kampfzone hat man Angst. Bei uns hat man the German Angst. Man stößt auf sie allenthalben – etwa im Lesesaal, wo ich mich an meinem Roman versuche. Es klappern die Tastaturen, schniefen die Studenten, wischen die Jurastudentinnen auf ihren iPhones und schlurfen die Bibliothekarinnen (die noch aus DDR-Beständen stammen) auf dem Teppichboden herum. Ich sitze dazwischen und versuche zu schreiben. Ich tippe und klackere auf meinem Notebook, und damit keinem auffällt, dass ich nicht forsche oder an meiner Doktorarbeit herumdoktore, lege ich immer ein paar dicke Bücher aufgeschlagen neben mich. Manchmal lese ich sie sogar, wenn ich mit meinem Text nicht weiterkomme. Auf diese Art habe ich schon unverhofft einige absurde Werke verschlungen. Man liest den ein oder anderen interessanten Satz, und – schwupps – hat man ein Kapitel gelesen und sich gewundert, was es alles gibt.

Ich sitze in einem der wissenschaftlichsten Institute Deutschlands, der Staatsbibliothek *Unter den Linden*. Wahrscheinlich hat der Gröfaz hier nie einen Fuß reingesetzt, obwohl er ein echter Vielleser gewesen sein soll, geradezu ein Bücherfresser, bevor er eine Art Menschenfresser wurde. Man sollte also nicht glauben, Leute, die viel Lesen, seien per se nett. Hitler hat sogar zwei Bücher geschrieben: *Mein Kampf 1* und *Mein Kampf 2*. Wobei Band 2 angeblich kein Sequel ist, sondern nur eine Fortsetzung, weil der Verleger bei Band 1 erst einmal gucken wollte, ob sich das verkauft, und bevor er ein 800-Seiten-Werk verramschen musste, dachte er sich: *Riskieren wir erst mal nur die Hälfte.* Der Rest ist bekannt.

So ein Bibliothekslesesaal sieht zunächst so ähnlich aus,

wie man ihn aus amerikanischen Filmen kennt: große Tische, alte Bücher, Leselampen. Eine Art geschäftiger Stille erfüllt die immer gleich temperierte, klimatisierte und angefeuchtete oder getrocknete Luft. An die hundert zumeist junge Leute – Studenten, Doktoranden, Forscher und Publizisten – sitzen hier. Auf den Tischen neben den Leuten liegen Bücher, Handys, Notizen.

Die allergrößte Gruppe stellt die Juristerei. Die Jurastudenten erkennt man an ihren dicken roten Gesetzbüchern, die sie auf eigens dafür gefertigten Ständern vor sich aufbauen. Manche der Jurastudentinnen besitzen sogar stylische Tragetäschchen für ihre Gesetzsammlungen. Die Jurastudenten sind mein Trostpflaster. Sie trösten mich über mein schlechtes Gewissen hinweg, das ich habe, weil ich nicht an einer Doktorarbeit, sondern nur an einem zeitgenössischen Roman schreibe. Die Juristen dürften im eigentlichen Sinne nämlich auch nicht hier sein, denn sie forschen nicht. Sie lernen nur Gesetze auswendig – um anschließend arbeitslos auf dem von Juristen übervölkerten Arbeitsmarkt herumzudilettieren. Dass die meisten der schick angezogenen Mädels und Jungs bald irgendeinen Handlangerjob machen, um über die Runden zu kommen, ist ein weiteres Trostpflaster. (Es gibt hier in Berlin eine »Juristenschwemme«. Ich kenne mehr arbeitssuchende Juristen als Kulturwissenschaftler.)

Trostpflaster brauche ich viele. Denn über mir, unter mir und in mir lauert die Angst – die Angst, dass es nicht klappt. Dass ich einfach nur ein Guide bin. Dass ich dies irgendwann einsehen muss. Dass ich mir den Historiker sonst wohin stecken kann und mir eingestehen muss, dass ich nichts anderes bin als ein Geschichtsentertainer, nur schlechter bezahlt als Guido Knopp.

Um der Angst zu entkommen, klackere ich schnell noch ein bisschen fester auf meiner Tastatur herum. Bis einer der »Forscher«, der bis jetzt unglaublich laut in einem riesigen Folianten geblättert hat, sich zu mir herüberbeugt, auf meine Tastatur zeigt und fragt: »Geht das auch leiser?«

»Nö«, antworte ich.

Er guckt böse. Ich sehe ihm in die Augen. Er guckt einen *Was guckst du?*-Blick, wie man ihm im Wedding oder in Neukölln häufiger begegnet. Ich halte seinem Blick stand. Schließlich guckt er weg. Eins zu null, Idiot. Was man auf der Straße nicht alles lernt.

Reiche am Gendarmenmarkt

Natürlich ist Berlin kein einheitliches Gebilde. Berlin ist ein Flickenteppich aus den unterschiedlichsten Materialien – manche schön, manche hässlich. Auf manchen tummeln sich die Reichen, auf manchen die Dummen. Auf manchen beide. Manche sind beim Wetterdienst.

Die Idioten vom Wetterdienst sind schuld, dass heute zu meiner Tour keiner gekommen ist, weil sie im Radio Regen angesagt haben. Jetzt herrscht Sonnenschein, es hat 24 Grad, ein paar Schäfchenwolken zieren den blauen Himmel, leichter Wind weht. Ideales Fahrradwetter. Aber seit sie vor ein paar Jahren mal ein schweres Unwetter verpennt haben, melden sie bei jeder Wolke, die sich über dem Steinhuder Meer zeigt, dass in Berlin Unwetter drohe. Das hören zwar die Touristen nicht, aber die Kellner und Portiers in den Hotels, und die machen dann einen auf Service und sagen: »Ick weeß ja nich, ick weeß ja nich … Radfahrn?« Und die Touris machen daraufhin eine Bootstour oder gehen ins Museum. Bei uns fallen die Touren aus. Wenigstens kriegen wir Ausfallhonorar.

Das verfresse ich in der Mensa am Gendarmenmarkt. Auf dem Weg dahin passiere ich sie alle: die wenigen Leute in Berlin, die mit wirklich viel Geld hantieren: Investmentbanker, die in Dreiergruppen, alle in blauen Anzügen, zu Starbucks gehen. Auf der Charlottenstraße fahren nur Taxis und Limousinen. Im Erdgeschoss des Mensagebäudes, eines ungeschickt verkleideten Plattenbaus, liegt das Restaurant Lutter & Wegner – berühmt seit Fontane und Bismarck und sogar schon seit E.T.A. Hoffmann für Wein und Wiener Schnitzel. Heute sitzen sie alle, die es sich leisten können, hier zu essen, draußen. Die Tische stehen auf dem Bürgersteig, und die Leute lassen sich von allen auf ihre 20-Euro-aufwärts-Gerichte glotzen. Sie beugen sich darüber, als seien es Tröge, und freuen sich, dass sie hier sitzen und die anderen nicht. Warum suchen sie sich nicht drinnen einen ruhigen Platz? Warum gehen sie nicht wenigstens ins edle Borchardt, wo es ruhiger ist? Warum setzen sich die ganzen jungen, gutaussehenden Verkäuferinnen aus den Flagship-Stores der Friedrichstraße, die Junganwälte und ihre wahnsinnig stilsicheren Assistentinnen in einen Hofeingang, wo es zur Mensa geht? Die Assistentinnen denken bestimmt: *Warum sind wir die Blöden, die sich aufs Schnitzel glotzen lassen müssen? Warum muss der Chef auch noch angeben vor Leuten, die gar nicht anwesend sind? Dann sagt er später wieder: »Wir waren mittags bei Lutter & Wegner.« Geht es nicht ohne den Satz? Nein. Beim nächsten Mal ohne mich. Ohne mich. Jetzt schnell aufgegessen und dann in die Galeries Lafayette.* Das ist so etwas wie Berlins Fußgängerzone Ost.

Fußgänger

Es gibt in Berlin keine echten Fußgängerzonen. Jedenfalls fast keine. Ich glaube, in Tegel gibt's eine, die ist ungefähr siebzig Meter lang, und dann noch die Wilmersdorfer Straße in Charlottenburg. Das war's. Auf Ku'damm, Friedrichstraße und Tauentzien riskiert man Leib und Leben, wenn man auf der Straße herumlatscht. Deshalb sind die Bürgersteige dort recht breit, breiter als die Kölner Fußgängerzone an der breitesten Stelle. Und die Fußgängerzone in Köln heißt »Breite Straße«. Na gut, bei uns heißen die Kapellen auf dem Gendarmenmarkt ja auch »Dom«.

Ich vermute, die vielen Besucher aus Westdeutschland kommen nach Berlin, weil es hier *keine* Fußgängerzonen gibt. Gäbe es welche, wäre Berlin harmlos. Man könnte beim Rumlatschen nicht über den Haufen gefahren werden, man würde trübe und träge vor sich hin wackeln, so wie in Detmold oder Düsseldorf. Nichts wäre an Berlin berlinerisch – kein Gehetze und Gerenne, Gehupe und Geschiebe, keine penetrant jovialen BMW-Fahrer, die einen, obwohl man Grün hat, generös vorbeilassen; keine brutal aggressiven SUV-Fahrer, die einen anhupen, weil man nicht schon zur Hälfte der Grünphase über die Kreuzung gehechtet ist.

Ich glaube, all diese brachialen Begleitumstände beim bloßen Flanieren machen den Thrill aus für den Berlin-Besucher. Denn es geht beim Reisen schließlich ums Sich-Wundern, Staunen und darum, nachher davon zu Hause erzählen zu können. Und Berlin wäre mit Fußgängerzonen nicht halb so aufregend wie ohne. Und ohne Aufregung hätten wir keinen Tourismus. Und ohne Tourismus hätte Berlin keine Gentrifizierung.

Berlinische Ethnologie: Gentrifizierung

Dass der Tourismus sich über eine Stadt ausbreiten kann wie eine Schuppenflechte über einen Menschen, kann man an meinem Gewerbe gut beobachten. Immer mehr Glückssucher kommen in die Stadt. Manche sind aus der weiten Welt und suchen Rettung aus Not und Verfolgung in ihren Herkunftsländern. Manche haben Abitur und suchen Rettung aus Langeweile und Planlosigkeit in ihren Provinzkäffern. Letztere finden selten schnell eine Erwerbstätigkeit, die ihren Neigungen ebenso entspricht wie dem Zwang, seinen Lebensunterhalt selbst zu erwirtschaften. Das heißt, die Großmäuler, die zum Projektemachen, Künstlerwerden und Hipstersein aus Erkenschwick nach Berlin ziehen, müssen hier jobben. Und weil richtige Arbeit eines Hipsters oder Bohemiens unwürdig ist, kommen eben nur so Sachen wie Barista, Guide oder … nein, nichts weiter in Betracht. Drum gibt es also immer mehr Guides, Baristas und anderes Gesocks in der Stadt. Und Yogalehrerinnen – mehr als in Neu-Delhi und Goa zusammen.

Wo glücksuchende neuberliner Hipster, Projekteschmiede und Entrepeneurs hinkommen, da beginnt die Gentrifizierung. *Gentrifizierung* ist der Fachbegriff für die Übernahme eines Stadtteils durch eine bisher nicht dort vertretene Bevölkerungsgruppe, die sich meist in Lebensentwurf, -alter und -einkommen von der ansässigen Bevölkerungsgruppe unterscheidet. Anders ausgedrückt: alte Ostler und türkische Zuwanderer raus, junge Typen rein, möglichst solche mit Geld oder zumindest mit großen Plänen.

Das geht in etwa so: eine heruntergekommene Scheißgegend mit Dönerläden und Müll auf der Straße. Zwischen

Rentnern mit Minipension, Asis und Alkis wohnen hier Türken, Libanesen und andere Migranten. Es könnte die Stettiner Straße sein, im Stadtteil Gesundbrunnen – tiefster Wedding also.

Dann kommen sie: zuerst die Künstler, die ja auch ohne festes Einkommen irgendwo unterkommen müssen. Und da, wo Ahmed und Ricco hausen und Bierflaschen oder die Nasenbeine anderer Leute zerdeppern, sind die Wohnungen billig.

Dann kommen die Hipster, die Künstler sein wollen. Weil es bei manchen der Hipster zum Künstler dann doch nicht reicht, verbinden die ihren Gestaltungswillen mit Unternehmergeist und gründen in der Asi-Gegend Secondhandläden und Cafés und manchmal sogar Galerien. Das sehen andere Hipster und Glückssucher und gründen dort noch mehr Secondhandläden, Cafés und Galerien. Auch die ersten Clubbetreiber werden hellhörig – schon bald gibt es an einer verkommenen Ecke einen Club, der in der Szene als der neue »heiße Scheiß« gilt. Dann kommen die Freunde der Hipster und übernachten bei ihnen, und weil es hier so viele Cafés gibt, in den Secondhandläden alles so schön billig ist und der heiße Scheiß ohnehin das Beste ist, was sie je erlebt haben, gehen die Besucher und die Hipster gar nicht mehr runter nach Mitte, sondern lungern an warmen Sommerabenden auf dem Bürgersteig herum. Weil den Asis und den Alkis alles egal ist und die Türken sich entweder nicht drum kümmern oder nichts sagen, stellen die Hipster und ihre Freunde vom Land an lauen Sommerabenden ihre Stühle auf den Bürgersteig und chillen dort rum. Weil es ihnen nach ein paar Tagen zu unbequem ist, immer auf diesen harten Holzstühlen vom Sperrmüll zu hocken, stellen sie einen Sessel raus. Weil es nicht nach Regen aussieht und keiner der Nachbarn was sagt und weil das so unheimlich wild und gefährlich wirkt, stellen sie noch ein paar Sessel auf den Bürgersteig oder organisieren vom Sperrmüll oder aus einem ihrer Secondhandläden eine ganze Couchgarnitur. Die fänden sie in Pusemuckel schrecklich, aber hier ist sie *trashig* oder *camp*. Dann fläzen sie also in ihrer Oma-Erna-Couch auf dem Bürgersteig, trinken Ingwerlimonade und Flaschenbier und hören dabei Musik, die klingt, als hätte man die Gitarrenklasse der Selma-Lagerlöff-Grundschule bei ihrer ersten Probe aufgenommen. Links und rechts machen plötzlich Kneipen auf – noch sind sie so billig wie die Gegend. Und weil der Sommer noch lang ist, graben die Hipster das Stück Erde, in das sonst die Kampfhunde der Alkis kacken, um, säen Gladiolen und Sonnenblumen und fertigen einen Zaun aus altem Sperrholz, der aussieht wie die Garage vom feuerroten Fliwatüüt.

Das hören irgendwann die Erasmus-Studentinnen aus Spanien und kommen auch, denn wo gibt es sonst so viele coole Typen auf einem Haufen? Und wo EIN Spanier ist, da ist IMMER schnell auch noch ein weiteres halbes Dutzend, denn Spanier gibt es nicht im Singular. Der Spanier = die Spanier.

Die Spanier erzählen das zu Hause ihren Freunden (und Spanier haben viele Freunde), weshalb die Kunde von der neuen coolen Gegend zwischen Irun und Jerez die Runde macht wie ein Lauffeuer.

Inzwischen hat auch irgendeine Berliner Zeitung über das »aufstrebende Viertel« berichtet. In den Kneipen werden statt Billigbier zunehmend nur Insidern bekannte Rum- und Ginsorten ausgeschenkt. Die ersten Immobilienmakler schleichen unheimlich heimlich durch die Straßen.

Spätestens jetzt kommen die Bekannten der Hipster mit Unternehmergeist und Einfallsreichtum, und zwar diejenigen OHNE Einfallsreichtum und Unternehmergeist, auf den Einfall, Touri-Touren durch diese neuen Suburbs von »Cool Berlin« anzubieten. Nun berichten noch mehr Journalisten über die Gegend, ihre Leute und ihre Clubs und Kneipen, auch im neuesten *Lonely Planet* findet sie Erwähnung. Touristen wie Stefan und Heike, die sonst in Berlin schon alles gesehen haben, einschließlich nächtlicher Kiez-Tour, kommen gucken.

Das ist der Moment, in dem der Herr, den ich neulich im türkischen Supermarkt mit seiner Familie kennengelernt habe, aktiv wird und seine Cousins anruft, sie in Sofia am Busbahnhof abholt – und dann geht's zur Sache. Du bist nichtsahnend mit deinen plattgelatschten Füßen und deiner Zunge, die sich vom ganzen Gelaber anfühlt wie eine breitgeklopfte Roulade, auf dem Weg zum Späti, um ein Getränk und Chips zu kaufen, und dann hörst du: »La vie en rose« oder »Weiße Rosen aus Athen« oder irgendwas von Django Reinhardt und Stéphane Grappelli, mittelgut gespielt mit einem Akkordeon, einer Klarinette und einer Handtrommel. Da sind sie: die Zigeunermusikanten. In einem Straßenzug, den vor drei Jahren noch kein Schwein kannte außer der Tante vom Sozialamt und der Nachtschwester im Virchow-Krankenhaus.

Als Nächstes werden die Häuser saniert, die Mieten erhöht, die Wohnungen als Eigentumswohnungen verkauft. Es kommen die Yuppies aus München. Die Investoren aus China, Moskau und Dubai, oder die Hipster, die zu Geld gekommen sind, schlagen zu. Bio-Supermärkte schießen wie Pilze aus dem Boden, ebenso Kinderläden, BMWs und Porsches. Dann ist der Prozess der Gentrifizierung abgeschlossen.

Und wer ist (mit-)schuld? Der (Reise-)Führer.

Schlau gepackt

Wenn Sie sich diese Geheimtipps zu Herzen nehmen, schwimmen Sie in Berlin von Anfang an mit dem Strom und kommen dadurch fast überall rein (und auch ungeschoren wieder raus).

1. Vor der Reise

Sichten Sie Ihre Abstellkammer. Genau da befinden sich all die schönen Dinge, die in Berlin als hip gelten. Je provinzieller, spießiger und schräger, desto besser. Wenn Sie Kinder haben und die eine Verkleidekiste mit Ihren alten (Erwachsenen-)Sachen, dann nur zu. Wenn Sie in Berlin die alten Klamotten von der Abifeier anhaben oder aussehen wie Nena auf ihrer ersten Tournee, dabei aber um die 40 Lenze zählen, dann sind Sie in Mitte genau richtig.

Männer lassen sich einfach einen Bart stehen und setzen eine Brille auf, die sie ganz hinten im Schrank finden, waschen sich eine Woche die Haare nur mit warmem Wasser (also ohne Shampoo) und wickeln sich einen Schal von ihrer Schwiegermutter um. (Wenn Sie mir nicht glauben, gehen Sie mal um 19 Uhr am Freitag auf die Torstraße in einen Temporary Showroom.)

2. Gepäckvorschriften

Bloß nichts Praktisches mitnehmen! Frauen nehmen eine wirklich schräg aussehende billige Plastikreisetasche – der Reißverschluss darf ruhig kaputt sein – und hängen sie sich über den Unterarm. (Vielleicht beginnen Sie drei Wochen vor der Berlinreise mit leichtem Hanteltraining, denn dieses Gewicht auf dem angewinkelten Unterarm ist für alle, die keine Babys mehr haben, ungewohnt. Ich vermute, Frauen unter 40 in Berlin betreiben ein geheimes Trainingspro-

gramm: Sie bereiten sich aufs spätere Mutterdasein durch leichtes Handtaschentraining vor.)
Nehmen Sie keinesfalls Gepäck mit, das der Reise und ihrer Dauer angemessen ist. Also keine Cabin-Trolleys für ein Wochenende! Keine Daypacks! Keine Rollkoffer! Gut sind stattdessen die großen blauen Plastikbeutel von IKEA. In die können Sie alles packen, was Sie brauchen. Gern gesehen sind auch alte Ledertaschen, Plastikbeutel oder sehr (!) teure Koffer. Für alle aber gilt: entweder zu klein oder viel zu groß. Faustregel: Immer deutlich am Zweck vorbei.

3. Vor dem Verlassen des Hotelzimmers

Hier gilt die Faustregel: Ziehen Sie sich bloß nicht dem Wetter entsprechend an. Wenn es kalt ist, dann tragen Sie entweder alles, was Sie mithaben, also ruhig auch Mütze unterm Hut, zwei Schals, drei Jacken, aber dann dazu bitte Chucks (das sind sommerliche Stoffturnschuhe). Oder (das gilt besonders für Männer) Sie ziehen sich an, als müsste sich das Wetter nach Ihnen richten: Bei drei Grad über null tragen Sie einen leichten Baumwollpulli mit tiefem V-Ausschnitt, der bitte schön aus der Form gekommen ist, unter einem zu klein geratenen Jackett (gibt's bei ZARA). Wenn Sie oben derart luftig daherkommen, können Sie untenherum machen, was Sie wollen – sogar Moonboots tragen.

4. In der Stadt

Auch hier gilt: Handeln Sie immer entgegen dem gesunden Menschenverstand. In Kneipen und Cafés lassen Sie den Mantel an und auf jeden Fall auch die Mütze auf. Beim Schaufensterbummel tragen Sie den Mantel dagegen locker über den Arm gelegt.

Schöne Touren – tolle Teilnehmer (gibt's mehr, als man denkt)

Die meisten Leute sind wirklich supernett, geben Trinkgeld, fragen interessante Sachen, lassen einen in der Pause in Ruhe. Hier eine kleine Auswahl:

Die holländischen Lehrerinnen kamen im Januar. Es waren vielleicht drei Grad unter null. Kalt, wie es nur in Berlin kalt sein kann: nasskalt, beißender Wind; wir sind hier eben nah an der russischen Grenze oder, besser gesagt, ehemals sowjetischen Grenze. Eine holländische Schulklasse mit zwei unbeschreiblich frischen Lehrerinnen, die eine brünett und mit Sommersprossen, die andere hellblond mit Stupsnase, hatte eine Mauer-Tour gebucht. Es war so kalt, dass wir die meiste Zeit in Cafés herumhingen und uns anflirteten. Zum Abschluss schenkten sie mir einen Postkartenkalender mit holländischen Motiven – Windmühlen und so. Ich habe ihn heute noch in der Küche hängen.

Die holländischen Architekten betreute ich auf einer der Touren, die ich erst mit einiger Erfahrung machen konnte. Denn da hatte ich bereits begriffen, dass die Leute vor allem radeln wollen, wenn sie eine Radtour buchen; dass sie die Stadt sehen wollen und ich mein Geschwätz auf ein Minimum beschränken kann, solange die Route schön, dass Wetter freundlich und ich entspannt bin. Die Holländer, vier Männer und drei Frauen, waren auf einer Art Architektenkongress am Potsdamer Platz gewesen, und ich war nun ihr Entspannungsprogramm. Unsere Route sollte nach ihrem Wunsch an interessanten und bizarren Beispielen Berliner Architektur vorbeiführen. Und so fuhren wir bei herrlichstem Sonnenschein zunächst zum Alexanderplatz mit Fernsehturm, danach die Karl-Marx-Allee hinunter, wo man liebevoll restaurierte Plattenbauten zu sehen bekommt (die erst jetzt, nach dem Zusammenbruch der DDR, so aussehen, wie die sozialistischen Machthaber sich das in ihren kühnsten Träumen nicht ausdenken konnten) sowie das Kino International und das Café Moskau, zwei Paradebeispiele der sozialistischen Schlichtheitskunst. Anschließend schlängelten wir durch Mitte und passierten verschiedene Hochbunker, die heutzutage als Townhauses und Galerien fungieren, sowie diverse Botschaften (darunter die holländische direkt am Wasser). Wir besichtigten den Potsdamer Platz, den Leipziger Platz mit seinem gnadenlos missratenen »größten Einkaufszentrum Europas« und schließlich unsere tollen Abgeordnetenhäuser, die sich über die Spree spannen.

Gesagt habe ich wenig, denn die Architekten haben einander die nötigen Fakten geliefert und mir dabei mehr beigebracht als ich ihnen.

Die Schweizer Industriellen fanden das Restaurant, das wir normalerweise in der Mittagspause ansteuern, nicht schön genug und luden mich woandershin fein ein. Anschließend gaben sie mir ein Trinkgeld von 30 Euro. Grüezi.

Die Junggesellinnen sind immer am besten. Und immer kriege *ich* sie. Vielleicht, weil mein Kollege Ernie so ein Zausel, meine Kollegin Andrea so eine vorlaute Emanze und die anderen Kollegen geschichtsverliebte Freaks sind. Vielleicht liegt es auch daran, dass ich verheiratet bin und die Damen nichts zu befürchten haben.

Ja, der Job hat seine positiven Seiten. An vielen Tagen ist er sogar der Hammer. In jeder Tour gibt es Momente, die sind unvergleichlich. Da kann Lieschen Müller aus Ettlingen noch so lange an ihrem Sattel herumgefummelt haben wollen – wenn der Kranich auf einem Schiffstau am Landwehrkanal sitzt, die Sonne dahinter über der Silhouette des Potsdamer Platzes aufgeht und sich ein Regenbogen mit der von Rasensprengern im Tiergarten befeuchteten Luft aufspannt, das hat schon was.

Oder das Brandenburger Tor. Wer darf schon jeden Tag beruflich durchs Brandenburger Tor fahren und es fotografieren? Wir dürfen das. Wir fotografieren quasi jeden Tourteilnehmer vor dem Ding. Und es ist immer schön. Dem kann sich niemand entziehen, das Tor sieht einfach schick aus, wie es so rausgeputzt dasteht, hinter sich die Siegessäule, vor sich die Altstadt. Kein Wunder, dass die Nationalelf hier gerne abfeiert.

Aber nicht nur die Architektur und überraschende Einblicke versüßen mir mein Tun. Manchmal sind auch die Tourteilnehmer einfach nette Leute – und zwar in der Art, wie man sie in Berlin fast nicht trifft, weil nett sein hier nicht weiterhilft oder gegen einen verwendet werden kann oder weil man dann für blöd gehalten wird, für debil, für naiv. Am schlimmsten ist es, wenn man in Berlin in der Öffentlichkeit nett ist, denn dann wird man für jemanden gehalten, der nicht von hier ist.

Anke aus Freiburg zum Beispiel hat einfach zugehört und ab und zu eine Frage gestellt. Sie ist sehr sympathisch. Bernd und Gerti aus Recklinghausen kannten zwar alles schon, wollten aber trotzdem irgendetwas machen. Sie fanden unsere Tour sehr entspannt. Ich auch.

Schön ist, dass man solche Leute kennenlernt. Und überhaupt Leute an sich. Denn ich lerne ganz gerne Leute kennen. Zumindest manchmal, und auch nur manche Leute. Wir sind nun mal keine Quallen, die still und teilnahmslos durch die Stadt schweben, sondern soziale Wesen. Damit muss man sich arrangieren.

Schön sind auch die vielen hübschen Mädchen in dieser Stadt. Die nehmen zwar nicht an der Tour teil, stehen aber immerhin vor den Sehenswürdigkeiten rum. Warum hübsche Mädchen fast nie an Touren teilnehmen, weiß ich nicht. Sind hübsche Mädchen an Geschichte nicht interessiert? Oder sind sie zwar an Geschichte interessiert, haben aber kein Geld für eine Tour? Oder keine Geduld? Vielleicht sind sie auch nur mehr an anderen Sachen interessiert, zum Beispiel am Shoppen oder an den dummen Söhnen reicher Eltern. Sie sagen sich vielleicht morgens: »Oh, fuck noch eins, ich würde wahnwitzig gern diese Tour mit diesem irre gutaussehenden Typen mitmachen, aber ich bin ein kleines bisschen mehr an den schicken Läden am Hackeschen Markt interessiert.«

Auch andere Volksgruppen nehmen nie an Touren teil: Migranten, Nazis, Ossis und Hipster.

Migranten sind ein kleines bisschen mehr an ihren eigenen Leuten und ihrer Heimatgeschichte interessiert als an der unsrigen, glaube ich. Nazis sind sicher mehr an ihrer Version der Geschichte interessiert als an unserer. Ossis ebenfalls, was nicht heißt, dass das dieselbe Version ist. Und Hipster sind mehr an ihrer Version der Zukunft interessiert als an allem anderen. Das ist aber alles für einen Guide kein Problem, denn diese Bevölkerungsgruppen geben wahrscheinlich eh nie Trinkgeld.

Annika im Sony-Center

Ich bin also ein Guide. Nein, das stimmt nicht. Ich bin KEIN Guide. Ich bin Schriftsteller. Allerdings einer, der schon ziemlich lange nichts mehr veröffentlicht hat. Genauer gesagt schon über zehn Jahre nichts mehr. Und wenn man es ganz genau nimmt, dann war das damals gar kein Buch, sondern ein Theaterstück. Das wurde auch aufgeführt, in – nun ja – Bielefeld, was mich nicht vom Glauben abbrachte, der nächste Hemingway, Handke oder Hölderlin zu sein. Bis ich Folgendes erlebte:

Ich (am Telefon): »Hallo, Seltmann hier. Ich wollte zwei Autorenkarten für die Aufführung meines Stücks reservieren.«

Frau (am Telefon): »Das wird nicht gespielt.«

Ich: » Ach so?«

Sie: »Das ist abgesetzt.«

Ich: »Oh.«

Das war nicht schön. Diese Missachtung durch das Bielefelder Theaterpublikum hat sich tief in mein Schriftstellerseelchen eingebrannt.

Aber daran denke ich nie. So darf ein Künstler nicht denken. Denn dann kann er nicht schreiben. Und ein Schriftsteller, der nicht schreibt, ist kein Schriftsteller. Also schreibe ich. Jeden Tag. Wenn ich nicht gerade Touristen stundenlang durch die Stadt führe.

Die Begrüßung der Gäste fällt in der Regel so aus:

»Hallo!«

Gut, das klingt erst mal wenig verheißungsvoll. Doch man stelle sich meine Stimme hoch vor, lauter, ein bisschen gepresst, mit diesem leichten »Wir wollen uns heute einen unvergesslichen Tag machen«-Ton, aber nicht zu forciert. Die englischen, oder besser: englischsprachigen Guides (englische gibt's kaum) haben es leichter. Die brüllen einfach die Leute an und grinsen dabei ein falsches Lachen: »We will have a GREAT day!« Das »great« betonen sie, als wolle man nun gemeinsam die Eiger-Nordwand bezwingen.

Dann fahre ich fort: »Ich bin also Ihr Guide. Mein Name ist Christian. Christian Seltmann. Ich bin von Hause aus Historiker.« Natürlich sagt jeder, was er ist oder zumindest sein will. Ich lege größten Wert darauf, Historiker zu sein, weil es mir das Gefühl verschafft, etwas Besseres zu sein als meine Guide-Mitstreiter. Den Tourteilnehmern sage ich das natürlich nicht; denen sage ich: »Ich führe seit zwei Jahren Touristen durch diese Stadt, durch die Geschichte dieser Stadt.« Und dabei denke ich: *Das ist ein Höllenjob, ein Traumjob, ein Knochenjob, ein Scheißjob, und zwar zu einem Hungerlohn. Wie bin ich bloß hier hineingeraten?*

Aber ich rufe: »Auf geht's, Freunde!«

Damit beginnt die Tour. Und nie weiß ich, was mir mit meinen Mitfahrern blüht. Und manchmal ist es echt schön. Wie heute.

Heute habe ich eine niederländische Abiturientengruppe unter den Fittichen.

Holländer? Gut.

Schüler? Au, weia!

Na, mal sehen.

Eine von den Schülerinnen ist Annika. Annika hat ein Problem. Es regnet seit Stunden, die Ponchos aus dünner Plastikfolie, die ich ausgeteilt habe, kleben den Schülern auf der Haut. Gott sei Dank sind es Holländer. Die sind ultrazäh. Holländer sind die Härtesten auf dem Fahrrad. Dabei ist ihnen das gar nicht bewusst. Sie halten es einfach für normal, zehn Kilometer gegen den peitschenden Regen zur Schule zu fahren. Auch die Mädchen. Wenn die Holländer wüssten, was für ein zähes Volk sie sind, und hätten sie 1939 ihre Räder gehabt, dann hätte die Wehrmacht nicht so leichtes Spiel gehabt. Und würde Fußball auf Rädern gespielt, wären sie schon mehrfacher Weltmeister.

Annikas Problem ist nicht der Regen, sondern ein platter Reifen. Okay, einmal musste es ja passieren. Mein erster Platten überhaupt.

Ich lasse die Schüler die Räder am Bahntower abstellen. Scheiße. Ich habe überhaupt keinen Nerv, jetzt einen Schlauch zu wechseln.

»Wie lange brauchen Sie dafür?«, fragt mich einer der Schüler.

Annika zieht ihren Regenponcho aus.

»Wie lange würdest du brauchen?«, frage ich zurück.

»Äh.«

Ich habe richtig getippt. Weil Annika ihn mit diesem Augenaufschlag ansieht, muss er blankziehen: »Unter zehn Minuten!«

»Okay. Dann zeig mal«, sage ich.

Wir schieben das Fahrrad unters Zeltdach des Sony-Centers: vier Jungs, die die Reparatur auf neun Minuten schätzen, Annika, eine tapfere Freundin und ich. Die anderen habe ich bereits in die Shopping-Mall geschickt. Und auch zu Annika sage ich gönnerhaft: »Annika, in zwanzig Minuten ist dein Rad fertig.«

»Okay.« Und weg ist sie mit ihrer Freundin. Gut so.

»Haben Sie eine Uhr?«, fragt der Junge. Er und seine Kumpels nehmen das wahnsinnig ernst.

»Ich leg dir erst das Werkzeug raus«, erwidere ich und schmeiße die Tasche mit den Schraubenziehern und dem anderen Kram auf den Boden. »Fertig?«, frage ich.

Er nickt.

»Los!« Ich drücke den Start-Knopf an meiner Digitaluhr. Dass ich die Stoppfunktion je noch mal brauchen könnte, hätte ich nicht gedacht.

Aber die Jungs sind cool. Sie diskutieren erst einmal, wie sie es am besten machen wollen, bevor sie überhaupt etwas machen. Dann einigen sie sich und legen los. Ich stehe daneben und reiche Werkzeug an.

»Fertig!« Der Junge zeigt auf die Uhr.

»Neun Minuten, vierzehn Sekunden!« sage ich. »Danke.«

»Kein Problem. Können wir noch was zu essen kaufen?«

Mann, sind die gut erzogen. Ich jage auch sie in die Potsdamer Platz Arkaden.

Gay Guide

Schön sind auch die Spezialaufträge, die ich kriege.

Warum die immer bei mir landen, weiß ich nicht. Für Schwule wäre Jerome doch viel geeigneter. Aber nun habe ich eine Gruppe Enddreißiger (ziemlich sicher schwul, so gut, wie die angezogen sind) durch die Stadt zu führen.

Als wir auf den Fahrrädern sitzen, fragen sie: »Du, sag mal, kannst du uns auch was Spannendes zeigen?«

Ich bin nicht doof und weiß, dass das Kriminaltheater für die Jungs nicht spannend ist. Sie sind zwar um die vierzig, kleiden sich aber wie Zwanzigjährige und haben mehr als genug Geld.

Ich raffe alles zusammen, was mir zum Thema Homosexuelles Berlin einfällt. Das fällt in der Schwulenhauptstadt Europas nicht schwer. Wir fahren zum Denkmal für die ermordeten Homosexuellen Europas. Es befindet sich gegenüber des Holocaust-Mahnmals. Von dort fahren wir zum Cruising Park, einem Areal im Tiergarten, das sich südlich vom Bremer Weg bei den Tischtennisplatten befindet. Wer da schon mal langgekommen ist und sich darüber gewundert habt, dass überall Kondompackungen und Kleenex rumliegt, weiß jetzt, warum das so ist. Als Zartbesaiteter, Stockkonservativer oder mit Kindern an der Hand sollte man solche Gegenden meiden oder zumindest die großen Wege nicht verlassen – man könnte sonst über Männer beim Sex stolpern. Auch tagsüber! Der Sexualtrieb kennt keine Auszeiten.

Es gelingt mir nur halbwegs, die Jungs im Cruising Park bei der Stange zu halten, denn nach und nach entschwinden sie ins Gebüsch. Mir ist egal, was sie machen, aber irgendjemand muss zumindest die ganzen Fahrräder zurück zum Laden fahren. Also setze ich mich auf eine Parkbank und checke meinen Facebook-Account. Dann checke ich meine E-Mails. Dann telefoniere ich mit meinen Eltern. Weil es im Sauerland, wo sie wohnen, regnet, haben sie Zeit, und wir quatschen uns fest.

So vergeht die Zeit. Nach und nach trudeln die Jungs wieder ein. Wir steigen wieder auf die Räder und juckeln zurück zum Zoo. Das war also die »spannende« Berlin-Tour, die sie sich vorgestellt haben.

Miss American Pie

Normalerweise mache ich keine Touren mit nur einer Person. Diesmal, an einem schönen Frühlingstag im April, mache ich eine Ausnahme. Und das ist gut so, denn die Tour wird irgendwie zu einer meiner schönsten.

Warum ich die Ausnahme mache? Ganz einfach deswegen, weil ich keine Lust habe, in der Staatsbibliothek an meinem Roman zu kauen. Deshalb mache ich nun die Segway-Tour mit Amy aus Washington.

Amy ist klein, hat schick kastanienbraun gefärbte Haare, ist adrett, schüchtern und reich. Sie logiert mit ihrem Mann im Hôtel de Rome am Bebelplatz, einer der teuersten Herbergen der Stadt. Während er dort auf einem Kongress sicher Wichtiges von sich gibt, muss sich Amy den Tag allein um die Ohren schlagen.

Aber was heißt allein – sie hat ja mich.

Amy war noch nie in Europa, ja, sie war noch niemals überhaupt außerhalb der USA. Noch nicht mal weg von der Ostküste ist sie je gewesen, außer einmal auf Hawaii. Sie hat viele schlimme Sachen über Europa gehört, ungefähr so, wie wir immer schlimme Dinge über die USA hören: überall Gangs und Schwule, Leute, die einen ausrauben oder über den Haufen fahren, dazu Nazis, Russen und arabische Terroristen, in jeder Imbissbude ein Spion …

Ich weiß nicht, wie Amy auf die Idee mit der Segway-Tour

gekommen ist. Wahrscheinlich hat ihr Mann, der nicht nur das Geld, sondern auch das Sagen hat, angeordnet: »Amy, du machst heute eine Segway-Tour, und heute Abend schaun wir mal.« Was bedeutet, dass er auch den heutigen Abend eher mit langweiligen Geschäftspartner verbringt anstatt mit seiner Frau.

Jedenfalls benimmt sich Amy, die ungefähr Ende vierzig ist, wie eine Zehnjährige, die aus Versehen in einen Beate-Uhse-Laden gestolpert ist und den Ausgang nicht findet. Sie guckt mich mit großen Augen an, sie guckt den Fahrradhelm mit großen Augen an, sie guckt den Segway mit großen Augen an. Grüngrauen Augen übrigens, vermutlich hat sie irische Vorfahren. In ihrem kleinen Kopf unter der adretten Frisur beginnt es zu rumoren: Helm = Gefahr.

Ich sage: »Wir kommen übrigens direkt an der US-amerikanischen Botschaft vorbei.« Das war als Witz gemeint, aber Amy scheint es zu beruhigen.

Nach ungefähr zehn Minuten Einweisung vertraut sie mir. Ich schiebe sie auf dem Segway über die Kabelbrücke, stütze sie am Ellbogen und fange sie auf, als sie runterfällt. Schließlich frage ich sie, ob sie die Tour wirklich machen will.

Doch! Doch! Sie will!

Wir beginnen, und nach einigen Minuten Fahrzeit entspannt sie sich. Ich erzähle meine Storys, und am Gendarmenmarkt machen wir eine Kaffeepause.

Sie druckst herum. Endlich rückt sie mit der Sprache raus: Ob sie mich zum Abendessen einladen dürfe.

In Sekundenbruchteilen checke ich die Lage. Eigentlich ist sie ganz süß. Noch eigentlicher bin ich glücklich verheiratet. Aber man muss ja nicht gleich das Schlimmste denken. Und warum sich nicht mal einladen lassen? Ins Ganymed am Berliner Ensemble vielleicht? Oder ins noch edlere Borchardt in der Behrenstraße? Wenn ich jetzt nein sage, ist sie enttäuscht. Sie wirkt ohnehin schon so unglücklich und verloren hier im Alten Europa.

Ich lächle und antworte: »Das ist wirklich nett. Ich würde das wahnsinnig gern machen, aber ich bin mit meiner Frau bei Freunden verabredet.« Soll ich noch hinterherschieben, dass sie doch mitkommen kann? Nein, Quatsch – denn wir sind ja gar nicht verabredet.

Amy lächelt und nickt. Sie ist enttäuscht, aber auf ihre schüchterne Art ist sie auch ein bisschen stolz, dass sie sich getraut hat, zu fragen. Vielleicht fühlte sie sich ganz nah dran an einer kleinen Amour fou in Berlin.

Wir machen uns noch einen sehr schönen Nachmittag, denn nachdem wir die Segways abgegeben haben, fahren wir mit dem Doppeldeckerbus zum Tiergarten und mieten am Café am Neuen See ein Ruderboot und schippern über die Kanäle. Amy lacht und lächelt. Und als ich sie am Abend am Bebelplatz abgebe, hat sie zuvor noch in der Galeries Lafayette in der Friedrichstraße eingekauft, und eine Karte für *Don Giovanni* in der Staatsoper *Unter den Linden* habe ich ihr auch besorgt. Dort findet sie bestimmt einen alerten Herrn aus Dahlem, der mit ihr in der Pause ein Gläschen Schampus schlürft. Bye, bye, Miss American Pie.

Junggesellinnenabschied

Junggesellenabschiede sind normalerweise einfach nur grausam. Von dieser Unsitte wird vor allem Friedrichshain seit einigen Jahren heimgesucht. Irgendwer hat im Zeitalter der

Gleichberechtigung den Junggesellinnenabschied eingeführt – und diese Events sind fast noch schlimmer. Deshalb bin ich nicht begeistert, als Esther im Laden mir sagt, sie wolle mir einen solchen Junggesellinnenabschied auf Segways anvertrauen. Aber gut. Wer soll das sonst machen?

Vor mir stehen also sieben Blondinen; einige davon offensichtliche Fake Blondes. Ich weiß, was sie wollen: Sie wollen hofiert werden. Sie wollen geführt werden. Sie wollen fotografiert werden.

Können sie alles haben, kein Problem. Ich habe heute ein Burberrys-Hemd und eine gutsitzende Jeans an. Ein Paar grau melierte Schläfen kommen noch dazu – und schon bin ich so etwas wie der große Bruder.

Die sieben sind übers Wochenende in Berlin. Sie kommen aus Stuttgart, und der Anlass ihrer Hauptstadtreise ist Heikes bevorstehender Eintritt in die Ehe. Dankenswerterweise haben sie Stil und laufen nicht mit Schnaps durch die Gegend – nun ja, vielleicht noch nicht. Und sie können sich immerhin schminken, sind gutgekleidet, und ihre It-Bags sind echt. Meine Befürchtungen scheinen unbegründet.

Die Stimmung, das Wetter, die Kulisse – alles ist ideal für einen perfekten Abend. Es ist Anfang September, 18 Uhr. Die Sonne steht schräg über dem Brandenburger Tor und taucht den Boulevard *Unter den Linden* in sanftes Licht. Die Luft flirrt, als sei sie von Goldstaub gesättigt. Der Verkehr fließt träge und nahezu lautlos. Die Menschen lächeln.

Auch solche Momente gibt es in Berlin. Geradezu surreal.

Wir gleiten mit unseren Segways in langen Schleifen durch die Abendsonne, die die sanft gebräunte Haut meiner Blondinen leuchten lässt. Im Brunnen am Lustgarten waten sie mit nackten Beinen herum.

»Komm rein!«, rufen sie.

Ich bleibe lieber bei den Segways.

Sie haben keinen Blick für die unförmig beeindruckende Fassade des Doms. Sie bewundern nicht die Eleganz des Alten Museums. Sie spüren, dass das alles um sie herum heute eine Bühne ist. Für sie und für Heike. Die Touristen sind Statisten und Publikum, denn heute feiern sie. Sie feiern, dass die Erste ihrer Clique am Ende einer langen Odysee in den Hafen einfährt. Mir haben sie ihre Kameras und iPhones in die Hand gedrückt, und ich lichte sie ab. Heike ist selig, im Kreise ihrer liebsten Freundinnen die Ehrenperson zu sein.

Barfuß mit wehenden Haaren und Röcken fahren sie hinter mir her. Nächste Shooting-Location: Humboldt-Universität, das ehemalige Prinz-Heinrich-Palais. Ein hübscher schlichter klassizistischer Kasten mit Denkmälern und Rasenflächen davor. Ich gruppiere sie so, dass ein bisschen was vom Reiterstandbild Friedrichs, ein Eckchen Brandenburger Tor und sogar ein Zipfel Siegessäule im Bild ist. Vielleicht wird Heike das Photo einmal betrachten, wenn sie alt und grau ist, und wehmütig werden. Dafür bin ich da: um schöne Erinnerungen herzustellen.

Ich klatsche in die Hände: »So, Mädels, weiter geht's. Ihr seht aus, als könntet ihr einen Prosecco vertragen.«

»Jaaaaaaaaa!«

Gendarmenmarkt. Wir stellen die Segways neben dem Schauspielhaus ab. Ich führe sie zu den Sofas und Sesseln, die die berühmt-berüchtigte Newton Bar aufgestellt hat.

Kerstin taxiert den Barkeeper: »Den muss man sich ja noch nicht mal schönsaufen!«

Der Barkeeper und ich nicken uns quasi unter Kollegen zu, als ich mit den sieben Blondinen Platz nehme.

Eine Stunde später sitzen wir immer noch hier. Mittlerweile sind die Damen zu Aperol Spritz übergegangen, und ich dürfte sie eigentlich nicht mehr auf die Segways lassen. Aber natürlich steht noch das Brandenburger Tor auf dem Programm. Ich suche die Nüchternste aus und nehme sie beiseite: »Kannst du bitte am Ende der Gruppe fahren? Ich glaube, die anderen sind ein bisschen beschickert.« Sie nickt.

Beschickert ist gar kein Ausdruck. Ich bin heilfroh, dass es Abend und am Pariser Platz entsprechend nicht mehr so viel los ist. Die sechs fahren kreuz und quer, zick und zack, schwätzen und filmen einander dabei. Schließlich stoßen zwei zusammen und überschlagen sich. Ich hechte vom Rad und bin bei ihnen, aber das Glück ist mit den Dummen oder mit den Betrunkenen ...

Drei Sekunden später beim Gruppenbild vorm Brandenburger Tor kichern sie schon wieder. Zurück fahren wir ganz, ganz langsam. Über den Mittelstreifen. Und an den großen Baustellen schieben wir.

Und dann sind sie endlich weg. Entschwunden in ihr weiteres Leben. Ich stelle die Segways ab, trinke noch eine Cola und entschwebe in die laue Berliner Nacht.

Historistische Scheiße

Von manch schöner Tour bleibt nur ein Bonmot in Erinnerung. So wie bei Laura.

Laura kommt aus Long Island. Ihrem Pass zufolge, in den ich bei der Anmeldung einen Blick werfen konnte, ist sie so alt wie ich. Wüsste ich das nicht, würde ich sie auf Mitte dreißig schätzen. Sie hat eine Schnuppertour mit Segway auf Deutsch gebucht. Sie habe deutsche Vorfahren und einen deutschen Schäferhund, erzählt sie mir, deshalb sei das kein Problem. Ob sie wirklich Deutsch kann, weiß ich nicht, denn sie sagt mir das alles auf Englisch.

Immerhin, Laura macht alles, was ich ihr sage, und zockelt auf dem Segway brav hinter mir her. Als wir auf der Schlossbrücke ankommen, macht sie einen Rundumblick über den Deutschen Dom, das Zeughaus, die Stadtgendarmerie, das Kronprinzenpalais, die Staatsoper und all die anderen prächtigen Gebäude, auf die wir so stolz sind, und kreischt: »Look at all the shit on the roof! That's amazing.«

Sie meint die Vasen, Götterfiguren, die Apostel, Kreuze, Rüstungen und all das andere Gelumpe aus Stein, das hier über die Jahrhunderte zusammengekommen ist. Ich versuche ihr zu erklären, was Historismus ist. Ich beginne mit Wilhelm Zwo und ende mit Schinckel.

»I love 'em«, sagt Laura. »Schinckel and all his shit on the roofs. I love it.«

So kann man das auch sehen.

Gefühle

Was bringt einen erwachsenen Menschen dazu, solche Touren durchzuführen? Das Geld? Na ja, man könnte einfacher mehr verdienen. Die Arbeit an der frischen Luft? Es gibt auf dem Friedhof sicher noch ein paar prima Stellen. Da ist das Verkehrsaufkommen auch nicht so hoch.

Ich könnte noch ein halbes Dutzend anderer Gründe deklinieren, sage aber lieber gleich, was wirklich super ist an der Sache: das Gefühl. Das Gefühl, wenn eine Tour richtig gut läuft. Dazu muss das Wetter mitspielen. Wenn man bei 19 Grad, leichter Brise und Sonnenschein durch den Tiergarten radelt, vor sich das Brandenburger Tor, hinter sich acht oder zehn erwachsene, selbstbewusste Leute, mit denen man einen anständigen Tag verbringen kann, ist das schon ein guter Start. Wenn man, wie ich bei der Mauer-Tour, den ersten Stopp am Sowjetischen Ehrenmal einlegt und die Leute wirklich zuhören, nicken, vielleicht sogar klug nachfragen und man merkt, dass man seine Sätze, seine Fakten, seinen Rhythmus draufhat, dann geht's toll weiter. Wenn man beim Mittagessen nicht mit unverschämten Fragen und Anmerkungen genervt wird, sondern die Leute erst einmal gucken, ob ihr Guide nicht vielleicht auch eine Pause braucht, sie ihn gegebenenfalls in Ruhe lassen, und wenn sich später dann ein Gespräch über dies und das ergibt und die Leute am Schluss sagen: »Das war wirklich ein toller Tag. So eine schöne Tour haben wir noch nie mitgemacht.« – dann ist es wirklich eine gute Tour gewesen. Diese tiefe Befriedigung darüber, dass zehn Leute, die sich nicht kannten und sich wahrscheinlich nie wieder sehen werden, für ein paar Stunden an einer Erzählung teilgenommen, zusammen an roten Ampeln gehalten und gemeinsam gegessen haben, miteinander ins Gespräch gekommen sind, und darüber, dass man vielleicht eine Reifenpanne hatte, die man gemeinsam behoben hat, gemeinsam über Gefühle gesprochen hat (denn Gefühle kommen bei einer guten Mauer-Tour reichlich hoch) – diese Befriedigung ist großartig!

Frauke erzählt von ihrer Mama, die sich damals verliebt hat wie bei Udo Lindenbergs *Mädchen aus Ostberlin*. Ich sage nichts, denn alle nicken. Ich muss nichts sagen. Das Gespräch der anderen Teilnehmer läuft auch ohne mein

Geschwätz. Wir sitzen im Prater-Biergarten unter den blühenden Kastanien und trinken Apfelschorle. Frauke hat eigentlich nur Heike was erzählt, aber auf einmal hören alle zu. Die Stimmung ist knisterig, und Frauke stockt, weil sie merkt, dass sie plötzlich im Mittelpunkt steht, und schließlich räumt sie ein, sie wisse gar nicht, ob sie von ihrem Vater abstamme oder von diesem Jungen aus Ostberlin. Man nickt, man schweigt. Dann schüttelt Frauke sich und ihre Mähne und setzt ihre Sonnenbrille auf: »Na, ist ja auch schon lange her.«

Oder wie alle sich darüber einig werden, dass sie Mitte der Achtzigern nicht mal mehr spöttisch gelacht haben, wenn es um die Wiedervereinigung ging. Es war einfach allen egal. Ich zum Beispiel dachte im ersten Semester im Sommer 1989, als ich im Einführungskurs *Weimarer Klassik* saß: *Da kommst du nie hin oder nur mit einem Riesenaufwand.*

Wenn man merkt, dass so eine Tour nicht nur aus Fakten und Sehenswürdigkeiten besteht, dass Geschichte mehr ist als Zeug, das früher mal passiert ist. Wenn es um Gefühle geht und man diese mit den Tourteilnehmern teilt, dann hat das schon was.

Unverhoffte Freundschaften

Ich weiß gar nicht, warum ich überhaupt Schriftsteller werden will. Niemand, den ich kenne, ist Schriftsteller. Meine Bekannten sind Project Manager oder Lehrer, Marketing Manager und Fernsehfritzen. Aber Schriftsteller? Da muss man doch den ganzen Tag allein am Schreibtisch sitzen. Das ist ja … langweilig.

Nicht langweilig ist es hingegen, am frühen Vormittag gegen neun durch Berlin zu radeln. Wenn es pulsiert, wenn es voller Tatendrang ist, wenn die auf der Straße sind, die Arbeit haben, die einer Pflicht nachgehen, die Verantwortung übernehmen. Das ist in Berlin zwar nur eine gefühlte Minderheit, aber okay, an solchen Morgen präsentiert sich diese Hipster-Hängematte fast als so eine Metropole wie, sagen wir, München oder Frankfurt. Glaube ich zumindest.

Es riecht nach Teer. Der Dampf der Asphaltmaschine zieht in dicken Wolken vor der Sonne vorbei. Der Flakbunker im Humboldthain steht bedrohlich über Klein-Istanbul, genannt Gesundbrunnen. Mein Atem wölkt in den Morgen. Ich werde heute eine hervorragende Tour machen – weil die Saison sich dem Ende zuneigt, sicher mit wenigen Teilnehmern, aber die, die jetzt kommen, wollen wirklich etwas erleben und etwas wissen. Die fahren außerhalb der großen Reisezeit, die sind gut drauf.

Ich biege auf den Busbahnhof am Bahnhof Zoo ein. Die Penner unter der Eisenbahnbrücke schlafen noch. Weil es am Boden schon empfindlich kalt werden kann, haben sich einige oben auf den Sockel der dicken Natursteinpfeiler gelegt. Nun schlafen sie in fünf Meter Höhe ihren Rausch aus, über sich die ICEs und S-Bahnen, unter sich die Straße mit den Doppeldeckerbussen. Neben der Unterführung steht wie in jedem Jahr der Kältebus zum Aufwärmen, daneben die mobile Toilette, der Bauwagen mit der Fixerstube, der Automat mit den Einwegspritzen und den Kondomen. Die Sonne kann aufgehen, wie sie will – es gibt Dinge, die ändern sich nie.

Ich habe gehört, irgendwer habe den Vorschlag gemacht, den Platz in »David-Bowie-Promenade« umzubenennen, wegen seiner Rolle in dem Buch von Christiane F. und dem Berlin der ausgehenden Siebziger. Ich wische mir diesen trüben Gedanken aus dem Hirn, als ich am Laden ankomme. Adam ist gerade dabei, die Räder rauszustellen.

»Du hast zwei Reservierungen!«, sagt er.

»Oh!«

»Zwölf Leute.«

»Ohh!!!«

Ich stelle zwölf Fahrräder raus, danach noch vier daneben, denn vielleicht kommen ja noch mehr. Dann blinzle ich in die Sonne. Ich ziehe den Reißverschluss meiner CR-Kapuzenjacke hoch. Heute habe ich mit meiner eisernen Regel gebrochen und eine Jacke mit Firmenlogo angezogen. Und sogar ein CR-Basecap auf, weil mir sonst die Sonne dauernd ins Gesicht scheint. Ich stelle die Touris immer so, dass nicht sie, sondern ich in die Sonne gucke, alles andere fände ich unhöflich. Ich könnte eine Sonnenbrille tragen, aber das finde ich das Letzte: Zu Leuten zu reden mit einer Sonnenbrille vor den Augen – das machen nur Neonazis, 1.-Mai-Chaoten und Frauen, die sich für so besonders halten, dass nicht jeder ihres Blickes würdig ist.

Ich warte. Um drei vor halb, für deutsche Verhältnisse atemberaubend knapp, hetzt ein Mann meines Alters in der üblichen Berlin-Touristen-Kluft heran. »Sie kommen gleich. Ich bin Stefan«, keucht er.

»Christian«, erwidere ich.

»Wo muss ich bezahlen?«, hechelt er.

»Langsam, das können wir alles nachher machen. Ihr seid doch im Urlaub.«

Stefan bellt ein sarkastisches Lachen. Und da sehe ich den Grund dafür hinter ihm herankommen: eine Frau, seine vermutlich, im Schlepptau drei Kinder. Wie sich herausstellt, heißen sie Hannah, ungefähr 14, Linus, 9, und Merve, 7.

»Hallihallo, sorry, da sind wir«, säuselt die Frau.

Ich reiche ihr die Hand. »Ich bin Christian, euer Guide.«

»Äh, Kerstin, ja.«

»Die anderen wollten dann doch nicht«, sagt Stefan.

»Ist doch super«, sage ich. Ich bin ehrlich erleichtert, dass nicht noch mehr Leute kommen, denn Teenager, Grundschulkinder und kleine Mädchen mit Eltern sind schon ein spezielles Völkchen. Wenn man auf sie eingeht, gibt es kein Problem, aber wenn man sie in eine Gruppe von Normaltouristen steckt, kann es schwierig werden – entweder die Kinder langweilen sich, oder die anderen Teilnehmer sind genervt.

»Okay, ich hol jetzt erst mal zwei passende Räder für euch«, sage ich. Als ich mit einem coolen Rad für Jungs und einem Lillifee-Kinderrad für Merve wiederkomme, ist es schon passiert: Ein älteres Ehepaar ist aufgetaucht. Er dick mit Halbglatze, sie mit grauem Rollkragenpullover, Perlohrsteckern und Prada-Sonnenbrille (der Schriftzug ist so fett, dass man ihn auf zehn Meter Entfernung sieht).

»Sind Sie hier der zuständige Mann?«, fragt der Mann meinen Kollegen Adam.

»Kommt drauf an, was Sie möchten. Ich bin da recht vielseitig und aufgeschlossen«, antwortet Adam mit seinem breiigen australischen Akzent.

Dem Mann ist entgangen, dass er von Adam verarscht wird, und sagt: »Die Tour um halb.«

Es ist kurz nach halb auf der Uhr an der Wand hinter Adam.

»Das ist Ihr Mann!« Adam zeigt auf mich.

»Stets zu Diensten«, sage ich und schiebe ein »Moment« in Stefans Richtung hinterher.

Die beiden älteren Herrschaften folgen mir. Ich erkläre ihnen, dass das die besagte Tour sei und dass wir gerade losfahren wollen, es um elf aber noch eine Mauer-Tour gebe, bei der Ernie, ein wirklicher Spezialist und ein Augen- und Zeitzeuge dazu, dass der … kurz gesagt, ich versuche, ihnen die andere Tour so schmackhaft zu machen, dass sie jetzt erst einmal für einen Cappuccino rüber ins Romanische Café gehen und um elf wiederkommen, wenn ich mit meiner Kleinfamilie weg bin. Denn die beiden wohlhabenden Best Ager und meine gestresste Familie ergeben vermutlich eine explosive Mischung.

»Nein, nein«, maunzt die Prada-Frau, »das mit der Mauer, das ist mir zu düster. Ich möchte lieber auch richtig historische Sachen.«

Richtig historische Sachen?, denke ich mir. Ist die Mauer keine richtig historische Sache? Was kann richtig historischer sein als die Berliner Mauer? Aber bitte, mir steht es nicht zu, die Touristen zu kritisieren, solange sie an meiner Tour teilnehmen.

»Gut. Das hier sind die anderen Tour-Teilnehmer«, sage ich. »Merve, Luis.«

»Linus.«

»… Linus, Stefan …«

»Kerstin«, sagt Kerstin.

Ich hoffe, dass meine Golden Retriever noch abspringen, sobald sie erkennen, dass diese fünf mit ihnen den Tag verbringen und ihnen den Tag verderben werden. Merve wird pausenlos nörgeln. Hannah, »wie Anna, nur mit zwei H«, die ich in meiner Vorstellungsrunde vergessen habe, wird nach dreihundert Metern Blasen an den Fußsohlen haben – und so weiter.

Die Prada-Sonnenbrille springt zu Hannah hin: »Ich bin Friede. Wie Krieg. Klar?«

Hannah guckt. Linus verdreht die Augen. Merve sagt: »Ich bin Merve – wie nerve.«

Alle lachen. Alle!

Außer mir. Ich nicht. Ich wundere mich. Was geht da ab?

Eine halbe Stunde später stehen wir am Sowjetischen Ehrenmal, und ich hangele mich zwischen Abenteuergeschichte und historischer Darstellung hindurch. Diese Gratwanderung mache ich hier immer dann, wenn ich derart altersgemischte Gruppen habe wie heute. Die letzten Kriegstage nebst Kindersoldaten und Hitlerselbstmord werden zu einer Art Lederstrumpf-Story.

Meine Angst dabei ist stets vielfältig. Ich befürchte,

– dass die Erwachsenen das für kindisch halten,
– dass die Kinder das für kindisch halten,
– dass ich es für kindisch halte.

Heute klappts. »Krass«, sagt Linus, und Merve nimmt seine Hand.

Mir fällt eine Splitterbombe vom Herzen.

»Kommt«, sage ich, »wir gucken uns die Panzer an. Und dann …«

»Guck mal, Hannah, was heißt das?«, unterbricht mich Kerstin.

Hannah guckt und übersetzt die kyrillischen Inschriften.

»Wo hast du denn das gelernt?«, fragt Gerd.

»In der Schule«, sagt Linus, voller Stolz auf seine große Schwester.

Die sieben dackeln los. Ich komme gerade noch dazu, all

unsere Räder an einen Laternenpfahl anzuketten. Dann sind sie auf dem Soldatenfriedhof verschwunden. Hannah übersetzt, Stefan schlendert Hand in Hand mit Kerstin hinterher, Gerd und Friede gehen mit den Kindern umher und erklären sich gegenseitig das Areal. Nach zwanzig Minuten treffen wir uns alle an einem der Panzer. Ich mache ein Foto von der Truppe.

»Jetzt musst du aber auch mit drauf, Christian!«, ruft Gerd.

Friede bequatscht einen englischen Mann, ein Foto von uns zu machen, und wenig später hat er all unsere Handys und Kameras vor sich und schießt Fotos wie ein Weltmeister.

Als er fertig ist, ruft Friede: »Starbucks?«

Hannah und Merve brüllen: »Ja!«

Wir sitzen eine Stunde bei Starbucks am Brandenburger Tor. Dann machen wir noch mehr Fotos, fahren weiter zum Gendarmenmarkt, wo ich wieder ein bisschen was sagen darf. Aber im Großen und Ganzen beschränkt sich meine Rolle an diesem Tag auf die eines Fahrradhüters. Ich schließe die Räder an und ab, lotse die anderen über die besten Radwege und die Grünphasen der Ampeln – das war's. Das Gespräch bestreiten vor allem Friede, Hannah und Merve, ein bisschen auch Linus. Kerstin und Stefan zuckeln ruhig hinter uns her. Sie haben ihre elterliche Verantwortung komplett an Gerd und Friede abgegeben und finden das, glaube ich, sehr erholsam.

Als wir wieder am Laden ankommen, schütteln mir alle Erwachsenen vehement die Hand. Die Kinder grinsen, und man ruft in die immer noch glasklare Luft, wie schön der Tag war, dass das die beste Tour war, die man je gemacht habe, wie toll ich sei (sie meinen tatsächlich mich), wie schön ich das gemacht habe (ich habe quasi *nichts* gemacht). Danke, danke, danke!

Als ich auf dem Nachhauseweg am Gesundbrunnen vorbeikomme, ist der frische Asphalt noch weich. Ich fahre mit dem Fahrrad drüber und sehe mich um. Hier und heute habe ich Spuren hinterlassen. Schön!

Der beste Job der Welt – trotz allem

Ehrlich gesagt habe ich keine Ahnung, warum ich den Guide-Job irgendwann eimal angefangen habe. Er ist dreckig, laut, nervig, beschissen bezahlt, man schwitzt, man wird angehupt, angeschnauzt, angeraunt. Und am Ende? Hört man Sätze wie: »Also, das war wirklich der tollste Ausflug in Berlin, den wir je gemacht haben!« Oder: »Wir dachten, wir kennen Berlin, aber jetzt?« Oder: »Danke! Vielen, vielen Dank!«

Aber man trifft nette Leute und Freaks. Und wenn man will, dann ist jeden Abend Team-Meeting. Wir sitzen unterm Fernsehturm auf dem Alex und zischen ein Getränk – Ryan, Esther und ich. Ich komme mir vor wie ein Surflehrer, so schön rauscht der Feierabendverkehr auf der Karl-Liebknecht-Straße Richtung Prenzlauer Berg – wie das Meer. Die Touristen sind alle in ihren Hostels und Hotels und Ferienwohnungen und ruhen sich aus. Die Stadt gehört für ein, zwei Stunden den Berlinern. Ein Punk-Pärchen schlendert mit einer Flasche Sangria vorbei. Sie sehen so glücklich aus. Die Roma-Mädchen machen Feierabend vom Betteln und schlendern schnatternd wie die Gänse zur S-Bahn.

»Vermutlich siehst du die bei dir wieder«, sagt Esther zu Ryan. Die wohnt am Mauerpark.

»Nee, die wohnen bei uns in der Straße«, sage ich.

Esther guckt groß. Sie wohnt in Friedrichshain. Da kotzen höchstens abschiednehmende Junggesellen in den Hauseingang. Und das sage ich auch. Sie hebt eine Augenbraue so unnachahmlich, wie das nur eine echte Lady kann.

Ryan grinst aus ihren grünen Augen. Sie ist aus Texas, aber eigentlich sieht sie aus wie eine Nebendarstellerin aus *Braveheart*. Ein gälisch-keltisches Arbeitspferd. Sie hat schon acht Stunden Tour hinter sich und noch fünfzig an die Decke zu wuchtende Räder vor sich. Und sie führt eine komplizierte Beziehung mit einem Typen, der zwanzig Jahr älter als sie ist und eine Tochter hat, die kaum jünger ist als Ryan.

Der Job eines Shoppys ist was für Masochisten.

Die Sonne spiegelt sich in der gläsernen Fassade der DDR-Wohnblocks. Ein Doppeldeckerbus ohne Touristen tuckert vorbei, ein Reisebus voller Chinesen hinterher. Ein Pärchen aus Skandinavien stöbert in unserem Flyer-Ständer und freut sich darüber, dass Larry sie auf Schwedisch anspricht. Keine Ahnung, woher er das kann. Aber anders als die anderen Expats in Berlin (die sich grundsätzlich nicht für die hiesige Sprache interessieren) können *unsere* Ausländer Deutsch, Englisch und meist noch drei weitere Sprachen zumindest in Grundzügen. Sie sind weitgereist, sie sind parkettsicher. Colorful-Bike-Rides-Mitarbeiter strahlen eine Aura von Cosmopolität aus, die man in Berlin seit dem Abzug der Amerikaner vermisst hat.

Ich muss aus meinen Schuhen raus. Also gehe ich aufs Klo und komme mit nackten Füßen und hochgekrempelten Hosenbeinen wieder. Ich strecke mich auf dem nackten Boden aus und gucke in den Himmel. Esther bietet mir eine Zigarette an. Ich paffe in die blaue Berliner Luft.

Sicher, es gibt Jobs, die sind besser bezahlt. Es gibt einfachere. Aber dieser hier ist echt. Wenn ich etwas sage, sehe ich an den Reaktionen der Teilnehmer, ob es ankommt oder nicht. Ich kann die Leute nicht bescheißen. Aber ich kann ihnen ständig etwas Neues bieten und mir die Worte und die Route beim Fahren zurechtlegen. Etwas ausprobieren. Stu kann es zwar nicht ausstehen, wenn wir die Route verändern, Stationen weglassen und andere reinnehmen, aber das interessiert hier niemanden. Wir machen es so, wie wir es für richtig halten. Wenn die Leute ein abbruchreifes Haus sehen wollen, dann kriegen sie das zu sehen (es gibt nicht mehr viele davon). Wenn ich ihnen das blödeste Reiche-Leute-Geschenk der Stadt zeigen will, dann mache ich das. (Es handelt sich um einen Briefbeschwerer, der seit Jahren in einem Retro-Einrichtungsladen auf dem hippen Abschnitt der Brunnenstraße zwischen Mauerstreifen und Hackeschem Markt im Schaufenster liegt. Er besteht aus einem flachen simplen Kieselstein, der von einem dreifingerbreiten Lederstreifen umfasst ist, und kostet 230 Euro.) Ich zeige ihnen den koscheren Supermarkt, den Hochbelastungskörper, mit dem Albert Speer den Berliner Grund für die monumentalen Germania-Bauten getestet hat, Geschäfte, in denen 100 Gramm Steak 13 Euro kosten, und die Parkbank, auf der Mick Jagger Romy Schneider geküsst hat. Und wenn mir danach ist, gehen wir in die Tadschikische Teestube und essen Blinis. Stu sagen wir, dass wir wie immer am Checkpoint Charlie waren. Obwohl wir deutschen Guides da nie hinfahren.

Esthers Telefon klingelt. Ryan beginnt, die Räder reinzuräumen. Ich stehe auf und helfe ihr. Als ich auf meinen Roller steige und nach Hause fahre, fühle ich mich völlig zerschlagen. Aber ich weiß, dass ich wirklich gearbeitet habe. Und das ist schon was in dieser Stadt voller Maulhelden und Schaumschläger.

Berliner Küche – sauber und preiswert

Ich nehme niemals Touristen mit in den Metzgerimbiss, obwohl der Metzgerimbiss mit Abstand das Typischste, Beste, Preisleistungsoptimalste ist, was diese Stadt zu bieten hat. Oder was Deutschland vermutlich überhaupt zu bieten hat.

Sicher, man könnte es mit den Ratsstuben in Wanne-Eickel versuchen oder mit dem Deutschen Eck in Lüdenscheid. Oder mit Karls Kneipe in Linow. Doch in Sachen Freundlichkeit, Geschwindigkeit, Heißigkeit des Essens und vielem mehr, nicht zuletzt Frische und Geschmack, wird der Metzgerimbiss immer den Endsieg davontragen. Wäre der Führer nicht Vegetarier gewesen, hätte Goebbels sicher den Metzgerimbiss erfunden und ins Kraft-durch-Freude-Imperium eingebaut. Allerdings wäre der Metzgerimbiss dann heute eine weitere kontaminierte Kulturerrungenschaft der Deutschen, so wie das Volkslied, der Volkstanz und vieles andere.

Da aber der Führer damals Vegetarier war, kann der Führer heute reinen Gewissens seine Leberpfanne mit Bratkartoffeln und Ananassauerkraut genießen. Neben sich einen Neonazi (oder einen Schwulen in Fetischklamotten – das ist schwer zu unterscheiden), an den anderen Stehtischen Handwerker und Sekretärinnen (neudeutsch: Assistants).

Der Metzgerimbiss ist Deutschland total: provinziell, regional, bodenständig. Es gibt Hackbraten, Rotkohl, Sauerkraut, Rouladen, Bouletten, Nudeln, Kartoffelpüree, Rosenkohl,

Leipziger Allerlei und so weiter. Das Exotischste im Metzgerimbiss ist Cordon bleu. Hier ist alles wie immer. Die Leute kommen rein, gucken, bestellen, essen, stellen ihr Geschirr weg und gehen.
Eines Tages lunche ich mal wieder in solch einem Metzgerladen, an der Ecke Schönhauser Allee/Eberswalder Straße in der Nähe von Konnopkes berühmter Currywurstbude, in der Nähe der *Castingallee* (Kastanienallee), also im Heart of Prenzlberg, aber gut verborgen zwischen zwei schäbigen Filialen von Berliner Bank und Commerzbank. Vor diesem schmucklosen Laden sammeln sich mit einem Mal rund zwanzig blonde Mädels. Holländerinnen oder Schwedinnen auf Klassenfahrt oder Exkursion? Egal – denn das interessiert hier niemanden. Die Handwerker gucken kurz hoch und stochern dann weiter in ihrer Blutwurst-Pampe herum. In den Köpfen entstehen Gedanken wie: *Wo ist der Verräter, der die hier hingeschleust hat? War es irgend so ein Arsch in dem Hostel, wo die wohnen? Der bescheuerte Klassenlehrer? Bestimmt so ein schwachsinniger Fremdenführer, der sich aufgespielt hat, was er alles Tolles kennt. Und jetzt stehen die hier und blockieren den Eingang. Für Geld machen diese Fremdenführer wirklich alles, sogar Warnwesten anziehen.*
Die Mädchen kriegen davon nichts mit. Fünf mutige von ihnen betreten den Laden und versuchen es mit Englisch. Das wird von der Fleischereifachverkäuferin ungerührt hingenommen und mit breitestem Berlinisch retourniert: »Kartoffelstampfe ham wa, denne ha ick no Bouletten, janz frisch, und Rouladn.« Vermutlich hätte auch ein Österreicher Schwierigkeiten, sie zu verstehen. Die Mädels kapieren kein Wort, aber sie sind sich mit der Fleischereifachverkäuferin einig: Was man durchs Glas der Vitrine sieht, spricht

für sich. Die Mädels zeigen auf die ausgestellten Köstlichkeiten, deren Namen sie nicht kennen und die sie auch gar nicht aussprechen könnten.
Nun tut sich in unserem kleinen Metzgerparadies etwas, was die Vereinten Nationen begeistern würde: Die Metzgereifachverkäuferin gibt ein Beispiel für Toleranz. Sie behandelt die Mädels, als seien sie Deutsche. Und die Männer (selbst die Handwerker) würden den Ina-Deter-Orden bekommen und als gutes Beispiel für Nichtbelästigung dienen, so ungerührt stochern sie weiter in ihrem Essen. Brecht hatte recht: Erst kommt das Fressen, dann kommt die Moral (und auch der Verstoß gegen dieselbe).
Und so stehen wenig später fünf stolze Mädchen mit Blutwurstbrei, Kartoffelstampf, Erbspüree, Lebergeschnetzeltem, Bouletten, Currywurst ohne Darm und Rosenkohl draußen an den Stehtischen. Die anderen Schülerinnen, selbst die coolen Jungs der Reisegruppe, zeigen mit nackten Fingern auf die Teller und staunen und diskutieren, probieren und rollen die Augen vor Begeisterung. Drinnen stehen wir Berliner und beten, dass sie ihre Verzückung nicht in eine der einschlägigen Web-Communitys wie Facebook, TripAdvisor oder Twitter posten mit den Worten »Best German food in Berlin!« – »Great dishes, big plates, great prices« – »Hottest food in whole Europe«.
Please, nicht!

Tour-Ende

An den Abenden meiner Tour-Tage liege ich oft mit dem Gesicht nach unten auf meinem alten Perserteppich. Er ist kratzig und riecht nach ungewaschenen Kamelen. Irgendwo ist meine Brille hingekommen. Ich taste nach ihr, setze sie auf und schaue auf meine Armbanduhr, eine digitale Casio-Quarzuhr, Achtzigerjahre retro – die haben jetzt alle. Es ist halb sieben. Abends. Ich bin mal wieder eingeschlafen, obwohl ich mich nur ein wenig ausstrecken wollte. Mein Schädel brummt. Bestimmt habe ich einen Sonnenstich.

Ich versuche aufzustehen, aber meine Gelenke fühlen sich an wie geschwollen, und meine Knochen knirschen wie trockene Äste.

So geht es mir immer häufiger, und in diesen Momenten fühle ich mich fast noch älter, als ich ohnehin schon bin.

Auch heute Abend fühle ich mich wie durch den Fleischwolf gedreht. Plötzlich steht die *Project Coordinatorin* über mir, mit ernstem Blick. Sorgt sie sich um mich? Was hat sie bloß?

»Du, ich …«

Nein, das ist was anderes. Irgendetwas schimmert in ihren Augen. Ich kann mir mit einem Male vorstellen, was jetzt kommt. Ich ahne, dass nach dem nächsten Satz nichts mehr so sein wird, wie es war. Es gibt solche Momente im Leben.

Und dabei ist keine Zauberei im Spiel. Es ist der Tonfall in der Stimme eines vertrauten Menschen, den man so noch nie gehört hat. Ein anderer Blick. Eine andere Reaktion. Wie wenn man als Kind zum ersten Mal in seinem Leben feststellt, dass der eigene Vater nicht perfekt ist. Oder wenn man bemerkt, dass Mama nicht nur eine Mama, sondern auch eine Frau ist. Oder wenn es plötzlich heißt: »Wir können Freunde bleiben«, und die Person, die das sagt, die einzige auf der Welt ist, mit der man nicht nur Freunde bleiben will, sondern für die man bis nach Amerika schwimmen würde, um dort eine Blume für sie zu pflücken. Aber der Satz wird gesagt, und alles ist fortan anders. Das Leben wird in ein Vorher und Nachher geteilt wie durch einen eisernen Vorhang.

Sie sagt also: »Ich bin schwanger.«

Man müsste ein Erich Kästner sein oder ein Goethe, um zu beschreiben, wie man in diesem Moment von innen zu leuchten und zu glänzen beginnt, so, als würde in einem selbst das Licht eines neuen Sterns aufscheinen.

Ich fühle mich plötzlich viel jünger, als ich bin. Fortan knechte ich wie ein Wahnsinniger. Ich schiebe Sonderschichten, bin für jede noch so popelige Tour zu haben, nur um zu beweisen, was für ein toller Ernährer ich bin. Abends schlafe ich auf dem Teppich ein, liebevoll geweckt von der werdenden Mutter.

Aber in mir nagt es. Willst du in die Meldebescheinigung – oder wie auch immer das Formular für ein neues Erdenwesen heißt – in die Rubrik *Beruf des Vaters* wirklich eintragen: *Guide*?

Und so musste eine Entscheidung her. Was sollte bei *Beruf des Vaters* stehen? Ich hatte da ja einiges zur Auswahl: Historiker, Redakteur, Guide, Schriftsteller …

Schriftsteller? Mit einem vermurksten Roman? Nein, natürlich nicht. Aber ich habe irgendwann zwischendurch einmal eine Geschichte geschrieben, von der ich dachte, sie eigne sich für ein Kinderbuch. Ich habe sie an alle Kinderbuchverlage geschickt, die ich finden konnte. Es hagelte Absagen, aber dann, acht Monate später, rief eine nette Frau von einem wirklich großen Kinderbuchverlag an und meinte, sie habe meine Geschichte gelesen, und man wolle daraus ein Bilderbuch machen.

Dieses Bilderbuch erschien mehr oder minder zeitgleich mit meiner Tochter auf der Welt.

Und meine Guide-Karriere? Berlin ist eine Wolke, Berlin ist wunderbar, Berlin ist fantastisch. Und hier Guide zu sein, das ist großartig. Aber nichts ist für ewig.

Alan kassiert ab. Alles Westfalen, also kein Trinkgeld. Aber das macht nichts. Es war meine letzte Tour. Eine wie alle. Eine von mehreren Hundert. Aber eben meine letzte. Ich gehe rüber in den Bahnhof und betrete das, was mal die Bahnhofshalle gewesen ist, damals, vor 30 Jahren. Natürlich ist es immer noch eine Bahnhofshalle, aber wenn es nach der Deutschen Bahn geht, sind Bahnhofshallen ja heutzutage mehr Shoppingcenter und so sehen sie auch aus: steril und austauschbar.

Bei Christiane F. heißt es über die Bahnhofshalle, die damals noch eine *richtige* Bahnhofshalle war: »Allmählich fühlte ich mich in der dreckigen Bahnhofshalle schon wohl, jedenfalls war mir alles vertraut. Diesen Gestank aus Pisse und Desinfektionsmittel roch ich nicht mehr. Die Stricher, die Bräute, die Kanaken, Bullen, Besoffene, die ganze Kotze, das war meine selbstverständliche Umgebung zwischen Mittag und Abend.«

Es hat sich seitdem gar nicht viel verändert. Nur auf den ersten Blick sieht es ein bisschen besser aus. Heute stehen in der Halle die Läden wie Kulissen herum: Saftbar, Thai-Snack, Berlin-Souvenirs, Body Shop. Aber auf der Rückseite liegt die Jebensstraße. Die Stricher treten aus dem Dunkel heraus an den Straßenrand wie die Figuren bei einer Kuckucksuhr.

Ich verlasse die Halle, gehe zu meinem Roller, winke Alan zu und fahre nach Hause.

Dank

Ich danke: Lars Schultze-Kossack, meinem Agenten, für seinen unermüdlichen Fleiß und seine Beharrlichkeit; meinem Lektor Christoph Steskal für den Glauben an dieses Projekt; meiner Frau für ihre Geduld; allen, die je eine Tour mit mir gemacht haben, für ihre ungewollten Anregungen; allen bei Colorful Bike Rides (das in Wirklichkeit anders heißt), vor allem Esther, Stu und Zack (die natürlich auch anders heißen) für ihre pure Existenz und Bob Dylan (der Robert Zimmerman heißt) für den musikalisch-seelischen Beistand.

Quellennachweis

S. 34 Erich Kästner: Gesammelte Schriften für Erwachsene. 8 Bde. Bd. 1: Gedichte. Zürich, Atrium, 1969, S. 197 f.

S. 81 Klaus Mann: Der Wendepunkt. Ein Lebensbericht. Reinbek, Rowohlt, 1984, S. 254

S. 90 Henry Picker: Hitlers Tischgespräche im Führerhauptquartier. München, Prophyläen 2003, S. 122

S. 91 Adolf Hitler: Monologe im Führerhauptquartier 1941–1944. Die Aufzeichnungen Heinrich Heims. Hrsg. v. Werner Jochmann. Hamburg, 1980; zit. nach Volker Ulrich: Adolf Hitler. Die Jahre des Aufstiegs. Frankfurt am Main, Fischer, 2013

S. 251 Christiane F.: Wir Kinder vom Bahnhof Zoo, Hamburg, Gruner + Jahr, 1978, S. 102 f.